本丛书得到国家社会科学基金重大项目
"多卷本《中国古代管理思想通史》"（13&ZD081）资助

中国管理案例丛书

中国管理学案例选辑

（第二辑）

胡海波 / 编著

ZHEJIANG UNIVERSITY PRESS
浙江大学出版社

图书在版编目（CIP）数据

中国管理学案例选辑. 第 2 辑 / 胡海波编著. —杭州：
浙江大学出版社，2016.4
ISBN 978-7-308-15697-4

Ⅰ.①中… Ⅱ.①胡… Ⅲ.①管理学－案例－中国
Ⅳ.①C93

中国版本图书馆 CIP 数据核字（2016）第 055293 号

中国管理学案例选辑(第二辑)

胡海波　编著

责任编辑	陈佩钰（fxy@zju.edu.cn）
责任校对	於国娟　杨利军
封面设计	春天书装
出版发行	浙江大学出版社
	（杭州市天目山路 148 号　邮政编码 310007）
	（网址：http://www.zjupress.com）
排　　版	杭州中大图文设计有限公司
印　　刷	杭州杭新印务有限公司
开　　本	787mm×1092mm　1/16
印　　张	15.5
字　　数	302 千
版 印 次	2016 年 4 月第 1 版　2016 年 4 月第 1 次印刷
书　　号	ISBN 978-7-308-15697-4
定　　价	48.00 元

总　序

中国管理思想博大精深,例如儒家之"仁义礼智信"、道家之"无为而治"、佛家之"人本人心"、兵家之"伐谋权变"、法家之"依法治国"等,各家各派从不同角度阐释了其对管理的认知。随着国人学习中国传统管理思想的热潮不断兴起,涌现了大量与中国管理学相关的书籍,既有关于中国管理思想史的介绍,也有关于某一流派管理思想的论述,更细致的还有基于某本古书的评述……但综观这些书籍,真要寻觅研究中国传统管理思想精髓在现代企业管理中实际运用的案例著作,却如凤毛麟角。

要振兴和发展国家经济,离不开一套适合本国国情、具有本国特色的管理理论,这已被各国的历史与现状所证实。《中国管理学案例选辑》一书的写作出版,正是希望能够总结中国传统管理思想中适用于"治企之术"的部分,并以规范的管理案例报告的形式呈现出来。

一、写作内容

本书作为"中国管理学案例丛书"的开篇之作,分为第一辑和第二辑,每辑各 9 个案例。全书立足于国内外成功运用中国传统管理思想的知名或特色企业进行案例写作,深入分析如何将传统管理思想的精髓融入现代企业管理并取得成效。全书 18 个案例都是企业的真实写照,也都是中国管理学在企业的典型应用。

每个案例均由案例推荐辞、案例正文、案例使用说明三部分构成。案例推荐辞是对每个案例的简单介绍和高度浓缩,重点说明选辑该案例的理论价值和现实意义。案例正文是案例的具体阐述,以图书馆案例(改编型、资料型案例)形式呈现。案例使用说明包括教学目的与用途、启发思考题、分析思路、理论依据与分析、背景信息、关键要点、建议课堂计划、相关参考资料八个部分,围绕如何使用案例详细展开。

本书第一辑晓芹公司、娃哈哈公司、长江实业、德胜洋楼以及第二辑青岛大洲公司、中国平安、华为公司、方太集团、海航等案例主要是对儒家"仁""孝""信""德""义""中庸"等管理思想的具体阐述。第一辑中原地产和第二辑海尔集团、双星集团等案例主要是对道家"无为""道""朴""人本"等管理思想的具体阐述。第一辑香港旭日集团案例主要是对佛家(释家)"六和""人心""人为"等管理思想的具体阐述。第一辑汇通汇利和第二辑菲尼克斯电气(中国公司)案例主要是对《弟子规》中"泛爱众""亲仁"等管理思想的具体阐述。第一辑华泰李建华和第二辑日本软件银行案例主要是对兵法中"赏罚""不战而胜""受谏听讼纳人采言"等管理思想的具体阐述。第一辑稻盛和夫案例主要是对阳明学中"仁政""良知""知行合一"等管理思想的具体阐述。

二、案例特点

整体来看,本书选辑的案例有三个方面的特点。

第一,案例内容丰富,既深入讨论了实际企业案例的具体应用,又充分体现了中国传统国学的管理智慧。本书选辑运用中国传统思想中的儒、道、法等一家或多家思想的中外企业案例,并通过理论分析彰显中国传统管理思想在企业管理中的应用价值。

第二,案例撰写专业,力求格式上规范严谨,兼顾行文上生动有趣。所有案例采用教学型案例写作手法,从选材、组织到编排都经严格把关、反复论证修改,写作素材皆引据可靠。特别是每篇案例使用说明中的分析思路、理论依据等的阐述展示了较好的学术研究基础。

第三,案例对象典型,选取范围广泛且具有代表性。从案例企业地区来看,以我国大陆地区企业为主,兼顾港台地区和海外企业;从案例企业行业来看,涵盖了房地产、家电、通信、零售、金融、航空、造纸等多个行业,且基本都是行业的典型代表,案例可借鉴性、时效性皆强。

三、致谢说明

本书的写作与出版凝结了许多人的不懈付出与巨大投入。胡海波博士负责统筹案例写作大纲和体例要求并审撰定稿,对中国管理学有着强烈兴趣的研究生艾聪、陈超、陈帆、陈果、范涛、李劼、林普英、宋婷、曾强强等参与了资料收集与案例编写,涂舟扬、徐云婷、刘听雨、梅芳等人协助完成了书稿校对等编辑性工作。

本(丛)书得到国家社会科学基金重大项目"多卷本《中国古代管理思想通史》"(13&ZD081)资助,并与江西财经大学副校长吴照云教授领衔的"中国管理思想精粹丛书"相呼应,吴教授对本书提出了殷切希冀和专业意见。本书还得到了江西财经大学工商管理学院案例中心的帮助,这得益于学院院长胡宇辰教授的高度重视和大力支持。浙江大学出版社副社长黄宝忠先生、原人文社科事业部主任王长刚先生以及责任编辑陈佩钰女士为本书出版付出了很多心血和努力。对此,我们一并表示由衷的感谢!

本书既可用于研究生(含 MBA)、本科生国学管理等相关课程的课堂讨论与案例教学,也可供对中国管理学理论及其应用感兴趣的企业管理者等社会人士学习参考。

本案例选辑的写作参阅了许多学者的文献资料,相关引证已规范注明出处,在此感谢学者们的贡献。尽管在写作过程中,我们反复讨论和修改了书稿内容,并互相审阅、集体定稿,但囿于知识水平以及对案例写作的不同理解,书中不妥甚至错误在所难免,敬希读者不吝赐教,以便不断修正完善。

胡海波

2015 年 12 月

荐 序*

做案例不易，管理哲学案例更难

海波教授又推出一套案例集了，也是蛮拼的。

结构上，分为案例推荐辞、案例正文和案例使用说明等三个部分；具体内容大卸八块：教学目的与用途、启发思考题、分析思路、理论依据与分析、背景信息、关键要点、建议课堂计划和相关参考资料等。这种做法大大强化了案例的实用性，毕竟给众多企业做咨询、当顾问，与只会搬书的老师不同。

其实案例是不容易写的。这并不是说案例不能给学习者以启发，而恰恰是给予的启发太直接、太明显了。通常情况下有两种案例，一种是包括哈佛案例和海波案例在内的编辑出来的案例，还有一种则发生在企业运行过程中。前者，层次清晰，结构明朗，前因后果，逻辑严密；后者，除了时间层次是清楚的，结果盈亏是明朗的，其他一切都可能是混乱的，甚至资讯相互矛盾、观点互相对立、现象真假难辨、结果匪夷所思。工业化程度很低、从业者职业化程度很低的中国企业，真实的企业运行，多数情况下更像东北常见的乱炖或河南名吃胡辣汤，并不那么像德国人拿着量杯和温度计煮白煮蛋。

小时候学算术和大一点学数学，一个习题，如果你还有给出的条件没用上，不用说题目肯定做错了，如果发现给出的条件不够，题目肯定也做不出来。企业管理则完全不会这么清清爽爽，每天太多的事情发生，情理之中的，意料之外的，加之环境的变幻无常，还有人心的深不可测，假信息是真的，好结果是坏的，看得见的模糊，摸得着的虚空。难的是你必须在混乱中抽丝剥茧，更难的是有时还不给你足够的分析时间。有些重要决策完全可能是从一个细节中得到的启发，而这些细节显然不可能写到案例中去；企业管理高层从日常细节中分离出战略信息也并不少见，而案例根本不可能说得清楚这种细节捕捉的奥妙。《公司战略计划》一书提到，"从树木看到森林根本不是恰当的比喻，因为机会很可能埋藏于树叶下面。从空中看去，森林像一块普通的绿地毯，并不是本来的复杂生命系统"。整理出的案例，既要交代清楚森林，又要重点展示那棵树已经很难，如果还不想放弃"必要的"树叶就难

---

* 荐序作者汪中求，北京汪中求细节管理咨询有限公司首席咨询师，中国精细化管理研究所所长，《细节决定成败》、《中国需要工业精神》、《精细化管理》等畅销书作者。

上加难了。

我不懂教学,更不懂教学法。但我还是知道,案例篇幅所限,不可能实时录像般地记录企业正在发生的一切;学生涉世未深,难道一下子给这些还没有取得农民资格证的家伙万亩荒芜的土地?我突然想起一本似乎很搞笑的书,书名叫《魔鬼辞典》,但作者安布罗斯·皮尔斯提出过一个很严肃的观点,"教育:名词,向聪明人展示并向蠢人掩饰他们理解力的缺乏"。我不敢这样评价教育,也不能这样谈论案例,但案例实在不好写。案例只是个例子,但很难成为一个整体化的案子。在《管理者而非 MBA》中,明茨伯格说:"我并没有拿到工商管理硕士学位,倒的确教过 15 年 MBA 课程。我忍无可忍,要求院长减少我的教学任务,并相应降低我的工资。在我认识的管理实践和我认为意在培养管理者的课堂教学之间,存在着太多的脱节。"案例教学大约就是为了弥合这种脱节。企业管理是一种实践,它将大量的技巧(经验)、一定程度的艺术(洞察力)和一些科学(分析)结合在一起。案例来自于企业的实践并希望补充学生的实践,但终究这些精心裁剪过的案例很难如实传导企业的实践。

偏偏海波老师的这套案例集讨论的是企业文化,或者说是管理哲学。不消说,更难。

书中的案例,要么是弟子规、阳明学,要么是中庸之道、仁本思想。本案例集中,有一案例主角经常提到"应用之妙,全在一心"。谁敢说,这个说法不对呢?不要说"怎么办"的应用,就是"是什么"的概念,都"在一心"。在管理学的框架下讨论文化和哲学,依我个人感受,经常有用斗量水的感觉,很难搞清楚子丑寅卯。大约中国原本是农耕民族,擅长从长计议;而欧美则属于狩猎民族,倾向于立竿见影出成果。案例书对更多接受欧美舶来的管理学的读者,去深切感悟案例中带来的文化和哲学的思考不是轻而易举的事。如果案例写华为的制度让员工有危机感好像方便一些,比如可以写,华为工作满 8 年员工要辞职,如果还想在华为工作就要重新接受面试。不仅容易懂,而且易于模仿。当然,如果学出问题了,概不退货,那是另外一个问题。

有一个案例说的是中原地产的施永青先生悟出"无为而治"的管理哲学。理解庄老,实在吃力。听说,当年曾任安徽大学校长的庄子研究者刘文典认为,中国懂庄子的就两个半人:庄子自己是一个,他刘文典算一个,还有半个是研究中国哲学史的冯友兰。难乎哉?难矣!就"无为而治"四字,真能理解的人怕是不多。老子说"我无为而民自化",民到底是怎样被教化的呢?施老板说"上司无为,下属必有为",到底上和下为的着力点在哪?上司不为的低洼地,下属的水一定会流进去而填满它?

施永青先生理解的"无为"是放下琐碎事务,抓好战略和用人。"无为"是这样的吗?这就是"无为"?施先生确实是这样"无为"的?重要的话,说三遍。我还是不能确定。前几天收到我的一位同事从某课堂抄来的一段话,"大企业家只做三件事:融资、用人、喝茶"。后面特别括号加上四个字"绝对精辟"。同事知道我不是大企业家,发来这样的"金句",无非提醒我不用做细节。至今,我也没想清楚是不是企业的所有细节我都不该做或不用做。但我还是放心不下这位同事交给南京某客户的《项目建议书》,里面好几个错别字,连"坐飞机"都成了"做飞机",真是财大气粗啊。终于明白,中国企业老板怎么一夜之间在办公室里大板台大转椅之外,都架上了很夸张的独木茶几,茶具也都精美绝伦,谈起茶道比对自己所在的行业还要更为精通。

翻阅施永青先生的博客,看到其中的举例,议论的是员工着装:女员工到底应该穿裤子、裙子还是裙裤?结果不重要了,"无为"的中原地产一定很好地解决了它。只是,我突然疑惑起来,坚持"无为而无不为"观点的施董事长,写文章琢磨裙与裤这个细节,是不是也像老和尚背女人过河,让小和尚心里放不下呢。在本案例集中,另一个案例德胜洋楼的主人公是聂圣哲。他对谁出任工程总监都不管,由员工完全民主产生;公司聘请的职业总经理连办公桌都没有,不过分说算是"几无立锥之地";任何员工可以申请"因公睡眠",有权"公车私用";对所有人的报账从不签字,也没有任何干部签字,会计都不审查;但是,马桶怎么洗刷,完整的流程文件硬是聂圣哲自己亲自"入卫"逐条写出来的。这个聂先生算"无为"呢,还是"有为"呢?施总提出了"自组织理论",认为企业是自体生发系统。当然是非常理想的逻辑,但前提条件几何,我不得而知。施永青还认为,管理是在违反天道,管理在某种程度上是不道德的。这显然大大突破了管理学的根本价值观,任何组织都是需要管理的,德国都提出家庭管理,个人也至少存在物品的管理和时间的管理。天道一概否定这些,都可能违背道德?

我还真不具备能力评价施先生的价值观的高下,更无充足事实证明中原地产的管理思想是否正确,但以管理科学的逻辑来参悟哲学思考的案例实在太难啊。

另一个印象深刻的案例是晓芹公司的"孝营销"。我丝毫不怀疑王晓芹是一个"孝人",就像我不怀疑"孝营销"的"孝"是为了"营销"一样。卖海参、鲍鱼和甲鱼的晓芹公司并非孝文化展览馆,而是以孝文化为包装、以销售效果为追求的高端水产贸易公司。这些也算名贵的食品,以孝的名义劝消费者去买,有助于释放消费者奢侈消费的道德压力,又因为"孝"是无价的也就减弱了价格偏高的谈判难度。

中国文字,"孝"和"销"是同样的发音,如同这家在海边大连长大的公司名称和老板名字完全相同。晓芹公司的业务已扩展到 26 个省市的 130 多个城市,渠道发展到 320 家。做得真不赖,销才是硬道理,王晓芹非常明白。所以,等到 2011 年发财了之后,王晓芹并没有"以孝文化为出发点"创立孝道基金会或慈善会,而是再次为了"营销"去开发胶原蛋白肽系列产品,我理解,深加工的产品不容易分析出真实的成本,利润可能比卖原汁原味的产品高一些。

孝,成为了晓芹公司的管理哲学的一部分?也许,是吧。但更为普遍的现象是,很多企业一再对外捐赠,20 万捐个希望学校,却拿了 30 万去做捐赠宣传,你相信他的管理哲学是

"振兴教育"吗？自己的员工可能在那里借钱交房租，中餐不知选哪家的盒饭，老板却根本不管，企业文化可以包含员工幸福吗？

前年夏天，我在"德胜：中国企业管理模式高端论坛"上发表主题演讲——《德胜，你不想学》。有一段话是这样的：德胜你学不会，严格来说是你根本不想学。你只认同它的某些手段，这些手段很容易被理解为小聪明；而德胜是非常反对小聪明的，"不走捷径"就是反对小聪明。我有一本书《契约精神》就提到，"一个善于把小聪明用到极致的民族，最终会失去获取大智慧的机会"。

为了培养未来企业管理人才的案例很难写，为了影响企业家树立正确的价值观建立自己的管理哲学体系非常难。好在，海波不畏其难地开了头，总该值得鼓励；也许悟性好的读者，比我更用心地读，会化解其中管理哲学的深奥。

2015 年 12 月

目录

海尔集团：道商是怎样炼成的？ *

▷ 案例推荐辞

　　一直到今天，在谈论张瑞敏和他亲手缔造的"海尔神话"的时候，企业家和评论家们往往喜欢对张瑞敏的生产智慧、管理智慧、经营智慧、创新智慧追本溯源，然后在这个基础上把张瑞敏定位成一个无所不能的企业家。

　　我们不能否认张瑞敏创造"海尔神话"中的惊人天赋和卓越领导能力，但是，我们不应该只是单纯地羡慕和叹服，而是要真正学到张瑞敏的管理精髓。在我看来，学习张瑞敏最重要的不是学习他那些现成的管理技术，而是应该理解张瑞敏的价值观念，弄明白张瑞敏的创业智慧来源于何处。只有弄清楚这个问题，我们才可以真正了解张瑞敏，学习到张瑞敏的商业智慧。一切现成的书本经验，我们都无法照搬到其他的企业中去；而张瑞敏价值理念则是不变的法则，是任何企业家都可以仿效的法宝。

　　要知道，是道家博大精深的管理哲学给张瑞敏提供了取之不尽，用之不竭的创业智慧；道家深奥精微的价值理念才是张瑞敏经营智慧之源，是张瑞敏的管理精髓。张瑞敏将道家《道德经》的普遍原理应用于海尔运作的具体实践中，创造出独具东方文明特色的"海尔是海"的海尔文化；独创了海尔的"三无"领导模式和理念；创建了具有海尔特点的人才观和"人智"的管理思想。张瑞敏通过将道家智慧的海尔实践化，运用道商智慧去经营管理企业，并试图将海尔打造成为世界级的企业。

　　因此，要学习海尔在管理和经营方面的成功经验，关键在于学习张瑞敏的管理智慧之源——道家智慧，而本案例从治身（以自我为对象的管理）、治事（以事物为对象的管理）、治众（以人员为对象的管理）三个方向全面阐释了道商张瑞敏的道家智慧。并且在案例中结

　　* 本案例由江西财经大学工商管理学院胡海波博士和研究生艾聪根据公开信息资料撰写而成。未经允许，本案例的所有部分都不能以任何方式与手段擅自复制或传播。由于企业保密的要求，在本案例中对有关名称、数据等做了必要的掩饰性处理。本案例只供课堂讨论之用，并无意暗示或说明某种管理行为是否有效。

合了海尔张瑞敏在管理和经营中的具体运用和实践,以便于读者更好地理解和掌握张瑞敏的道家管理智慧。本案例通过全面并详细地介绍海尔张瑞敏的智慧之源——道商智慧,不仅有利于我们从源头上理解和学习海尔的经营和管理经验,而且也有益于指导我们的管理实践。

▶ 案例正文

摘要:道家博大精深的管理哲学给张瑞敏提供了取之不尽、用之不竭的创业智慧。他倡导有生于无,用传统道家哲学智慧引领海尔。张瑞敏正是用他的"君子风度"和"道家哲学"将海尔打造成为世界级的企业。张瑞敏运用道商智慧去经营管理企业、指导自己的人生,同时形成了独特的经营管理智慧和人生风格魅力与境界。

关键词:张瑞敏;《道德经》;道商;治身;治事;治众

0 引言

经商必须有道,无道,则商不兴。在一般情形下,我们将经商之道概括为"商道",并做阐述发挥。近几年,在国内外的企业家和商人中,涌现了一大批热爱《道德经》的杰出人士,他们运用道家思想和《道德经》智慧去经营管理企业、指导自己的人生,同时形成了独特的经营管理智慧和人生风格魅力与境界。有学者将这些企业家和商人,归纳统称为"道商"。[①]

中国海尔集团的总裁张瑞敏曾将《道德经》的普遍原理应用于海尔运作的具体实践中,取得了巨大的成功,创造出独具东方文明特色的"海尔文化"。可以说,张瑞敏是我国当代典型的道商之一。[②]

张瑞敏说:"我最崇拜的人有两个,一个是中国的老子,另一个是国外的德鲁克。""《道德经》当中讲到'无为而治',我经营海尔主要是'无为而治'。我只抓大事,企业的大事就是文化、组织和战略。"[③]

[①] 李海波.道商[M].北京:中国经济出版社,2009.

[②] 胡孚琛."道商"智慧与基业长青企业高层研修班[EB/OL]. http://blog. sina. com. cn/s/blog_909d5f190101rf3g. html.

[③] 胡孚琛."道商"智慧与基业长青企业高层研修班[EB/OL]. http://blog. sina. com. cn/s/blog_909d5f190101rf3g. html.

2004年12月,张瑞敏在海尔创业20周年纪念会上谈到海尔之所以取得成绩,是因为海尔把握住了规律。而他说的第一条就是"无为"和"有为"的关系。张瑞敏称:"'无为'和'有为'的关系,不光对企业,对所有部门都一样,其实是非常关键的。所谓'无为',就是企业的价值观,它是无形的,但非常重要。如果把企业当成一个人的话,它就是一个人的灵魂;如果把企业比作一艘船的话,它就是罗盘。在这个无形价值观的指导下,可以产生有形的成果,也就是老子所说的'为无为,则无不治'。如果能做到'无为',则没有什么是做不到的,有形的东西生于无形的东西。"①

1 道商张瑞敏的治身之道——以自我为对象的管理

1.1 "夫唯不争,故天下莫能与之争"

《道德经》云:"天之道,不争而善胜,不言而善应,不召而自来。"又云:"夫唯不争,故天下莫能与之争。"在商业竞争如战场的报道渲染中,企业领导往往被描绘成带领千军万马与敌人恶战的将军,血腥和残酷都无法避免,怎么可能不争而胜呢?②

张瑞敏用他经营和管理海尔的经历,为中国古典哲学中蕴含的经商之道做了最好的注解。③ 张瑞敏在经营海尔上表现出的"不争"智慧,指的是不去争抢那些华而不实的虚名。

张瑞敏在接手破旧的家电厂之前,是青岛市家电公司副总经理,这位年轻的经理凭借着自己的勤奋和努力,深受单位高层的赏识。④ 不难设想,张瑞敏在这条道路上有着非常开阔的前景。局长让他接手青岛日用电器厂这个烂摊子,张瑞敏虽然心里没底,但是,他并没有为了自己的前途而拒绝。这种个性注定了张瑞敏在此后的企业经营中,不去追求那些浮华的虚名,而是既然他接手了这个企业就要把它做好,就要把产品质量和服务做到家。⑤

张瑞敏"不争"而胜的成功在于审时度势,把握了社会对家电需求的历史必然趋势。在这个意义上,张瑞敏并不是不争,而是对家电市场需求做到"寸步必争"。他上任之后的第一个重要举措,就是引进德国先进的生产流水线,使得这个烂摊子企业获得了电冰箱行业最雄厚的物质技术基础。⑥

人算不如天算,在张瑞敏满怀希望地决定上马电冰箱项目之前,当时全国已经确定了40个定点电冰箱厂,这个情况无异于告诉张瑞敏,国家引进项目的大门基本上要关闭了。这个情况对于一般企业领导而言,应该决定放弃了,但是,张瑞敏不甘于乖乖接受这样的结

① 李海波.道商[M].北京:中国经济出版社,2009.
② 孙德良.张瑞敏海尔管理日记[M].北京:中国铁道出版社,2011.
③ 萌娜.夫唯不争,故天下莫能与之争[EB/OL].http://blog.sina.com.cn/s/blg-514248600102eadm.html.
④ 张兴龙.张瑞敏的儒商智慧[M].杭州:浙江大学出版社,2011:27.
⑤ 萌娜.夫唯不争,故天下莫能与之争[EB/OL].http://blog.sina.com.cn/s/blg-514248600102eadm.html.
⑥ 张兴龙.张瑞敏的儒商智慧[M].杭州:浙江大学出版社,2011:27.

局。他既然接手了这个烂摊子,就树立了让它成长起来的信心。而当前要改变企业亏损严重的最现实办法,就是引进先进的生产流水线。而在 20 世纪 80 年代初,中国经济刚刚开始复苏并将迅速崛起的时候,城市消费水平正在蒸蒸日上,张瑞敏发现了其中蕴藏的巨大商机。于是他要不惜一切代价拿下这个项目。①

张瑞敏恰到好处地摆正了争和不争的关系,在虚名面前,他选择了主动放弃,这是他韬光养晦的表现;在事关企业生死成败的关键问题面前,他选择了拼命争取。两者看起来是矛盾对立的,其实在本质上是一样的。正因为张瑞敏在一些无关紧要问题上的不争,才显示了他能看到问题本质的能力,更好地聚集了必要的能量;正因为他在关键问题上的寸步不让,才使得他对浪得虚名的东西不屑一顾。② 这是企业家张瑞敏的大智慧,更是中国古代老庄哲学的智慧。③

1.2 "有生于无"

《道德经》云:"天下万物生于有,有生于无。"这句经典哲学理念在张瑞敏的创业智慧中占有特别的地位。

曾经有人如此问张瑞敏:"企业家首先应该懂哪些知识?"张瑞敏的回答是:"首先要懂哲学吧!"张瑞敏在老子的道家哲学与商业实战经验之间构建了血脉纽带关系,成功地把哲学思想融入企业经营中。有经济学家曾如此评价张瑞敏缔造的海尔经营哲学,宣称"不用哲学看不清海尔"。张瑞敏对于《道德经》中"有生于无"的哲学理解、运用,可谓独辟蹊径,这也成为张瑞敏缔造"海尔神话"智慧宝库中的又一个重要元素。④

海尔的诞生和成长经历了从无到有的过程。张瑞敏接手青岛家电公司之前,前任领导曾如此告诉他这个企业的情况:八点钟上班,九点钟就没人了,十点钟扔个手榴弹,保证炸不死一个人的鬼地方,下雨必须要用绳子把鞋绑住,否则鞋子就会被烂泥拖走的烂泥路。谁去谁就死定了。企业欠债 147 万元,半年没发工资,全厂共有 600 多名工人,但有 50 多人要求调走。⑤

不可思议的是,在张瑞敏接手之后,这个一无所有甚至负债累累的企业,就实现了从无到有的翻天覆地的转变。有报道指出,1984 年张瑞敏接手后的海尔营业额为 348 万元,而 2004 年海尔全球营业额为 1016 亿元。仅仅 20 年的时间,企业营业额增长了近 3 万倍,销售收入年平均增长 80%。这一增速,在美国《家电》杂志对世界主要家电企业的调查中名

① 张兴龙.张瑞敏的儒商智慧[M].杭州:浙江大学出版社,2011:27.
② 孙德良.张瑞敏海尔管理日记[M].北京:中国铁道出版社,2011:139.
③ 张兴龙.张瑞敏的儒商智慧[M].杭州:浙江大学出版社,2011:30.
④ 张兴龙.张瑞敏的儒商智慧[M].杭州:浙江大学出版社,2011:27.
⑤ 张兴龙.张瑞敏的儒商智慧[M].杭州:浙江大学出版社,2011:27.

列第一,远远超过西门子、通用电气等著名企业。[1]

海尔能够从无到有,其中蕴含了张瑞敏的商业哲学智慧。作为临危受命接手倒闭企业的领导,他首先想到的是如何对这个一贫如洗、负债累累的企业进行挽救,但是,绝不仅仅是救活这个企业,因为这个目标实在是过于平庸和短浅。在张瑞敏的观念中,要把这个烂摊子打造成中国第一品牌,这在本质上是一种从无到有彻底再造的过程。结果,张瑞敏让企业所有工人在当年拿到了工资。[2]

从无到有并不是一种天上掉馅饼式的暴富。任何事物的发展都遵循一个颠扑不破的真理,那就是从无到有必须是一个量变到质变的逐步积累的过程。海尔建立在一片废墟之上,但是,海尔并不是天外来客,因为此前的青岛家电公司已经为海尔的创立提供了最基本的物质基础。该厂有600多名员工,虽然企业设备陈旧落后,但是,工人的生产技术还是具有一定基础的。[3]

许多人在倾听海尔神话的时候,往往忽视了一个非常重要的细节,那就是张瑞敏在青岛家电公司这个烂摊子上建立了"海尔神话",但是,他并没有在接手后把原来工厂的所有员工一律清退,也没有把原来的设备全部砸烂。工厂还是那个工厂,员工还是那些员工,设备还是那套设备,唯一不同的是领导换了。[4]

那么,这说明了一个什么道理呢?"海尔神话"的缔造并非是张瑞敏这个"巧妇"做了"无米之炊",而是"借鸡生蛋"。张瑞敏接手之后,做的第一件事情就是针对该厂纪律松散、作风不正的弊病,专门制订了一套员工必须遵守的行为规范,这些规章制度的实施,立刻改变了工人们原来的工作态度。在这个基础上,张瑞敏对产品生产、经营、销售等方面进行了大刀阔斧的改革,实现了使原来的工厂脱胎换骨的转型。这个转型的背后,从表面上看,是领导的才能和技术手段,其实,在深层上,则完全是一种在企业文化和理念上的转型。此前的工厂领导和工人并不是不想把工厂做大做强,而是没有先进的文化理念;相反,在落伍、陈旧的文化价值观念指导下,整个企业如同一匹奄奄一息的老马,因为不堪重负而倒在路边。但是,张瑞敏没有让这匹马继续背负沉重的负担,而是先医治这匹马身上的旧疾。因为在张瑞敏看来,这匹马并不是病入膏肓,而是因为饲养不当导致它出了问题,只要采取一系列的管理措施就可以彻底治愈这匹马身上的疾病,让它再次站立起来。[5]

张瑞敏把一个烂摊子企业缔造成为"海尔神话",这是一种从无到有的本质变化,变化的背后不是让企业家像变戏法一样倒空卖空,而是善于用文化哲学的理念去改造旧的企

① 林赛.商儒张瑞敏[M].北京:现代出版社,2009:3.
② 王蒙.全球化视角下的中国文化[N].光明日报,2006-06-01(3).
③ 王蒙.全球化视角下的中国文化[N].光明日报,2006-06-01(3).
④ 田永宽.简单管理:不能不借鉴的海尔管理[M].青岛:青岛出版社,2006:74.
⑤ 张兴龙.张瑞敏的儒商智慧[M].杭州:浙江大学出版社,2011:25.

业,往里面填充新鲜的价值观念。如此一来,企业看起来还是那个一无所有的企业,但是,不久的将来,必然产生你所想拥有的一切。唯其如此,"有生于无"并不是一种故弄玄虚,而是以文化哲学充塞其间,虽然看起来什么也没有,然而这种"无"并不是"没有",而是一种包容一切"有"的"无"。这正是张瑞敏企业发展智慧产生的文化源头。[①]

1.3 "在明明德,在亲民,在止于至善"

《大学》中说:"大学之道,在明明德,在亲民,在止于至善。"具体理解为:"自明"就是要发挥个体主观能动性的作用,通过积极的学习,最终达到恢复自我本性的目的,别人是无法代替你自己的,一切要靠你自己。做到"自明"的主导因素还是主体自身。这里强调了"德"这种伦理意义上的自我道德修养的重要意义。如果说"明明德"所注重的是对个体主观精神状态的一种规定或启发,那么"在亲民"则涉及个体道德完善之后如何运用到群体的外用之"道"。"止"在这里有追求真善美的理想境界,遵循某种道德准则的含义,始终应保持或致力于"至善"方面的道德追求和修为。"至善"显然是对一种最高的道德目标和道德境界而言,万事万物运动变化发展的最根本规律就体现为一种"至善"。[②]

企业的管理者首先强调的是"德",正所谓古语有云:"君子,立德、立功、立言。"其中的"德"是最根本的。其次,在激烈的市场竞争中,企业的创新能力实际上反映的是员工的创新能力,也就是员工都要做"亲民"。同时,"止于至善"也就是要不断追求更新的目标,使企业能够可持续发展。[③]

海尔借用这句话,首先强调的是企业和员工的"德",也就是对国家、对社会、对用户负责。做自主经营的创新战略单位,对创新的不断追求形成了企业追求卓越的不懈精神。[④]

"德"反映的不仅仅是企业的市场行为和由此而来的市场的认识,同时,在企业内部员工的"德"同样重要。有德才有行,有德才能得到信誉和口碑。对企业内部的员工来说,"德"体现在对工作的兢兢业业上;产品质量严格把关,流程衔接方面做到"各自为战",而不是"各自为政",以及员工对待工作和企业的态度等。[⑤]

2 道商张瑞敏的治事之道——以事物为对象的管理

2.1 "不敢为天下先"

面对张瑞敏创造的神话般的成就,人们很难想象他会表现出如此的淡定和低调。他曾这样说:"做企业你永远处在弱势,如果你能把自己放在一个弱者的位置,你就有目标可以

---

① 张兴龙.张瑞敏的儒商智慧[M].杭州:浙江大学出版社,2011:25.
② 张兴龙.张瑞敏的儒商智慧[M].杭州:浙江大学出版社,2011:25.
③ 田永宽.简单管理:不能不借鉴的海尔管理[M].青岛:青岛出版社,2006:71.
④ 田永宽.简单管理:不能不借鉴的海尔管理[M].青岛:青岛出版社,2006:72.
⑤ 田永宽.简单管理:不能不借鉴的海尔管理[M].青岛:青岛出版社,2006:72.

永远前进。老子曾说过这样一段话,对我影响很大。老子说:'吾有三宝,一曰慈,二曰俭,三曰不敢为天下先'。"①

张瑞敏的"不敢为天下先",究竟应如何理解呢? 难道海尔的成就算不上中国电冰箱行业的先进吗?

在1989年,中国的家电市场突然出现了令人振奋的"黄金时代",改革开放后的市场经济刺激政策,不仅瓦解了旧的经济体制的束缚,而且推动了中国家庭的普遍富裕。拥有家电产品不再是一种奢望,而是中国绝大多数家庭衡量生活水平高低的最重要标尺之一。国内家电市场俨然呈现了一种井喷的局面。②

"扩大海尔家电生产数量,抓住眼前机会狠狠地大捞一把。"这几乎成为每个海尔人最渴望的事情。张瑞敏何尝不想这样。但是,海尔从一开始就确立了质量取胜的理念,而加速生产必然受到质量的制约。怎么办? 面对市场的诱惑,是"开闸放水"呢,还是依然紧闭质量这道闸门,坚决走质量之路呢? 这是摆在张瑞敏面前的一道难题。③

这确实让张瑞敏踌躇了一番。海尔的质量本来就高于国内一般企业家电产品,就算海尔稍微开闸放水,也不会对海尔家电产品产生致命的危害,张瑞敏对此心知肚明。但是,他又想起了当初全体员工砸掉次品电冰箱的一幕。既然海尔决定了走质量取胜的道路,那么,就不应该只看到眼前的诱惑而放弃安身立命之本。熟读老子的张瑞敏,在此时想起了道家哲学中"祸福相依""阴阳互动"的哲理。眼下令人兴奋的市场局面,只能是一时的,从商业发展规律而言,绝不可能一直出现这种井喷式的局面,井喷过后,市场必然疲软,企业想在那时候仍能幸存,只有靠质量。④

于是,张瑞敏力排众议,果断地决定不因为市场的诱惑而降低哪怕是一点点的质量,坚决不因为市场好而突击生产家电。⑤

"不敢为天下先",并不是消极地看着别人进步,然后跟在别人后面效仿,而是因为心怀谦卑,与万物无争,才能够发现和学习别人的长处,弥补自身的缺陷。

张瑞敏的聪明才智可谓卓越,但是,他心怀谦卑之心,善于把自己放在弱者的地位,总是寻找自身不足,成为中国企业家当中少有的如此谦卑的成功人士。这正是他精研《道德经》的哲学体悟,同时,也是他成功创办企业的重要保证。他知道自己企业面临的种种困难,知道自己企业的弱点和软肋,才能够积极汲取他人的先进之处。否则,他就会盲目自大地停留在国内落后的生产水平和管理水平上,既不会想方设法去引进德国的利勃海尔,也

---

① 林赛.商儒张瑞敏[M].北京:现代出版社 2009:222.
② 林赛.商儒张瑞敏[M].北京:现代出版社 2009:222.
③ 林赛.商儒张瑞敏[M].北京:现代出版社 2009:223.
④ 张兴龙.张瑞敏的儒商智慧[M].杭州:浙江大学出版社,2011:30.
⑤ 张兴龙.张瑞敏的儒商智慧[M].杭州:浙江大学出版社,2011:31.

不会在电冰箱成功之后进军冰柜、空调等其他家电行业。①

事实证明,张瑞敏当时的做法是明智的。进入20世纪90年代,家电市场突然处于暂时的饱和状态,那些突击上马的家电企业,不得不通过大量降价抛售的方法以挽救企业。但是,由于此前家电生产数量的暴增,消费者的购买力遭到恶性损耗,一时间市场上家电成灾,各种名目的家电品牌无不挣扎在死亡线上,而海尔却依然保持着旺盛的消费市场。归根结底,这是"不敢为天下先"的巨大作用。②

张瑞敏在关键时候"不冒进"的素质不仅成就了海尔事业,而且帮助海尔屡次在风口浪尖上存活下来。从企业文化的层面上说,要得益于张瑞敏对道家"不敢为天下先"的深刻领悟和实践。这为海尔集团积蓄了必要的能量,没有陷入四面出击而自顾不暇的失败境地。这正是张瑞敏抓住了现代企业兴衰成败的一个重要规律而做出的应对。这种老老实实学习的目的,并不是一辈子就蛰伏在别人成功的屁股后面,而是最终为了实现"为天下先"。③

2.2 取法乎上,得乎其中;取法乎中,得乎其下;取法乎下,一无所得

古语有云:"取法乎上,得乎其中;取法乎中,得乎其下;取法乎下,一无所得。"目标定得高远,结果才有可能是最好的。如果对任何事都觉得差不多就行,不想超越任何目标,那么结果只能是最差的。④

将此话引申到企业管理方面,可以这样理解:企业没有远大的目标,必然缺乏持续发展的后劲;企业在管理方面不要求最好,管理必然一塌糊涂;企业不要求在市场上占有领先优势,结果必然是游离于市场之外,迟早有被淘汰的可能。因而,对企业来说,要么不做,要做就要做到最好。⑤

海尔在创业之初,显然就受到这句话的影响。一开始就明确提出"要么不干,要干就要争第一"。基于这种"取法乎上"的精神,海尔首先在产品质量上做到了当时行业内的第一。其后,在企业发展的各个方面,比如市场的把握能力方面也做到了第一。其独创的以服务为载体的营销领先于国内任何行业对手。在自己门口做到了第一,不见得在其他地方也是如此。海尔在国内企业热衷创名牌的时候,提出了"国门之内无名牌",要先于对手在国际上树立海尔品牌。走国际化道路,一定要和最高端的对手竞争。如果只看着不如自己的对手,那么企业永远不可能自我超越,不可能超越业内顶尖的对手。因此,海尔提出了"和高手过招"的学习策略,借鉴和学习国际上最有实力的大公司的做法,直至超越他们。⑥

---

① 阎大香.“海纳百川 有容乃大”造就企业神话[N].中国联合商报,2013-01-21(2).
② 张兴龙.张瑞敏的儒商智慧[M].杭州:浙江大学出版社,2011:31.
③ 张兴龙.张瑞敏的儒商智慧[M].杭州:浙江大学出版社,2011:32.
④ 田永宽.简单管理:不能不借鉴的海尔管理[M].青岛:青岛出版社,2006:74.
⑤ 田永宽.简单管理:不能不借鉴的海尔管理[M].青岛:青岛出版社,2006:74.
⑥ 田永宽.简单管理:不能不借鉴的海尔管理[M].青岛:青岛出版社,2006:74.

2.3 海尔是"海"

在中国道家文化哲学中,道如同大海一样广博无边。在平静的时候,柔弱温顺,但是,当暴风骤起之时,汹涌狂暴之力又无可阻挡。

海尔就是这样一家企业,在张瑞敏淡定从容的领导下,把自己放在弱者的地位,以卑谦之心平静对待同行,然而其中蕴藏的巨大能量则是企业披荆斩棘、不断前进的内在驱动力。从中我们也看见了张瑞敏对企业用人机制的认知观念。①

1996 年,张瑞敏写了一篇散文——《海尔是海》。这篇直抒胸臆的文章体现了张瑞敏对道家哲学精髓的体悟,以及把海的哲学运用于企业生产、经营、管理之中的独到智慧。②

古人说:"海纳百川,有容乃大。"大海的力量正在于能够以包容的胸怀接纳一切,把涓涓细流汇聚成为无边无际的海洋,这才聚集、产生了巨大的能量。张瑞敏凭借个人的创业智慧,把一个濒临倒闭的企业建成中国首屈一指的品牌,如此超强的领导能力一直让世人敬佩不已。但是,如果以此认为张瑞敏完全是凭一己之力支撑起了整个"海尔神话",并不符合张瑞敏创业智慧的基本理念。③

如果说 20 世纪 80 年代海尔的缔造可以归功于张瑞敏一己之力的话,那么,在海尔崛起之后,尤其是 20 世纪末开始,张瑞敏大力提拔的一大批年轻有为的干部,则成为海尔发展的中流砥柱。此时的张瑞敏已经成为一个驾驭全局的高级统帅,运筹帷幄,指导整个战略发展的方向,这是一种极其高明的领导艺术和创业智慧,是需要大海一样包容的胸怀才能做到的。④

海洋哲学的另一大奥妙在于源源不断地产生新的能量,具有可持续发展的永不衰竭的动力。对于一个企业而言,想让企业永远立于不败之地,除了具有广纳人才、包容一切的宽阔胸怀之外,还需要让这些人才能够全面发挥作用。正如大海拥有的无限能量来自于无限的水一样,当我们想分辨出究竟是哪一滴水在发挥着作用,是永远不会得到答案的。正是每一滴水相互凝结起来才构成了汹涌的波涛。

这是大海的哲学,也是张瑞敏发展海尔的哲学。对此,张瑞敏曾经这样说:"海尔好比一座雄伟的大厦,海尔员工每人都有自己负责的一块玻璃,没有精彩的细部,就没有雄伟壮观的全局,没有干净的每一块玻璃,就没有亮丽的整个大厦。"⑤

大海中每一滴水的作用和海尔大厦中每一块玻璃的作用是完全一样的,聪明的领导人不是要刻意地标榜自己如何的伟大,而是要让整个企业员工都能作出自己的贡献,让员工

---

① 阎大香."海纳百川 有容乃大"造就企业神话[N].中国联合商报,2013-01-21(2).
② 张兴龙.张瑞敏的儒商智慧[M].杭州:浙江大学出版社,2011:37.
③ 张兴龙.张瑞敏的儒商智慧[M].杭州:浙江大学出版社,2011:37.
④ 田永宽.简单管理:不能不借鉴的海尔管理[M].青岛:青岛出版社,2006:128.
⑤ 阎大香."海纳百川 有容乃大"造就企业神话[N].中国联合商报,2013-01-21(2).

们像大海中的水一样,只有集聚起来,才能发挥惊人的力量。[①]

3 道商张瑞敏的治众之道——以人员为对象的管理

3.1 无领导:人单合一,自主经营

传统的企业管理是"科层制",从企业领导、高层员工、中层员工到基层员工,形成金字塔结构。互联网时代,用户驱动着企业。海尔探索自治小微公司,中层消失了。[②]

海尔7万多名员工,一下变成2000多个自主经营体,最小的7人。金字塔模式变了,企业架构从正三角变为倒三角,过去领导是上级,现在用户是领导。

而且,过去企业内,设计、制造、销售、售后服务是串联。现在是并联,相关人员在每个环节都一起,如设计阶段,设计、销售、供应方就在一起,决定了这个产品好不好卖。所以,海尔将目前的组织称为"人单合一双赢——平台组织下的自主经营体并联架构"。[③]

这些"自主经营体",拥有现场决策权、用人权、分配权,与独立公司没有区别。

员工的角色随之发生变化,从执行者变为接口人、创业者。张瑞敏说:"不是要你把这件事做好,而是要你整合相关资源,把这件事做好。"比如,海尔在尼日利亚的销售机构原来有十个人,现在只有一个人,整合资源完成任务就行了。"希望员工成为创业者,现在还很少。将来海尔像风投,给很多员工创造机会。"[④]

使员工自我驱动的核心是"人单合一"。人,指员工;单,是这个员工的用户。人单合一就是每个员工明确自己的用户、给用户创造的价值以及自身相应得到的报酬。传统的经营模式下,资产归企业,难以量化到人来增值。海尔把员工无偿占用资产变为有偿负债,以驱动增值。比如,一个销售员涉及的应收账款,就计为他个人向企业的有偿负债。又如,100万元的商品卖出去还不行,还得明确卖给谁。每个员工都有一张损益表,是海尔"人单合一"实施的基础。[⑤]

这种机制下,每个人都对自己负责、注重投入产出,使海尔逐步实现"三零原则"——零库存、零签字、零冗员。目前,海尔在生产线上的产品有20%已经明确用户,不断朝"零库

---

① 阎大香."海纳百川 有容乃大"造就企业神话[N].中国联合商报,2013-01-21(2).

② "三无目标"下的海尔战略与执行[EB/OL].中国经营网.http://www.cb.com.cn/gongsikuaixun/2013_0802/1006881.html.

③ 王德祥.海尔渠道业务逼近国美 欲借日日顺大转型[EB/OL].中国家电网.http://news.cheaa.com/2013/1014/383787.shtml.

④ "三无目标"下的海尔战略与执行[EB/OL].中国经营网.http://www.cb.com.cn/gongsikuaixun/2013_0802/1006881.html.

⑤ 王德祥.海尔渠道业务逼近国美 欲借日日顺大转型[EB/OL].中国家电网.http://news.cheaa.com/2013/1014/383787.shtml.

存"推进。以前许多人签字,有事也没人负责;现在基本没有签字,因为事先有预算和预案。①

不过,基层员工有科学决策的能力了吗?张瑞敏说:"海尔有一个'官兵互选'的机制。"

他举了一个例子,海尔在中国3000个县设置了销售公司,每个县的销售公司是一个自主经营体,员工人数不能超过七个。有一个县自主经营体,领导有问题。那些"兵"联合起来,选了另一个县的人当领导。另一个县的人上来后,又把那七个人中的三个削掉了,变成只有四个人。结果指标完成比以前多一倍,这四个人分得更多了。后来,四个人忙不过来,又雇用临时人员,但临时人员是他们出钱来雇,和海尔集团没关系。②

3.2 无边界:按单聚散,人力平台

传统企业是有边界的,但互联网时代的企业是无边界的,可以跨界经营。海尔探索建立"按单聚散"的人力资源平台。"我可以组织外边的人把这个事干好,不是我内部没这样的人才就不干了,"张瑞敏说,"世界就是你的研发部,为什么一定要你的人来做呢?"③

在"平台组织下自主经营体并联"的生态圈里,人员不是固定的,员工、用户、供应商都在一个平台上。人员"按单聚散",这个单这次由五个人做,下次可能就不再是这五个人。在这个过程中,用户的角色也变了,从被动购买者转为主动参与交互者。④

净水洗衣机就是一个案例。海尔研发出净水洗衣机,洗衣机里加了净水装置,水越洗越干净。海尔洗衣机创新总监舒海说:"这个创意得到40万名用户响应,网上用户建议7000多条,归纳为7个方面,这个产品是用户自己设计的。"⑤

"用户不是'活雷锋',为什么要积极参与你的设计呢?"舒海说,"海尔用美衣靓妆、时尚面料等话题,吸引用户讨论。用户中,一类提出问题,另一类是方案提供者。后者有可能成为海尔在线设计师,他们可以参与海尔产品的开发过程,高级设计师还可以参加海尔全球新品发布。由于有后面一类的网友,前面一类的网友可以得到帮助。这样平台越来越大,海尔社区现在有60万人。我们感到了开放带来的创新活力。"⑥

"仅仅用户交互,也不能产生净水洗衣方案",舒海说,"当问题引起广泛关注,就可以引

① "三无目标"下的海尔战略与执行[EB/OL].中国经营网.http://www.cb.com.cn/gongsikuaixun/2013_0802/1006881.html.

② 王晶.海尔让每个人都成为自己的CEO[EB/OL].中国商人.http://www.jobcn.com/hr/detail.xhtml?id=207714.

③ "三无目标"下的海尔战略与执行[EB/OL].中国经营网.http://www.cb.com.cn/gongsikuaixun/2013_0802/1006881.html.

④ 王晶.海尔让每个人都成为自己的CEO[EB/OL].中国商人.http://www.jobcn.com/hr/detail.xhtml?id=207714.

⑤ 王晶.海尔让每个人都成为自己的CEO[EB/OL].中国商人.http://www.jobcn.com/hr/detail.xhtml?id=207714.

⑥ 王晶.海尔让每个人都成为自己的CEO[EB/OL].中国商人.http://www.jobcn.com/hr/detail.xhtml?id=207714.

导专家们也参与。平台一边是用户,另一边是研发资源,比如全球技术社区,海尔起到桥梁作用。"①

3.3 无尺度:吸引资源,优化供应

"供应商为什么就愿意参与研发呢?"张瑞敏说,"事先要制订好运营方案,比如专利池等。"

传统企业是大规模制造,互联网时代是个性化定制,海尔按照用户需求来设计、制造、销售。② 所以,合作方从企业的博弈方到利益攸关方。

上述提到的净水洗衣机,就是海尔与陶氏化学合作研发的成果。陶氏化学亚太区首席技术官姚维广说,海尔去年找他谈"专利池"的概念时,他非常兴奋。陶氏化学、海尔都有专利,怎么实现利益最大化? 就是形成利益共同体,专利一起向外授权。海尔、陶氏利益一致。预测净水洗衣机一旦推出,两年之后,其他企业的净水洗衣机也会研发出来。为什么不把专利给他们,陶氏和海尔共同开发第三代洗衣机呢?③

海尔在自主经营体的基础上,整合外资资源时又形成"利益共同体",相关的设计商、供应商、销售商等可以在创造增值后,利益共享。又如,海尔为了巩固大家电配送优势,承诺24 小时限时到达,24 小时内送不到的整台产品就免费送给顾客。海尔配送业务负责人王正刚说:"海尔联合 13 个利益相关方来保证这个承诺,包括引入亚马逊的团队和经验,亚马逊团队是不固定报酬,可以分享收益的。"④

海尔以"人单合一"为核心的管理探索,已经取得初步成果。海尔收购三洋后,八个月止亏。三洋的员工接受了"人单合一"的观念,以前"唯上是从",现在"唯用户是从"。海尔从 2007 年到 2012 年,年利润复合增长率达到 35%,运营资金周转天数为负十天。⑤

但还需要进一步"落地"。比如,人、单、酬对应还没有完全做到,收入增长还有赖于建立平台,刺激颠覆性创新的产生。海尔创新的组织架构、商业模式,蓝图已经画出来了,还需要一步一步实现。

张瑞敏说:"没有成功的企业,只有时代的企业。因为成功只是踏准了节拍,但谁也不

---

① "三无目标"下的海尔战略与执行[EB/OL]. 中国经营网. http://www.cb.com.cn/gongsikuaixun/2013_0802/1006881.html.

② 王德祥.海尔渠道业务逼近国美 欲借日日顺大转型[EB/OL]. 中国家电网. http://news.cheaa.com/2013/1014/383787.shtml.

③ 王德祥.海尔渠道业务逼近国美 欲借日日顺大转型[EB/OL]. 中国家电网. http://news.cheaa.com/2013/1014/383787.shtml.

④ 王晶.海尔让每个人都成为自己的 CEO[EB/OL]. 中国商人. http://www.jobcn.com/hr/detail.xhtml?id=207714.

⑤ 三无目标"下的海尔战略与执行[EB/OL]. 中国经营网. http://www.cb.com.cn/gongsikuaixun/2013_0802/1006881.html.

能永远踏准，一旦踏错万劫不复。"目前，海尔正在通向"时代企业"的路上。①

3.4 "下君,尽己之能;中君,尽人之力;上君,尽人之智"

韩非子说："明主不躬小事。"《韩非子》第四十八篇《八经》又说："下君,尽己之能;中君,尽人之力;上君,尽人之智。"此话的用意在于说最高明的管理者不会自己去做小事,也不会依靠别人的力量,而是发掘别人的智慧,从而使别人能够做到自动自发地工作。也就是说,管理的最高境界其实在于经营人,发挥人的智力,把每个人都变成自主经营的个体,才能发挥最佳效果。②

企业管理的难点在于对人的管理。通常的做法不外乎管理者的权威以及强制性的监督和控制,这种管理带有一定的专制色彩。当管理者无法做到亲力亲为去监督和控制他人工作的时候,就要制定相关的制度和标准,指导员工的工作。如果员工在被管理的过程中能够充分发挥个人的智慧,主动地完成工作,而不需要管理者的强制和监督以及严格的制度限制,那么这种工作才是最有效率的,工作的效果才是最佳的。③

（1）人治

人治是管理的第一重境界,强调的是管理者靠自己的力量治理他人的工作。"治"体现出的是一种管理者权威式的管理,管理者用一定的手段,采用高压式的做法,强制员工完成工作。员工如果没有完成预期的工作就会被"治理",包括处罚、解雇等。目前在一些企业中,特别是民营企业中,还存在大量的靠"人治"的管理。管理者采用人盯人的方式,跟在员工后面,员工的工作不尽如人意,管理者的"大棒"就会砸在员工的头上。这里的人治一方面强调的是管理者靠自己的地位、权威实现对员工的"专政",另一方面也体现在具体的工作过程中,管理者实施"手腕"治员工。"人治"是最原始的管理方式,它与现代企业强调的"以人为本"的管理理念背道而驰。尽管在一些企业,特别是初创或是规模小的企业中还有一定的生存空间,但企业若想大发展就必须摒弃"人治"式的管理方式,这种管理既浪费管理者的时间,也使管理者整天忙于琐碎事务,更要命的还是在于员工对此产生的逆反心理,并将这种心理带到工作中,导致"出工不出力",效率低下。④

（2）法制

"法制"应该是管理的基础。企业管理应该是"对事不对人",任何人的行为都应限制在

---

① 三无目标"下的海尔战略与执行[EB/OL]. 中国经营网. http://www.cb.com.cn/gongsikuaixun/2013_0802/1006881.html.

② 张瑞敏. 自主经营体的最高境界是群龙无首[EB/OL]. 中国广播网. http://finance.cnr.cn/gs/201307/t20130728_513168745_1.shtml.

③ 张瑞敏. 自主经营体的最高境界是群龙无首[EB/OL]. 中国广播网. http://finance.cnr.cn/gs/201307/t20130728_513168745_1.shtml.

④ 张瑞敏. 自主经营体的最高境界是群龙无首[EB/OL]. 中国广播网. http://finance.cnr.cn/gs/201307/t20130728_513168745_1.shtml.

企业既定的管理体系范围之内,而不能毫无章法,想怎样做就怎样做,甚至是找更多的辩解。事实上,建立"法制"是目前绝大多数企业采用的管理方式:部门职能、业务流程、人力资源配置、激励与考核等规章制度。这些制度的建立与完善对企业的管理是一个巨大的促进和保障。任何成功的企业都是建立在完善的"法制"管理基础上,比如海尔的"法制"管理,可以说企业的行为或是员工的行为都有相应的制度标准遵循,任何员工都必须严格"依法办事"。像海尔提出的"人人都管事,事事有人管,管事凭效果,管人凭考核"等管理方式就是基于严格、标准的规章制度作保证,让每个员工都知道该做什么事以及如何做得更好。①

(3)人智

"人智"管理严格来说还是一种管理者的预期。"人智"管理的重点在于人的智慧是无穷的,管理者如果能够做到充分发挥员工的才智,让员工主动奉献才智并转化为实际的工作,工作效率和结果就会有超常的提升。这就好比是一个人为自己工作则必然会尽全力设想、创新、实践,这种为自己工作的方式是企业所期望的,也是企业经营的最高境界。②

海尔目前对人的管理就体现出"人智"的思想。从创新团队、员工创新命名、市场链等都可以看到"人智"的管理思想和做法。海尔提出市场链机制,把内部市场和外部市场结合起来,变职能为流程,每个员工都要面对自己的市场,一切行为和收益都要看市场的认可。海尔把员工变成自主经营的个体,从机制上保证员工自己独立地做事。比如海尔提出的"型号经理",他不仅要做好产品的设计,还必须保证设计的产品在市场上的竞争力。当然,企业为"型号经理"提供强有力的资源,借企业的平台给"型号经理"。"型号经理"就像一个自主经营的"小老板",他充分利用企业的平台资源,竭尽所能,为自己和企业创造效益。海尔的这种做法就是"人智"管理的体现。每个海尔人都有机制和资源的保证自主经营,个人的主观才智得以充分地发挥,最大可能地实现企业及自身的价值。③

4 结束语

道家重生,不仅体现在看重个体生命,也体现在看重社会整体的生计发展。事实上,在中国历史上,每当道家思想被认可的时期(例如汉唐黄老道学兴盛的时期),经济的发展相对来说非常理想化,社会民众是丰衣足食的。④

---

① 张瑞敏. 自主经营体的最高境界是群龙无首[EB/OL]. 中国广播网. http://finance. cnr. cn/gs/201307/t20130728_513168745_1. shtml.

② 林赛. 商儒张瑞敏[M]. 北京:现代出版社,2009.

③ 张瑞敏. 自主经营体的最高境界是群龙无首[EB/OL]. 中国广播网. http://finance. cnr. cn/gs/201307/t20130728_513168745_1. shtml.

④ 李海波. 道商[M]. 北京:中国经济出版社,2009.

"以道启心，以心启智，以智启财，以财启众，众皆归道。"这是当代"道商"的历史使命。让我们期待并祝福中国乃至世界范围内，有越来越多的企业家和商界人士，学习、领悟、传播老子的道学智慧，并向张瑞敏学习"道商是怎样炼成的"，让大道之光照彻寰宇，不断创造商业世界的奇迹。①

资料1
海尔的发展历程

海尔集团是全球领先的整套家电解决方案提供商和虚实融合通路商。公司1984年创立于青岛。创业以来，海尔坚持以用户需求为中心的创新体系驱动企业持续健康发展，从一家资不抵债、濒临倒闭的集体小厂发展成为全球最大的家用电器制造商之一。2013年，海尔集团全球营业额1803亿元，在全球17个国家拥有7万多名员工，海尔的用户遍布世界100多个国家和地区。

2008年3月，海尔第二次入选英国《金融时报》评选的"十大世界级品牌"，2008年6月，在《福布斯》"全球最具声望大企业600强"评选中，海尔排名13位，是排名最靠前的中国企业。2008年7月，在《亚洲华尔街日报》组织评选的"亚洲企业200强"中，海尔集团连续五年荣登"中国内地企业综合领导力"排行榜榜首。2008年海尔入选世界品牌价值实验室编制的"中国购买者满意度第一品牌"，排名第四。海尔已跻身世界级品牌行列，其影响力正随着全球市场的扩张而快速上升。

2012年3月24日，"2012年全国企业管理创新大会"在北京举行，海尔"以自主经营体为基础的人单合一管理"模式在全国451项管理项目中脱颖而出，获得国家级企业管理创新成果奖一等奖第一名。2012年8月8日，第六届中国品牌节揭晓年度品牌中国总评榜，海尔荣获"2012品牌中国华谱奖"，连续六年获此殊荣。

2012年9月10日，美国财经杂志《福布斯》发布2012年"亚洲上市公司50强"排行榜，中国海尔挺进50强，连续两年入围该榜单。2012年9月17日，第18届中国品牌价值研究结果在英国伦敦揭晓，海尔以962.8亿元人民币的品牌价值位居榜首，连续11年蝉联中国最有价值品牌排行榜榜首。

2013年12月22日，世界权威市场调查机构欧睿（Euromonitor）发布的最新的全球家电市场调查结果显示，海尔在世界白色家电品牌中排名第一，海尔大型家用电器2013年品牌零售量占全球市场的9.7%，第五次蝉联全球第一。按制造商排名，海尔大型家用电器2013年零售量占全球11.6%的份额，首次跃居全球第一。同时，在冰箱、洗衣机、酒柜、冷柜分产品线市场，海尔全球市场占有率继续保持第一。调查显示，海尔旗下产品的全球份

---

① 李海波.道商[M].北京:中国经济出版社,2009.

额也节节攀升。2013年,海尔冰箱的品牌和制造商零售全球份额分别为16.8%和19.8%,海尔洗衣机的品牌和制造商零售全球份额分别为13.3%和16.1%,海尔冷柜的品牌与制造商零售全球份额为20.5%和19.9%。至此,海尔同时拥有"全球大型家用电器第一品牌、全球冰箱第一品牌与第一制造商、全球洗衣机第一品牌与第一制造商、全球酒柜第一品牌与第一制造商、全球冷柜第一品牌与第一制造商"共9项殊荣。

(资料来源:海尔官网[EB/OL]. http://www.haier.net/cn/.)

资料2

道商渊源

"道"既然是宇宙万物的原理和规律,能够生成和长养万物。那么,在竞争日益激烈的现代商业社会,我们该如何领悟、借鉴和运用"道"的智慧和思想,遵循"道"的规律和轨迹,来实现商业经营的大成境界,创造商业品牌"长生久视"的传奇呢?

经商必须有道,无道则商不兴。在一般情形下,我们将经商之道概括为"商道",并做阐述发挥。近几年,在国内外的企业家和商人中,涌现了一大批热爱《道德经》的杰出人士,他们运用道家思想和《道德经》智慧去经营管理企业、指导自己的人生,同时形成了独特的经营管理智慧和人生风格魅力与境界。有学者将这些企业家和商人,归纳统称为"道商"。

在了解"道商"之前,我们首先要知道什么是商人?

实际上,商最早是作为一个专用的地名或族名出现的,它与商业没有必然的联系。后来,因为商朝的商业十分繁荣,有"商邑翼翼,四方之极"之称。再加上商民善于经商,后世将经商的人称为"商人"。

武王伐纣,灭了商朝。武王死后,周成王年幼,管、蔡二叔(武王之弟)与纣王之子武庚联兵反叛。周公东征平叛后,将洛阳建为军事要塞,称为"成周","成周既成,迁殷顽民"。殷商遗民被迫集中到洛阳。虽然殷朝遗民已经成为周朝人民的一部分,但是却被另眼看待。周朝人叫他们顽民,经常被召集训话,不许乱说乱动,过着被监视的生活,他们既无政治权利,又失去了土地,怎么过日子呢? 只好东奔西跑做买卖。买卖这一行周朝的贵族是不会做的,当时的庶民要种地不能做买卖,而商品买卖又是为社会所需要的,久而久之,买卖商品的商业成为殷朝遗民的主要行业了。

在这一时期,商人开始分化为行商和坐贾,行商是走村串寨、沿途买卖的商人,坐贾是有一定场所、招徕他人来买卖东西的商人。在《庄子》一书中,屡屡出现"桂鱼之肆""屠羊之肆"的提法就是明证。

人与人之间,因为彼此的利益需求而产生各种"交换"性质的商务行为,不但影响和改变了人们的世界观,而且也影响和改变了整个人类社会。与儒家学派耻于言利相较,道家学派则正视商业的发展和商人的地位。如老子与孔子会谈时谈到"良贾深藏若虚,君子盛德若愚"就有对道商的描述；《庄子》中谈到的"冻疮药"的故事，《列子》中谈到的"盗天而无殃"的故事，则是对道与商业经营的策略性表达。尤其是《道德经》中讲到的"利而不害，为而不争"，其实就是现代商业经营中的"共赢"雏形，也当视为现代商业伦理的最高原则。

道家重生，不仅体现在看重个体生命，也体现在看重社会整体的生计发展。事实上，在中国历史上，每当道家思想被认可的时期（例如汉唐黄老道学兴盛的时期），经济的发展相对来说非常理想化，社会民众是丰衣足食的。

（资料来源：李海波.道商［M］.北京：中国经济出版社，2009.）

▷▷ 案例使用说明

一、教学目的与用途

1. 适用课程：本案例主要适用于 MBA 或本科工商管理类专业教学中，主要适用的课程包括中国管理学原理、道家管理哲学、企业战略管理、人力资源管理等工商管理类课程，可以用来讨论道家管理智慧等相关主题。

2. 适用对象：本案例主要为 EMBA、MBA 和管理类专业硕士开发，适合具有一定工作经验的管理者和三年级以上的本科生学习，也可用于具有一定中国管理学思想知识的企业高管进行深入学习。

3. 教学目的：本案例的教学目的在于通过描述张瑞敏如何运用道家的管理思想和智慧来进行管理实践和企业战略决策，引发学生对道家管理思想的思考，深化学生对道家管理智慧的分析、道家管理实践前提的识别、道家思想相关理论的认识，培养学生透过表象看本质的分析能力和全面、系统分析战略优劣的辩证思维，提高解决实际管理问题的能力。

二、启发思考题

1. 张瑞敏为什么在管理实践中采用道家哲学？你是怎样理解"道"的？

2. 请分析张瑞敏是怎样把道家的"无为"思想运用到海尔的领导中去的？对你有什么启示？

3. 道商张瑞敏是怎样将道家"无中生有"的理念运用到企业管理决策中的？

4. 道商张瑞敏在管理中是怎样运用道家"以人为本"的思想来领导海尔的？

5. 海尔为什么要转型为一个"三无"公司？你怎样理解"三无"公司的特点？

6. 道商张瑞敏的用人理念是什么？对你有什么启示？

三、分析思路

本案例首先描述道商张瑞敏极为推崇老子的《道德经》以及他对道家深刻的领悟；然后引出道商张瑞敏的管理智慧主要分为三个方面：治身之道、治事之道、治众之道，并且在案例当中详细说明道商张瑞敏是怎样把他的道商智慧运用于海尔的管理中。案例分析思路如图1所示。

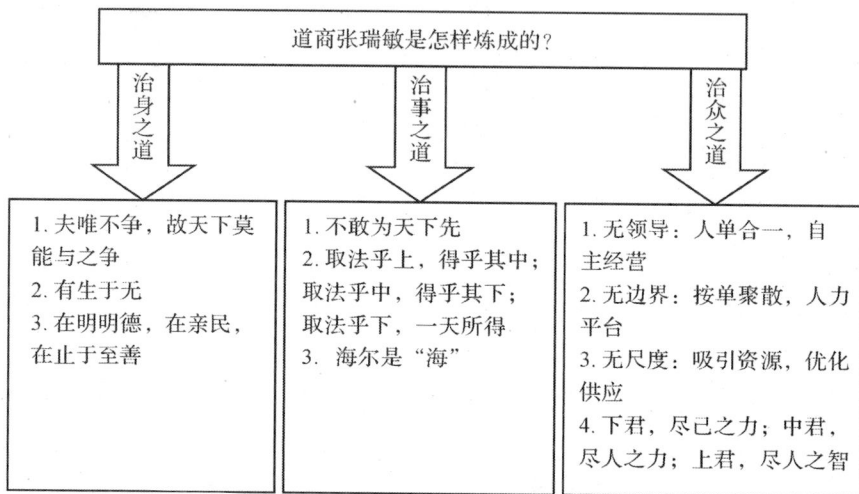

图1 案例分析思路

四、理论依据与案例分析

根据上述案例分析思路，结合启发思考题中有关问题，在此总结本案例的理论依据并分析案例主要内容，仅供参考。

1. 张瑞敏为什么在管理实践中采用道家哲学？你是怎样理解"道"的？

【理论依据】

道是那种揭示事物之间必然联系的本质东西，是一种无形的、不变的、不可名的恒道。

首先，道是无。"天下万物生于有，有生于无"，无，一定不是具体的东西，而是抽象的事物内部的本质，它是事物矛盾运动的法则和规律。其次，道是朴。朴有真之义，是真实的东西又是具有真理性的道理。朴是事物之本，"朴散，则为器"。再者，道法自然。道是效法自然的演变过程，是不以人的意志为转移的客观规律。"道恒无为，而无不为。"

此外，道家的学说中有着非常丰富的辩证法思想，道家的辩证思想是尊重客观现实的，是唯物的。道家的辩证思想揭示出了两种对立事物之间相互依存又相互转化的关系，比如："天下皆知美之为美，斯恶已；皆知善之为善，斯不善已。有无相生，难易相成，长短相形,高下相盈,音声相和,前后相随。"

这就是事物的相反相成的规则。事物所包含的两个对立面,都是向相反的方面转化的,所以说:"反者,道之动。"对此最生动的解释,就是"塞翁失马"的故事以及老子的名言:"祸兮,福之所倚;福兮,祸之所伏。"当然,这种转化是需要一定条件的,道家的缺陷是没有强调这种必要的条件。老子还说:"物或损之而益,或益之而损。"

中国古代思想家们对辩证法的运用带有普遍性,许多思想家和学术流派在阐述自己的理论学说时体现出辩证思维方式,不断推动中国哲学的辩证法的发展。《周易》和道家的《道德经》在这方面具有代表性,对后世有着重大影响。

【案例分析】

道家对人性的分析与假设奠定了道家管理伦理思想的基本原则。道家思想认为人性本"朴",应该尽量保全人性中的"朴",因此在管理中不需要有太多的人为干预,而要顺应人性之自然,按照人性合理发展的规律来进行管理。这一思想非常深刻地体现在道家管理伦理思想中的个体行为、领导行为及组织行为等方面。

道商张瑞敏从道家的"有生于无"和辩证思想发展为现代企业的无为之道、现代企业的立业之道、现代企业的长存之道、现代企业的信仰之道、现代企业的管理之道,如图2所示。

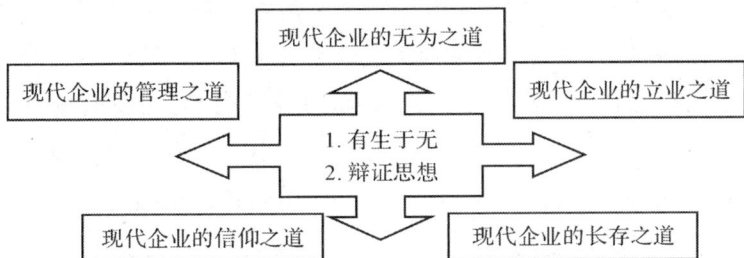

图2 张瑞敏的管理之道

2.请分析张瑞敏是怎样把道家的"无为"思想运用到海尔的领导中去的? 对你有什么启示?

【理论依据】

道商认为,"无为才能无不为"。因为行"无为"之道,万物就会按其本性自然生长,自由发展,人也会实现自己的一切愿望。老子说:"道常无为而无不为,侯王若能守之,万物将自化。"坚守大道,不怀私欲;顺应民性,不加干预。道商领导者自己要"常无心,以百姓心为心""处无为之事,行不言之教"。

道商"为无为,则无不治",第一个"为"是能动的为,表现为领导者首先是"自化",之后"化人",再"民自化"。领导者的首要任务就是要完成和不断优化对自身的精神提升,建立坚定的价值观念,并帮助部下建立和提升精神体系和理念系统,同时指导其技能,最终,形成下属对自身精神的强化和统一信念,让每个人成为自己行为的主人,此即"自化—化人—民自化"的过程,即首先领导者自我认识、自我化育、自我发展、自我实现,之后通过"化人"的方式,引导下属自我认识、自我化育、自我发展、自我实现的过程。

【案例分析】

张瑞敏的领导方式就是将自我领导的结果应用于企业,其终极意义在于实现企业的使命与塑造企业精神价值,推动人类共同进步。这种方式,必然推崇自然思想,使用"无为而治"的领导艺术,是极高明的管理境界,以至于西方管理学称赞道家为"看不见的领导""轻松的领导"。我们也许可以说,道商的智慧是新时代的人生智慧。以"自然"为核心原则的道商智慧表现为两大特征:人格的独立,心性的自由。而道商领导者的核心工作,就是将这两大特征传递给每个员工,使每个人都成为道商。

3.道商张瑞敏是怎样将道家"无中生有"的理念运用到企业管理决策中的?

【理论依据】

《道德经》云,"天下万物生于有,有生于无"。如果把决策的结果作为"有"的话,它也必然来源于"无"。

企业经营的核心是决策,有了决策,才有目标和方向。"道家为中国哲学中对决策阐释得最为透彻的一支,我们可以从中找到决策的最高指导原则。"

道家强调的道,即整体,本身不具形象,是万物的根源,不限于一点一面,又包容一切。人若要了解道,就必须跳出个人狭窄的时空观,升华至整体,考虑到环境,乃至更大的时空变化体,可以以五个同心圆,分别代表公司、工作场所、社区、市场和环境,来体现商业生态系统,其核心是公司的价值观,而"人法地,地法天,天法道,道法自然",可以将"道"的价值理念在不同的时空变化体中进行拓展。

为了具备整体观,道家强调无欲、无私、无名、无为及不把持,都是决策者所应具备的修养。

"无中生有"更进一步地讲就会形成"有无相生","有"和"无"是互相促进、相互转化的,肯定"有"的战略谋划观,肯定"无"的否定式思维和战略决策观,本身是合二为一的。"有无相生"推展开来,企业在战略规划过程中不仅可以遵循"有无相生"的思想实现创新的战略思维,还可以在有形资产和无形资产、虚实相资(填补和开创业务市场)等方面,谋划自身的战略。

【案例分析】

张瑞敏把一个烂摊子企业缔造成为"海尔神话",这是一种"无中生有"的本质变化,变化的背后不是让企业家像变戏法一样倒空卖空,而是善于用文化哲学的理念去改造旧的企业,往里面填充新鲜的价值观念。如此一来,企业看起来还是那个一无所有的企业,但是,不久的将来,必然产生你所想拥有的一切。唯其如此,"无中生有"并不是一种故弄玄虚,而是以文化哲学充塞其间，虽然看起来什么也没有，然而这种"无"并不是"没有"，而是一种包容一切"有"的"无"。

4.道商张瑞敏在管理中是怎样运用道家"以人为本"的思想来领导海尔的？

【理论依据】

以人为中心进行管理，这是搞好管理的真谛。在西方，就企业管理而言，人的重要性是经过了一两百年的摸索才认识到的。泰罗的科学管理未曾认识到，梅奥的人际关系管理虽然认识到了人际关系对企业的生产效率有重要的影响，进一步认识到人际问题的重要性，但没有从人是支配企业的全局的高度去认识。而人在社会的重要性，在距今两千年前的我国春秋战国时期的《道德经》一书中早就强调了。例如，《道德经》第二十五章："故道大，天大，地大，人亦大。域中有四大，而人居其一焉。人法地，地法天，天法道，道法自然。"上面这段话的语义清晰，不需要做太多的解释。最值得注意的是这段话中的"人亦大"，它强调了人与"道""天""地"处于同等重要的地位。老子不但强调人居"域中四大"之一，而且把人的活动与道的自然性、规律性联系起来。这说明，老子是十分重视"人"的作用的，并且告诉我们，人的活动要遵循自然规律。《道德经》一书中有十几处都使用了"人"或类似"人"那样的词，例如：六十六章中的"欲上民""欲先民"，五十八章中的"其民淳淳"等，老子显然是把"人"作为"域"中的"一大"来尽情议论的。

【案例分析】

道商张瑞敏在管理中体现道家"以人为本"的思想主要是在他的治众之道。无领导，人单合一，自主经营，这就是让员工最大限度发掘自身潜力，每个人都对市场负责，实现速度和准确率的统一，唯有每个人发挥自己的创新潜能，才能超越目标。人单合一，自主经营的目的是什么？不是在形式上用条形码把人和订单挂钩，而是通过将人与订单挂钩的办法，激发每个人的潜能去挖掘市场的资源。海尔的人单合一、自主经营如图3所示。

5.海尔为什么要转型为一个"三无"公司？你怎样理解"三无"公司的特点？

【理论依据】

"无为而治"的思想之所以被认为是最高的管理方略，其原因有二：一是它强调尊道而行，唯道是从，告诉人们不从道者将被淘汰；二是它不仅追求管理效益最大化，同时追求管理的行为最少。以最少的管理行为，获最大的管理效果，这不正是管理者所希望的吗？这里管理者的行为由多到少是一个渐进的过程。老子讲："为学日益，为道日损，损之又损，以至于无为，无为而无不为，取天下常以无事，及其有事，不足以取天下。"在市场竞争激烈的今天，作为管理者，又何以做到无事呢？老子告诉我们"唯道是从"。那什么是管理者的道呢？管理者的道就是符合客观规律的，顺应经济规律、消费需求规律、企业运作规律，符合人性的企业制度。在用人方面，企业只选择合适的！物竞天择，人竞企择。管理者是用制度去管理，有了符合客观规律的、完善的企业制度，只要员工自觉遵守、人各从其事，这样的

```
┌─────────────────────┐      ┌──────────────┐      ┌─────────────────────┐
│ 互联网时代对企业管理模 │ ◄──► │1.海尔人单合   │ ◄──► │ 模式创新是企业持续发 │
│ 式转变的要求          │      │一双赢模式的   │      │ 展的必然选择          │
└─────────────────────┘      │含义          │      └─────────────────────┘
                             └──────────────┘
```

┌──────────┐   ┌──────────┐   ┌──────────┐   ┌──────────┐
│2.人单合一双│   │3.人单合一双│   │4.人单合一双│   │5.人单合一双│
│赢模式的组织│   │赢模式的机制│   │赢模式的检验│   │赢模式的发展│
│设计   │   │设计   │   │标准   │   │方向   │
└──────────┘   └──────────┘   └──────────┘   └──────────┘

模式目标:创造用户价值

通过经营人创新商业模式

适应战略的企业组织调整:从正三角到倒三角组织体系调整

经营人的人本主义三张表:损益表、日清表、人单酬表

外部不可复制
内部有效复制

竞争力检验

成功标准

发扬创业和创新的"两创"精神

对内推进自组织,对外建立强黏度

端到端
同一目标
倒逼体系

落地承接载体:自主经营体及经营体三要素

其他机制:参与约束、激励相容理论和强大目标机制案例

能不能创造客户需求

能不能做出强用户黏度

自创新 自驱动 自运转

有没有可持续性

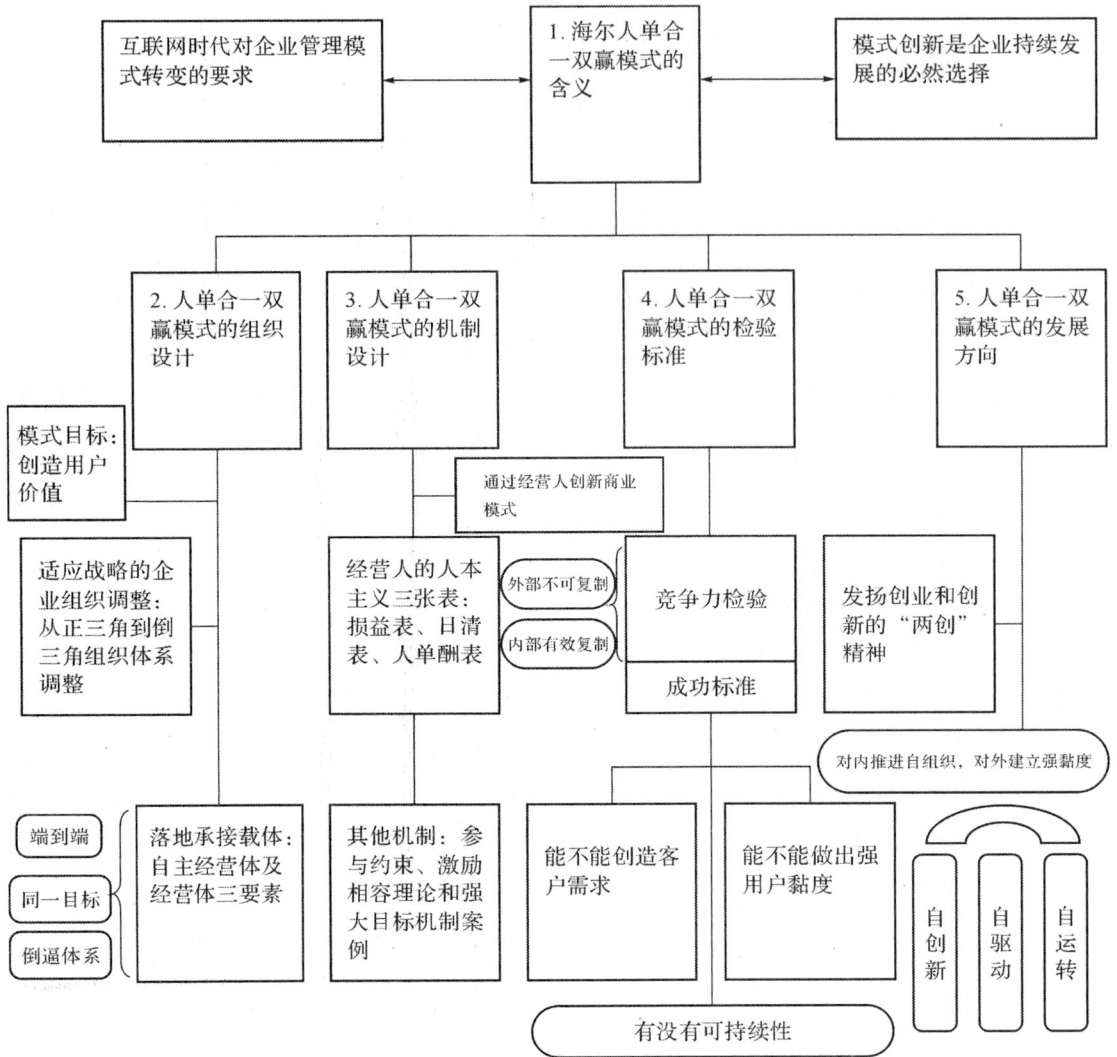

图 3　海尔的人单合一、自主经营

企业领导还忙吗?如果企业的制度不符合客观规律,那么企业迟早要被市场所淘汰。这里企业的制度是关键,看体制,知成败。所以说"好不好管在体制,管没管好在水平"。在具体管理工作中,管理者主要应做到:有所为,有所不为。在"大事"上有所为,在"小事"上有所不为,只有在"小事"上有所不为,然后才能在"大事"上有所作为。美国国家计算机公司经理帕特森认为,一个高明的企业领导人应该是机器的设计者而不是机器的制造者。他有句至理名言:"不要去做可以交给别人做的事情。"美国凯罗柯电气公司负责人有一条领导原则:交给下属的工作,绝不再故意察看,只有最后验收工作结果。这种高度的信任感,使下属更加努力工作,工作效率提高,下属心情舒畅。这叫作"抽身谋大计",这就是"举重若轻"。所以,一个企业的高层领导者只有运筹帷幄,考虑全局,掌握方向,出主意,用干部,而

在具体事务上则持超脱态度,当"甩手掌柜"才算是一位聪明的企业家。只有在具体事务上"有所不为",才能在全局问题上"有所为"。

【案例分析】

企业无边界,是道商张瑞敏对企业战略和组织框架的颠覆性探索和追求。张瑞敏认为,战略首先是差异化。这种差异化的路径设计好了之后,它一定要涉及整个组织结构,所以组织结构一定要跟着变化,这就是企业的两个变量:战略和组织结构。

管理无领导对于海尔来说,是一个很大的转变,其原因在于这是基于人的管理认识的调整,涉及利益攸关方角色的转换。张瑞敏痛恨层层签字的弊端,他认为,集体签字确认负责就是集体不负责,很多时候是后面的人见前面的人签了字,所以跟着签字。海尔要给员工很大的决策权,而不是受层层签字的束缚。

以海尔为代表的制造企业是大规模制造,主要的竞争力就是大规模制造。互联网时代是个性化定制的时代,你这个供应链再按照大规模制造、设计,肯定是不行了,所以海尔现在探索按需设计、按需制造、按需配送。

以上就是道商张瑞敏企业无领导、管理无边界、供应链无尺度的"三无"模式,具体如图4所示。

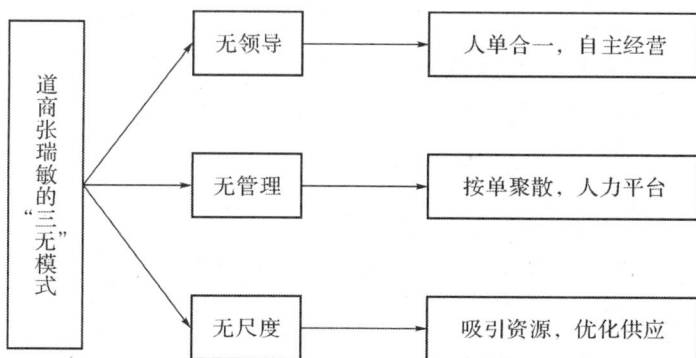

图4　道商张瑞敏的"三无"模式

6.道商张瑞敏的用人理念是什么？对你有什么启示？

【理论依据】

《韩非子·八经》中说:"下君,尽己之能;中君,尽人之力;上君,尽人之智。"韩非子这段话的意思是:在用人方面,如果只能用自己个人的力量,你只能是下等的人;如果你能用几个人的力量,是中等的人;如果你能把有智慧的人集中起来为你服务,你就能成为最上等的人。随着时代的发展和变迁,如今谓之的下君、中君、上君也被赋予了更多的解读和定义。在管理领域,"下君"可谓企业的基层领导,主要依靠自己的能力完成任务;"中君"是企业的中层领导,进而依靠大家的能力完成任务;而"上君"作为企业的高层领导,要做到激发员工潜能,提升组织资源。

【案例分析】

张瑞敏作为海尔的最高管理人员,在领导和管理当中启发员工的智慧,即所谓的"尽人之智",这是领导方式的最高境界。采用这种领导方式,领导者应扮演启迪师角色,激发下属潜能,采用切实可行的创新机制,完成组织政治建设,从而使组织的资源能够得到最大限度的"升级"。

海尔的这种用人理念使员工在被管理的过程中能够充分发挥个人的智慧,主动地完成工作,而不需要管理者的强制和监督以及严格的制度限制,那么这种工作才是主动的、最佳的。①

五、背景信息

"三无"战略促海尔成为"三化"互联网企业

互联网时代的到来颠覆了传统经济的发展模式,而新模式的基础和运行则体现在网络化上,市场和企业更多地呈现出网络化特征。在海尔看来,网络化企业发展战略的实施路径主要体现在三个方面:企业无边界、管理无领导、供应链无尺度。海尔集团轮值总裁周云杰介绍,"2013年围绕'三无'的推进为2014年的新战略打下了一个基础,从'三无'到'三化'"。

只有"无边界"才能实现"平台化"。网络经济迫使企业必须无边界,实现和用户之间的零距离。同时也拆掉企业内部之间的墙,变成一个真正网络化的组织,成为一个无边界的聚散资源的平台。目标就是满足用户全流程的体验。

只有"无领导"才能实现"创客化"。管理无领导实际上是打破原来传统的层级管理的制度,让每一个员工成为网络的节点,每一个节点直接面对用户,为用户创造价值。打破层级之后,组织应该变成节点闭环的网状组织。这也为海尔推进的员工"创客化"打下了组织的基础,只有这种网络化的组织,才能实现真正的"创客化"。海尔的人人"创客化"并不仅仅指在册员工,而是指在线人员。只要共同为用户创造价值的群体,都是海尔创客成员。把7万人化作2000多个自主经营体,就是海尔模式创新的全部精髓所在。最终,就是要让每个人成为创新的主体,也就是让每个人成为自己的CEO。

只有"供应链无尺度"才能实现"用户个性化"。传统的直线式的供应链已经被现在的供应链冲破。供应链应改变到什么程度?就是要按需设计、按需制造、按需配送,达成虚实网融合的满足用户全流程的体验。这让用户可以参与到企业的供应链管理中来,很好地支

---

① 张瑞敏.自主经营体的最高境界是群龙无首.中国广播网. http://finance. cnr. cn/gs/201307/t20130728_513168745_1. shtml.

持了用户的个性化。不过,这点知易行难,所以海尔现在用模块化的思路在做。

六、关键要点

1.关键点

"道商"张瑞敏的管理哲学与一些西方的管理理论并不冲突,而且在某些方面有异曲同工之妙。比如在很多管理方式上面借鉴了西方的授权理论、Y理论等。读者在学习海尔案例的时候要善于将张瑞敏的管理理念同西方管理理论结合起来,并且思考两者的异同点。在现代企业的经营管理过程中,道家管理哲学在海尔管理中取得了巨大的成功,不但在于理论的科学性,而且在于"道商"张瑞敏领导下的海尔具有很强的理论实践能力,学习者要注意把握张瑞敏管理实践是如何成功运用道家管理智慧的。

2.关键知识点

道商智慧。

3.能力点

(1)分析与综合能力:在分析传统文化思想的影响时,要注重"横"和"纵"的结合,既要分析传统优秀文化相互之间的联系和区别,也要注意传统思想的历史沿革。

(2)批判性思维能力和解决实际问题的能力:全面客观与注重联系实践相结合,面对传统文化,既要取其精华,也要舍弃糟粕。任何优秀文化都必须与实践相结合,做到具体问题具体分析,才能真正发挥其功效。

七、建议课堂计划

本案例可以作为专门的案例讨论课来进行,通过采取小组讨论的方式分析本案例,以完成本案例的教学目标。以下是按照教学课程时间、课堂讲授思路以及板书建议提供的课堂计划建议,仅供参考。

1.教学课程时间

整个案例讨论课的课程时间控制在两个课时(每个课时45分钟)。

2.课堂讲授思路

(1)课前教学准备

根据课程教学班级学生的专业结构和知识背景,对课程教学班级进行分组,每组人数控制在5～8人,要求各小组成员做好分工与合作,教师可考虑提出案例思考题,请参与者在课前完成阅读和初步思考。

(2)课中讨论阶段

首先,简要的课堂前言,明确课堂教学主题(3～5分钟),主要介绍案例大致背景、案例大致内容、案例涉及问题等内容。

其次,开展分组讨论(60分钟),根据课堂教学的学生容量进行合理分组。先各小组展开组内讨论,即给予各小组一定的自由讨论时间(20分钟),让小组成员对案例存在现象和问题进行分析讨论,并针对问题提出解决思路和方法,整合小组总体看法。然后,小组间讨论(20分钟),各小组选取一名代表,代表本小组简明扼要地阐述本小组对案例的分析和对问题的解决思路,还可以将案例中一些较难的问题或者值得深入研究的内容提出来,以供全体学生作进一步探讨、交流和完善。

最后,进行归纳总结(10～15分钟),在学生案例讨论或思路分享结束后进行,教师应该就各小组分析问题的思路和解决问题的方案进行总结。结束总结语:首先,应该是对各小组的结果进行点评,提出结果存在的优缺点;其次,要提出自身对案例的看法,并提出对案例难题的思路分析和解决方案,进一步引导学生的思路,以供借鉴;最后,提出一些课堂上未能解决的问题,供学生课后继续思考,留待进一步探讨。

3.板书建议

在课堂教学过程中,建议采用图画式板书与提纲式板书相结合的授课方式。图画式板书直观、生动、形象,事物的内在关联显现得淋漓尽致,能有效地激发参与者的学习兴趣,促进抽象思维能力的发展;提纲式板书字句简洁,条理清楚,重点突出,教学思路清晰。

八、参考文献

[1]苏东水,彭贺.中国管理学[M].上海:复旦大学出版社,2006.

[2]吴照云.中国管理思想史[M].北京:高等教育出版社,2010.

[3]胡海波.中国管理学原理[M].北京:经济管理出版社,2013.

[4]吴照云.管理学[M].6版.北京:中国社会科学出版社,2011.

[5]钟运动,宋丽丽,胡海波,等.公司组织与管理[M].厦门:厦门大学出版社,2011.

[6]柳振群.老子管理思想研究[M].天津:天津古籍出版社,2008.

[7]邵洪波.道商领导哲学:"中和"及其应用[J].现代国企研究,2012(9):82.

[8]王万方.无为而治与管理[J].经济学研究,2008(3):79.

[9]李海波.道商[M].北京:中国经济出版社,2009.

[10]孙德良.张瑞敏海尔管理日记[M].北京:中国铁道出版社,2011.

[11]张兴龙.张瑞敏的儒商智慧[M].杭州:浙江大学出版社,2011.

[12]田永宽.简单管理:不能不借鉴的海尔管理[M].青岛:青岛出版社,2006.

[13]海尔官网[EB/OL].http://www.haier.net/cn/.

九、附　录

《道德经》经典名句

第1章　道可道,非常道;名可名,非常名。无,名天地之始;有,名万物之母。

第 2 章　处无为之事，行不言之教。

第 4 章　挫其锐，解其纷，和其光，同其尘。

第 5 章　天地不仁，以万物为刍狗；圣人不仁，以百姓为刍狗。

第 7 章　后其身而身先；外其身而身存。

第 8 章　上善若水。水善利万物而不争，处众人之所恶。居善地，心善渊，与善仁，言善信，政善治，事善能，动善时。

第 9 章　金玉满堂，莫之能守；富贵而骄，自遗其咎。功遂身退，天之道也。

第 10 章　生之畜之。生而不有，为而不恃，长而不宰，是谓玄德。

第 11 章　有之以为利，无之以为用。

第 14 章　执古之道，以御今之有。

第 17 章　太上，下知有之；其次，亲而誉之；其次，畏之；其次，侮之。

第 18 章　国家昏乱，有忠臣。

第 22 章　夫唯不争，故天下莫能与之争。

第 23 章　希言自然。故飘风不终朝，骤雨不终日。孰为此者？天地。天地尚不能久，而况于人乎？信不足焉，有不信焉。

第 29 章　天下神器，不可为也，不可执也。为者败之，执者失之。

第 30 章　以道佐人主者，不以兵强天下。其事好还。师之所处，荆棘生焉。大军之后，必有凶年。善有果而已，不敢以取强。

第 31 章　夫兵者，不祥之器，物或恶之，故有道者不处。君子居则贵左，用兵则贵右。兵者不祥之器，非君子之器，不得已而用之，恬淡为上。胜而不美，而美之者，是乐杀人。吉事尚左，凶事尚右。偏将军居左，上将军居右。言以丧礼处之。杀人之众，以悲哀泣之，战胜以丧礼处之。

第 32 章　天地相合，以降甘露，民莫之令而自均。

第 33 章　知人者智，自知者明。胜人者有力，自胜者强。知足者富。强行者有志。不失其所者久。死而不亡者寿。

第 36 章　鱼不可脱于渊，国之利器不可以示人。

第 38 章　是以大丈夫处其厚，不居其薄；处其实，不居其华。

第 39 章　贵以贱为本，高以下为基。是以侯王自称孤、寡、不谷。

第 40 章　天下万物生于有，有生于无。

第 42 章　道生一，一生二，二生三，三生万物。万物负阴而抱阳，冲气以为和。人之所恶，唯孤、寡、不谷，而王公以为称。故物或损之而益，或益之而损。

第 43 章　天下之至柔，驰骋天下之至坚。

第 44 章　名与身孰亲？身与货孰多？得与亡孰病？甚爱必大费；多藏必厚亡。故知足不辱,知止不殆,可以长久。

第46章 天下有道,却走马以粪。天下无道,戎马生于郊。咎莫大于欲得;祸莫大于不知足。故知足之足,常足矣。

第48章 无为而无不为,取天下常以无事,及其有事,不足以取天下。

第49章 善者,吾善之;不善者,吾亦善之;德善。信者,吾信之;不信者,吾亦信之;德信。

第51章 生而不有,为而不恃,长而不宰,是谓玄德。

第55章 骨弱筋柔而握固。未知牝牡之合而朘作,精之至也。终日号而不嗄,和之至也。

第56章 知者不言,言者不知。

第57章 以正治国,以奇用兵,以无事取天下。

第58章 祸兮,福之所倚;福兮,祸之所伏。

第60章 治大国,若烹小鲜。

第63章 天下难事,必作于易,天下大事,必作于细。是以圣人终不为大,故能成其大。夫轻诺必寡信,多易必多难。是以圣人犹难之,故终无难矣。

第64章 为之于未有,治之于未乱。合抱之木,生于毫末;九层之台,起于累土;千里之行,始于足下。为者败之,执者失之。民之从事,常于几成而败之。慎终如始,则无败事。

第66章 江海之所以能为百谷王者,以其善下之,故能为百谷王。欲上民,必以言下之;欲先民,必以身后之。以其不争,故天下莫能与之争。

第68章 善为士者,不武;善战者,不怒;善胜敌者,不与;善用人者,为之下。是谓不争之德,是谓用人,是谓配天,古之极也。

第71章 知不知,尚矣;不知知,病也。

第73章 天网恢恢,疏而不失。

第75章 民之饥,以其上食税之多,是以饥。民之难治,以其上之有为,是以难治。民之轻死,以其上求生之厚,是以轻死。

第76章 人之生也柔弱,其死也坚强。草木之生也柔脆,其死也枯槁。故坚强者死之徒,柔弱者生之徒。是以兵强则灭,木强则折。

第78章 受国之垢,是谓社稷主;受国不祥,是为天下王。

第79章 天道无亲,常与善人。

第80章 美其服,安其君,乐其俗。邻国相望,鸡犬之声相闻,民至老死,不相往来。

第81章 天之道,利而不害;人之道,为而不争。

双星集团：行汪海之道，
践道德管理*

▶ 案例推荐辞

回首改革开放以来中国的企业发展史，有一个人物是怎么都回避不了的，那就是汪海，第一代企业家中硕果仅存的国企掌门人，一个堪称"孤本"的商海奇人。

汪海曾在双星工作了40余年，恰好经历了中国改革开放的完整历程。在风起云涌却又一波三折的改革大潮中，"敢为天下先"的汪海一直冲杀在第一线，将一个濒临破产的小厂带出困境，做成了如今销售收入过百亿元的现代化企业集团，这不能不说是一个奇迹。

在双星的40多年里，汪海只做了两件事：一件是做鞋，另一件是给汽车做鞋。这两件事看似简单，但其中所蕴藏的曲折、风雨、坚毅和智慧，又绝非一般人所能想象。

双星人在企业改革实践中创出了多个第一。第一个提出了要正确理解和运用人性、个性、党性；第一个将中国的佛文化列入当代的企业管理，创立了中外管理大师们为之瞩目的"干好产品质量是最大的积德行善"的管理新学说；第一个提出市场经济的矛盾论，市场经济的"红与专"，市场经济的"孝忠义"，市场经济新时代的"三民观"；第一个走出了"鞋道、车道、企道、人道"这条中国市场经济的双星人成功之道……

"双星和双星人不止一次给我震撼。"出席双星90年庆祝大会的全国人大常委会原副委员长许嘉璐如是说。他说："双星的两颗星，一颗星就是双星奇迹般的90年辉煌史，双星经历了无数坎坷，但双星人体现了中国人拼搏进取的志气；另一颗星是双星的企业文化，就是中国优秀的传统文化和时代精神结合的社会主义新文化。"

通过本案例的研究，探讨双星集团如何运用中国儒、道、佛管理思想，进而成功推行道德管理。这为中华优秀管理思想走出国门，融入世界管理潮流做出了尝试，同时给民族企

* 本案例由江西财经大学工商管理学院胡海波博士与研究生陈超根据公开信息资料，并结合实际调研撰写而成。未经允许，本案例的所有部分都不能以任何方式与手段擅自复制或传播。由于企业保密的要求，在本案例中对有关名称、数据等做了必要的掩饰性处理。本案例只供课堂讨论之用，并无意暗示或说明某种管理行为是否有效。

业继续创新发展、汲取传统优秀理念提供了借鉴。

▶ 案例正文

摘要:本案例讲述了双星集团有限公司(以下简称双星)如何经过多年励精图治,艰难地走出濒临倒闭的低谷,发展成为涉及鞋业、轮胎、机械、服装等23个行业的特大型企业集团。双星文化是一种价值观,这个价值观的核心是实事求是、行善积德。它是在双星发展历程中产生和逐渐形成的特色文化体系,是双星根据自己的实际,实事求是总结出来的理论和理念。它把传统的儒、道、佛优秀文化融为一体,以马列主义、毛泽东思想、邓小平理论为基石,并融入了双星企业自身发展的实际。①

关键词:双星集团;价值观;文化体系

窗外阴雨蒙蒙,此时房内的人更是坐立不安。咚、咚、咚的敲门声打断了他心乱如麻的思绪,他长叹一声,回到座位应声道:"进来。"敲门人一走进房间就不知所措地说道:"汪总,最后的答复已经下来了,上级部门让我们自找出路,商业部门拒绝对我们进行收购。"听到这早已预料的结果,汪海缓缓走到窗前,陷入沉思,这个企业该何去何从……

0 前言

双星成为企业界的一个"长寿不倒翁",其中必有奥秘。"一个企业成功,三分靠技术,七分靠管理。管人最重要的是用文化管,'人管人累死人,文化管人管灵魂'。文化管理是最高层次的管理,是最顶尖的管理。"双星集团总裁汪海说。

双星提出"人是兴厂之本,管理以人为主",并创造性地对人的管理提出"道德"理论,即运用精神的管理。用做人的原则做事,用做事的结果看人,这就是双星集团总裁汪海的人生观,也是双星集团的企业观。

1 受命于危难之时

青岛橡胶九厂始建于1921年,是中国历史上最早的民族制鞋企业。20世纪50年代初,被国家命名为"国营第九橡胶厂",成为中国最早的国有制鞋企业。

20世纪80年代初,行政和计划仍是宏观调控的主要手段。1983年,青岛橡胶九厂仍

---

① 双星集团有限责任公司官网[EB/OL]. http://www.doublestar.com.cn/.

是跟着国家计划转，数十年一贯地生产"解放鞋"，原料由国家统一调配，产品由国家包销。但到了这年年底，商业部门告诉橡胶九厂："傻大笨粗"的解放鞋卖不出去，所以拒绝收购。①

生产计划是商业部门下的，但生产任务完成了他们却不要了。面对堆积如山的200万双解放鞋，职工们真是叫天天不应，喊地地不灵。

就在企业因产品积压而面临破产之时，1983年6月2日，青岛市委组织部领导亲自到橡胶九厂宣布，任命汪海为厂党委书记，由此汪海带领双星人开始了创业生涯，拉开企业改革发展的序幕②。面对企业原有的购销机制被打破、厂里积压着大量按原计划生产的解放鞋、员工发不出工资等一系列困境，也就出现了上文这一幕。

汪海经常对到双星探秘的人说："要想搞好国有企业，就必须先有胆量冲破思想禁区，高举马克思主义实事求是之剑，斩断怪结，杀开一条血路！"

汪海是这样说的，也是这样做的。1983年，双星集团资不抵债、人心涣散，汪海心情很沉重。但是他懂感情不能解决现实问题，与其坐以待毙，不如往前冲，因此他首先在领导班子会议上提出"只要精神不滑坡，办法总比困难多"口号，并制定"爱厂、求实、拼搏、进取、开拓、前进"的十二字精神。③ "等着别人给饭吃，不如自己找饭吃！"被逼无奈地迈出了"背鞋自销"之路，成为全国同行业最早进入市场的企业④。在一个个冬夜里，在汪海的带领下，职工们将解放鞋偷偷运出厂进行销售。很快，风声走漏，商业部门大怒，声称今后停止包销他们生产的任何产品。

但那时的汪海，除了将解放鞋卖出去，让企业生存下来，已经管不了太多。在他的带领下，职工们索性在大白天背着鞋箱闯市场，不但在青岛本地卖，还跑到烟台、石家庄、南京、兰州卖。⑤ 一年过后，200万双解放鞋竟然全部卖了出去，企业因此存活下来。

20世纪80年代，中国的人事仍是任命制，讲文凭、讲学历，人事任命由上级和"红头文件"说了算，当时中国还没有一家敢实行聘任制的企业，许多人明知企业现行体制僵化教条，但在中国特定的经济体制和现实环境下，大多数人仍是墨守成规，按照计划经济的模式运转。

当时，橡胶九厂的机构设置早已严重脱离了生产、销售的实际需要，干部人浮于事。⑥汪海在实际工作中真切感受到了旧的管理模式弊端丛生，企业吃国家"大锅饭"，职工吃企

---

① 苏金生.汪海之道[J].商周刊,2011(18):56—60.
② 双星集团有限责任公司官网[EB/OL].http://www.doublestar.com.cn/.
③ 张艾丽.汪海与"双星文化"[J].中国企业报,2001(7).
④ 苏金生.汪海之道[J].商周刊,2011(18):56—60.
⑤ 苏金生.汪海之道[J].商周刊,2011(18):56—60.
⑥ 苏金生.汪海之道[J].商周刊,2011(18):56—60.

业"大锅饭",生产效率低下的机制窒息了企业的生机和活力。

汪海横下一条心,决定对部分机构进行合并、撤销。

矛盾爆发了,有人质问汪海:"你有政策根据吗?"一些由上级领导亲属组成的厂武装部和安全科,拒不执行厂里的决定,甚至上告到了中央军委和国家劳动部,但汪海丝毫没有让步,坚持"并庙搬神减和尚",机关处室由 27 个减到 13 个,将队伍庞大的计划科并入销售科。汪海成为中国第一个打破"铁饭碗"的人,干部群众全部合同制,国有企业诸多弊病得到根治。

效益好了,工资增加了,职工积极性自然就高了,企业得到突飞猛进的发展。

在市场博弈中,邓小平提出来的"发展才是硬道理"的改革理论给了汪海很大的启示。他认识到,国有企业的体制在竞争性行业中不能保持持续发展的优势。20 世纪 90 年代初,汪海又一次冒着蹲大狱的危险进行了"市场经营"的改革。在有利于国有资产保值增值的前提下,将双星经营公司进行承包卖断,完成了职工从"给公司卖鞋"到"给自己卖鞋"的转变,把众多双星人送上了制造百万、千万富翁的流水线,同时为竞争性领域国有资产保值增值探索出一条新路。①

汪海将邓小平提出的"农村责任田"的方法移植到工厂,创造了双星市场化"四自一包"的管理新模式,将车间设备承包给职工个人,职工自己管理、自己算账、自己减人、自己降耗,把企业的工作岗位真正变成了每位职工的"责任田"。

汪海坦言:"改革不会一帆风顺,改革就要冒风险,要得罪人,特别是一个一直处在改革风口浪尖的人。"由于改革触动了不少人的利益,汪海遭遇的打击难以计数。改革初期,有人深夜藏在林中抛石头企图迫害;有人打电话进行威胁,有些情景现在想起来仍让人心惊胆战。

2 人管人累死人,文化管人管灵魂

"精神的东西永远是第一位的","没有文化和理论的企业是没有希望的企业",文化和理论的创新是创新中的灵魂,是企业发展动力中的核动力。② 双星之所以发展到今天,能够不断扩充壮大,就是用思想、用文化、靠理念,以企业文化这个软武器,贴近员工的思想,做好员工的思想政治工作。"管人最重要的是用文化管,人管人累死人,文化管人管灵魂,文化管理是最高层次的管理,是最顶尖的管理。"双星集团总裁汪海如是说。③ 双星确立了"继承传统优秀的,借鉴外来先进的,创造自己特色的"市场经济三原则,致力于创造具有双

---

① 王开良.汪海之道[J].企业研究,2011(31):30—33.
② 王开良.汪海的管理经:人管人累死人,文化管人管灵魂[J].东方企业文化,2006(5):62.
③ 凌翔."文化管人管灵魂"——双星集团特色企业文化解析[N].光明日报,2011-09-12(1).

星特色的企业文化、市场理论。

双星文化在形成发展中,汪海起了关键作用。汪海从 1983 年任青岛橡胶九厂(双星前身)党委书记,到后来的总裁,一直是企业的"一把手"。在长达 40 余年的任职期间,他丰富的管理经验、处世哲学、办事能力等,对企业全体员工的共同价值观产生了很大的影响,他摸索出的一套实践经验和符合市场的理论,形成了独特的双星文化。①

汪海说:"用过时的理论指导今天的改革根本不行;理论落后了,在制度上、政策上就要犯错误。今天不创新,明天就落后;明天不创新,后天就淘汰。所以,创新是市场竞争永恒的主题。"②只有敢于"破"才能"立"。

基于这样清醒的思考,他在企业改革实践中,第一个提出了要正确理解和运用人性、个性、党性;第一个提出"要正视名与利对现代人的影响,用好钱就是最好的思想政治工作";第一个指出"名牌关乎民族的命运和市场竞争的成败,创名牌是市场经济中最大的政治,名牌是市场经济的原子弹";第一个指出"琳琅满目的市场是当代布尔什维克的试金石,市场是检验企业一切工作的标准,我们永远要做市场的学生";第一个将中国的佛文化列入当代的企业管理,创立了中外管理大师们为之瞩目的"干好产品质量是最大的积德行善"的管理新学说……③

实践证明,正是汪海创新的"双星理论",使双星实现了跨越式发展,为民族扬威,为祖国争了光。自西进沂蒙山建起了两大鞋城后,十几年时间,双星在全国范围内建立起众多制鞋、轮胎、服装等生产企业。双星连锁店也迅速发展到 4000 多家,在中国制鞋业拉开了一场靠竞合走上扩张之路的战役。④

双星狠抓"以人为本"的管理,并创造性地提出"道德"管理——运用精神的管理。在创业初期,领导班子针对当时资不抵债、人心涣散的局面,提出"只要精神不滑坡,办法总比困难多",在这种精神的感召下,全厂上下拧成一股绳,打响了一场创"三名"(名人、名厂、名品)、破"三铁"(铁交椅、铁工资、铁饭碗)的战役。⑤ 在随后短短 10 年时间里,双星完成了从最初的模仿、追随到超越、创新,至创出名牌的转变。

双星提出,企业要想管理好,有持续发展的竞争力,必须不断教育引导员工创新文化。双星人创出九大系列文化:市场竞争文化、名牌财富文化、思想管理文化、道德人品文化、质量管理文化、成本管理文化、创新知识文化、技术标准文化、执行形象文化,总结提炼出

① 赵军赤,张艾丽."双星"构筑企业文化[N].厂长经理日报,2000-12-15(C02).
② 王开良.双星营销 12 式[J].市场观察,2004(5):66.
③ 王开良.人管人累死人,文化管人管灵魂[N].消费日报,2009-6-30(B01).
④ 王开良.人管人累死人,文化管人管灵魂[N].消费日报,2009-6-30(B01).
⑤ 张艾丽.企业文化促双星腾飞[J].橡胶工业,2002(49):254.

3000 多条企业文化理念。①

3 道德教育大讲堂,争创民族品牌

我国传统思想中有着丰富而深刻的企业管理文化,特别是传统思想以伦理为本位,强调社会需求和集体利益,讲求道德诚信,崇尚美德,在企业管理中有着重要的地位和作用。通过双星发展的轨迹可以看出,运用优秀民族文化进行企业管理是双星发展的重要因素。

在 5000 多年的发展中,中华民族形成了以爱国主义为核心的伟大民族精神。名牌是振兴民族经济,激励民族自强精神的强大支柱。而现在很多中国人以洋货为荣,身上穿的是外国牌子,满街跑的是外国车子,继续这样下去,我们的后代或许将不知道什么是中国名牌了。中国要做世界巨人,就必须要有一大批自己的名牌。中国人要想不被人欺负,必须要有自己的名牌。中国人自古有精忠报国情怀。因此,汪海提出我们要弘扬爱国精神,创出中国人自己的名牌,提出"创名牌就是最大的爱国","创名牌是市场经济中最大的政治,如果说什么是爱国主义,企业能创出中国人自己的名牌,就是最大的爱国主义!"为增强员工的民族爱国热情,双星集团把不同朝代的著名将领,如岳飞、戚继光、林则徐、杨靖宇等塑像汇集于双星山上,供员工参观,激励双星人以民族强盛为己任,争取市场竞争的胜利。②这使双星人找到了政治工作的落脚点,找到了政治与经济的最佳结合点,使广大职工在市场经济的大潮中明确了奋斗目标,增强了企业凝聚力。

市场是商战的战场,在商海大战中就要敢于竞争,敢于拼搏。双星人要有志气创中国人自己的名牌,向世界名牌挑战,与国外品牌竞争。正是弘扬爱国传统文化主旋律,使双星人对名牌的意义、作用的认识不断提高,齐心协力创名牌。1992 年,双星成为国内第一家在纽约召开记者招待会的制鞋企业,汪海"脱鞋打广告",宣布双星在"世界鞋圈"达到了规模一流、管理一流、品质一流,长了中国人的志气,在世界经济舞台上,展现了中国企业和中国企业家的风采;双星是第一家在世界鞋业博览会上进行东方鞋文化表演的企业,展示中国鞋类文明史的精粹,这使得双星成为"世界鞋圈"里谁都不敢小瞧的最大的鞋类供应商。③

作为一个国有企业的总裁,汪海充分利用自己的文化知识,审时度势,不遗余力地弘扬中华民族光辉灿烂的思想文化。2013 年春节喜庆的气氛还浓时,他就召集了双星集团分布在全国的 300 多名管理骨干赶赴青岛双星度假村,参加 2 月 18 日至 2 月 22 日举办的以"感恩文化、道德文化、品牌文化"为主题的"道德教育大讲堂"。④

---

① 张艾丽.企业文化促双星腾飞[J].橡胶工业,2002(49):254.
② 王开良.传统文化助长双星[J].化工管理,2006(5):5.
③ 王开良.传统文化助长双星[J].化工管理,2006(5):6.
④ 扬国姣.双星集团举办"道德教育大讲堂"[N].青岛画报,2013(14).

双星集团此次邀请了吕明晰、刘有生、王秀芳、马益玲、谭凤涛、孙武汉、何沙洲、张秀霞八位对中国传统文化颇有研究的专家、教授。他们从"孝道与幸福""伦理道德""双星文化与传统文化结合"及"传统文化与幸福人生"等各个方面对中国传统文化和双星企业文化进行了系统讲解和论述。①

双星集团党委副书记王增胜根据自己学习《弟子规》的情况，联系实际、结合自身同大家进行了分享。现场还进行了互动学习、交流心得，晚上分组讨论，写学习心得，并以板报的形式将学习体会进行展示。②

生长在齐鲁大地、孔孟之乡的汪海深知博大精深的中国传统文化是最能有效地动员社会资源的文化。儒、道、佛是中国传统文化的代表，前人给我们留下了那么多宝贵的文化遗产，就看我们怎么去继承和运用了。传统的文化蕴藏着优秀的思想，他们提倡的道德、觉悟、敬业精神很适应于现代企业管理。为此，汪海遵循"实事求是、行善积德"这一基本原则，根除过去一说佛教就认为是迷信的旧思想，大胆汲取"儒、道、佛"传统文化的精髓用于现代化的企业管理。通过与市场实际相结合、与企业自身相结合，创造出了以"干好产品质量就是最大的积德行善"为代表的、独具双星特色的并且是传统优秀文化与现代企业管理相结合的、独一无二的企业管理新概念，以此教育员工"自信、自强、自律"和"爱业、敬业、乐业"，达到了企业管理的最高境界。③

随着市场经济的不断发展，双星事业的不断壮大，集团上下员工队伍结构发生了根本性的变化，大部分一线员工都是来自农村的青年，向他们灌输"质量是企业的生命"不容易接受。双星及时改变教育方式，吸收和发扬传统优秀文化的精髓，把佛教文化所倡导的"行善积德"运用到现代企业管理中，用"干好产品质量就是最大的积德行善"来感召员工，用最朴实的"行善积德"来启发职工的良知和善良的本性，引导员工强化质量意识，使员工从思想深处感到自己手中的活，不仅连着市场，连着企业的效益，连着每一名消费者，也连着自己的道德和品德，从而使大家认识到"质量等于人品，质量等于道德，质量等于良心"，自觉地管好自己，自觉地行善积德，凭良心道德做好工作，抓好产品质量，产品质量合格率由过去的 86% 达到了 99.99%。④

过去质量管理"死后验尸"的旧模式弊病百出，汪海就坚持用"诚信管"，汪海说，质量是干出来的不是检查出来的，他创造了将道德观念和产品质量相结合的诚信管理新模式，在质量上，人人都"做诚信人、说诚信话、做诚信事、守诚信责"，双星有 6 万名员工，在岗位设置中，唯独没有车间主任和质检员，取而代之的是生产线上的总承包人和创新标兵。在这

① 扬国姣.双星集团举办"道德教育大讲堂"[N].青岛画报,2013(15).
② 王开良.传统文化助长双星[J].化工管理,2006(5):6.
③ 王开良.传统文化助长双星[J].化工管理,2006(5):6.
④ 王开良.传统文化助长双星[J].化工管理,2006(5):6.

里,采取"人人都是检查员、个个都把质量关""奖下罚上"的质量管理新办法,创造了双星机械制造180多米的V法造型线最小误差不超过0.15毫米,鲁中公司14条流水线全部取消专职检查员的新奇迹。①

双星继承了中国传统文化"积德行善"的精髓,在全国第一个将传统优秀文化用于现代企业管理当中;第一个提出市场经济的矛盾论,市场经济的"红与专",市场经济的"孝、忠、义",市场经济新时代的"三民观";第一个走出了"鞋道、车道、企道、人道"这条中国市场经济的双星人成功之道。②

汪海这种继承传统文化精髓用于企业管理的实事求是的态度不仅得到员工的认可,也被国外管理理论界所重视。1995年,在新加坡举行的"面向21世纪的中国企业"研讨会上,汪海首次在世界管理论坛上提出"道德管理"用于现代化企业管理的观点,引起了世界管理专家的关注。也就在同一年,汪海被美国名人传记协会和国际名人研究会举荐为继邓小平之后的第二位世界"风云人物"。③

4　行汪海之道,双星妙用孝文化

中国是个崇尚"仁义"的国度,自古就讲究孝道。孔子认为:一个人只有在家事亲尽"孝",才能在外事君尽"忠"。"孝"是"仁"的根本,"孝"是社会的基石,"忠孝"二字涵盖了儒家济世做人的要旨。④

在塑起岳飞、林则徐、戚继光、杨靖宇等著名将领雕像,建起双星塔、达堡斯达宫的基础上,2001年,双星集团又在双星山上建起了中国古代"王祥卧冰求鲤""孟宗哭竹生笋""杨香扼虎救父"等"二十四孝"感天动地的行孝故事展馆。⑤

双星总裁汪海解释道,建"孝文化"展馆,除营造一方旅游景点外,主要目的是将"孝文化"注入企业精神文明建设中,摒弃"二十四孝"中的封建因素,赋予它现代社会精神文明的内容,使中华民族传统美德在社会发展进程中焕发出更新的时代活力。⑥

在企业经营活动中,双星妙用"孝文化",积极组织员工参观"孝文化"展馆,让年轻一代进一步感染"孝文化"气息。企业还将"二十四孝"搬上双星挂历,发给每一个职工,在职工中开展"争当孝星,做企业和家长放心的员工"活动,请优秀职工的家长到双星公司做客,使职工自觉树立起尊老爱老的人文精神。

---

① 苏金生.汪海之道[J].商周刊,2011:18.
② 凌翔."文化管人管灵魂"——双星集团特色企业文化解析[N].光明日报,2011-09-12(1).
③ 王开良.汪海的"ABW"论[J].西部皮革,2006:40—41.
④ 王开良.传统文化助长双星[J].化工管理,2006(5):6.
⑤ 王开良.双星"孝文化"[J].中国商人,2002(10):50.
⑥ 王开良.传统文化助长双星[J].化工管理,2006(5):7.

双星还努力实现人文资源与物质资源的转化,在生产经营中积极利用"孝文化",汲取传统文化营养。如以"孝文化"为理念,设计和开发产品,推出有"孝文化"特色的产品。他们把关爱老人,满足老年人的需求作为大事来抓,开发出"老人健身鞋""好爸爸鞋""太极鞋""钓鱼鞋""夕阳红鞋"等一系列适合老年人穿着的鞋子。在市场经营当中,双星亦将"孝文化"体现得淋漓尽致。"亲情化服务""蹲式服务""上门服务"等,使"孝文化"在经营中得到了极好的体现,树立了双星亲情化服务形象。①

双星妙用"孝文化",不仅培养了员工良好的思想道德观念,而且为企业的产品和服务增添了韵味和魅力,丰富了产品和服务的人文精神。竞争越为激烈,越需要体现出特色,企业的民族文化和企业家特定精神素质既是一种凝聚力,也是一种竞争力。

汪海说:"职业道德说到底是个权责观的问题。你只有履行了职责,职业权利的获得才名正言顺,当之无愧。就像在一个大家庭内,你既有获得父母抚育的权利,也必须尽赡养父母的义务和责任。"②所以,汪海在向双星员工灌输职业道德理念时,没有一句空洞的说教,而是将中华民族传统的美德"孝行"充分运用到职业道德建设中去。他说:"企业是什么?是我们大家的衣食父母,企业不仅给了我们衣食之用,还给我们提供了施展才干、成就一番事业的用武之地。那么,我们该怎样来报答企业的养育之恩呢?"

妙用"孝文化"增强了员工的职业道德和对企业的忠诚度,增强了员工对企业的拼搏奉献精神,促进了双星名牌发展。

5 践道德管理,双星钟情中庸思想

我国传统思想继承商周以来"中和"思想而提出"中"哲学范畴,提出"允执其中"的实践要求,反映了中国农业社会追求自我平衡、以静制动的特色。也正是这种"中和"特征在世界经济中取得了相应的优势。儒家文化的一种价值观是"中庸"之道"过犹不及"。③回首多年风云变幻,汪海最自豪的就是他始终活跃在改革开放实践的第一线,做了许多"敢为人先"的事:1983年年底,第一个带领全厂职工摆脱商业部门束缚,背着鞋箱到市场上找饭吃;1988年,双星人拿到自营出口权,实现了从国内市场向国际市场的突围;20世纪90年代初,双星的制鞋基地从沿海向内地转移,通过"出城""下乡""上山"三部曲,突破了微利产业的地域性瓶颈……但这一切都遵循了行业和市场发展规律。"客观地想、科学地创、认真地做、务实地干、愉快地过、潇洒地活"是双星人的思想宣言。"跟着市场走,围着市场转,随着市场变",这是个基本的政策,只有跟上市场了,市场带着你走,才能发展。双星用这句话

---

① 王开良. 传统文化助长双星[J]. 化工管理,2006(5):7.
② 王开良. 双星"孝文化"[J]. 中国商人,2002(10):50.
③ 王开良. 传统文化助长双星[J]. 化工管理,2006(5):7.

来引导大家不要去信那些僵化的、教条的东西,而是要适应市场,市场需要什么,企业就生产什么,按市场规律、行业规律加快步伐,争取市场主动权。改革开放以来,中国经济发生几次大的变化,而双星却没有受到经济冷热的影响和行业冷暖的波动,高潮时依照行业规律、市场法则发展,低潮时也仍然保持持续稳步增长。

从20世纪80年代中期开始,汪海就一直致力于创新这种既包含西方管理的合理成分,又适合中国传统情感世界的管理模式,提出了"人是兴厂之本,管理以人为主"的双星管理思想。①

孟子曰:"善政得民财,善教得民心。"在双星,你可以处处感受到汪海的人格魅力和威信。双星人把他看作自己的"家长",最崇拜的是他,讲得最多的也是他,汪海是双星最好的形象代言人。② 双星各生产单位和大的形象店内都挂有汪海的大幅海报。汪海认为,必要的"个人崇拜"是应该的。一个企业领导,没有个人魅力和威信,员工离心离德,这样的企业就不会形成凝聚力。但一个领导一定要用人品树立正气,双星不断对领导骨干进行教育,要求领导骨干自觉带头树新形象,尤其是要做到一级做给一级看,一级干给一级看,要关心、理解员工。爱是相互的,企业领导越是对员工有情,员工就越爱企业,企业对员工的爱,使双星6万名员工在汪海的率领下团结一致地在市场上拼搏。

现代社会强调以和谐来协调人际关系,"和为贵"的思想,可以系统地用来协调企业内部、企业与环境的关系。这种协调艺术其实也是WTO的生存之道,谁不具备这种协调能力,谁就不具备生存和竞争的土壤。我国传统思想的方法论,是"仁"(内容)与"礼"(形式)相统一的方法论,注意到"和谐"的方法论作用,反对搞片面性和走极端。③

企业要协调员工之间的竞争与协作关系。每个员工都是企业的一员,其工作热情和效率一方面通过企业内部的个人竞争来刺激;另一方面要通过团队协作来提高。现代企业生产分工精细,任何产品的制造都通过许多环节,经由许多人的共同努力才能完成。双星受儒家思想的启发,具有强烈的"企业家族主义"的集体精神和协作意识,强调"人和",认为企业的成功非"人和"不能取胜,企业员工之间应该和谐相处,亲如一家。双星在建立现代企业制度的同时,打破原有职工之间竞争机制不健全的状况,引入新的人事分配制度,实行了"黑板干部":哪位领导干不好,名字就随时被擦掉。公司要求在发挥竞争作用的同时,要加强协作,提倡互助精神,处理好员工间竞争与协作的关系。④

在培养人才队伍上,双星不拘一格选人才。汪海依据邓小平的经济论述,提出:"不管白猫、黑猫,抓到老鼠就是好猫;不管说三道四,双星发展是硬道理。"公司将一只正在抓老

---

① 王开良.传统文化助长双星[J].化工管理,2006(5):7.
② 王开良.双星"孝文化"[J].中国商人,2002(10):50.
③ 王开良.传统文化助长双星[J].化工管理,2006(5):7.
④ 王开良.传统文化助长双星[J].化工管理,2006(5):7.

鼠的黑猫雕塑和一只不抓老鼠的白猫雕塑，置于总部大门和双星连锁店门口，让公司员工感到，在双星比的是真本事，要在捉"老鼠"市场上见，让"市场"发现人才。同时，针对双星下属140多个成员单位，公司提出内部不仅要有竞争意识，更要有合作意识，对集团要有大局意识，员工做到相互支持、相互帮助、互相合作、顾全大局，时时处处为企业着想，树立团结一致、协调配合的新形象。跨入21世纪，汪海提出了"领导、员工和工程技术人员三者相结合，共同协作、人人参与、全员创新"的创新理论，使员工认识到仅靠少数人创新是不够的，必须人人动脑筋、想办法，只有形成全员创新的竞赛热潮，形成创新的合力，才能在市场竞争中具备不可阻挡的强势。①

企业重视协调职工与管理者的关系。在企业的人才观和人员素质上，传统思想深信价值之源在人心，人人具有价值自觉和践履能力。管理者同职工的关系，要贯彻孟子的"爱人者，人恒爱之，敬人者，人恒敬之"的思想，"爱人"就是管理者要关心职工的工作生活，搞好劳保福利；"敬人"就是管理者要主动密切与职工的关系，经常与职工接触，帮助职工解决实际困难。

企业家的威信来自"名正""身正"。汪海说："先做人，后做事。""言行一致，身先士卒"是汪海的准则，"以德服人、踏踏实实做事，一步一个脚印地前进"是双星领导形象的体现。汪海全国各地到处跑，到遍布全国的10多个工厂、60多个双星经营公司逐一检查指导，与职工同甘共苦。汪海到轮胎总公司，一进车间，不到四五个小时就不出来。他说："我要对得起这两颗星……我追求个名，要把企业管理好，发展好，争个气，这就是精神。"这种拼搏精神深深地感染着每一位职工。②

企业要协调企业与外部环境的关系。企业的质与量都是相对外部而言的，企业管理者都是在一定外部环境中从事管理工作的，对于外部客观环境，如政治环境、经济环境、人文环境、技术环境等，你不能超越它、改造它，而要适应它、利用它，取得企业与外部环境的和谐、融合。对于外部微观环境，如设备、原料、资金等生产要素的供应商，零部件、工艺技术等的协作者，产品输出的购买者以及竞争者，社区、政府等，要把它们看作企业的合作伙伴和利益共同体，看作企业获取绩效、实现经营目标的直接相关因素，互惠互利，和谐相处。为从源头上把握产品质量，双星提出"名牌产品要有名牌配套，名牌产品要用名牌原材料"，专门帮助上游供应商进行培训、指导，从而使双星的配套厂成为双星的"核心工厂"。③

为提高双星社会美誉度和社会形象，双星不忘国家、不忘社会、不忘贫困地区，在企业发展壮大，取得丰硕的经济效益的同时，积极承担社会责任，取得了可喜的社会效益。在众

① 王开良.汪海：中国企业要运用好民族文化[J].企业文明，2004(2)：21.
② 王开良.汪海：中国企业要运用好民族文化[J].企业文明，2004(2)：21.
③ 王开良.汪海：中国企业要运用好民族文化[J].企业文明，2004(2)：21.

人将眼球盯着高科技之时,双星集团积极做好传统产业——"到贫困地区,到西部去"的战略获得巨大成功。人们说,西部就需要双星这样的集团,解决老百姓的就业问题,促进西部发展,双星积极开展"买走双星产品,带回千缕温馨"活动,开展"五一"给劳模送鞋,"七一"向新中国成立前的老党员赠鞋,"八一"向现役军人赠鞋,"教师节双星大献礼"等各种亲情化促销活动,既满足了消费者购买产品的欲望,更有利于赢得顾客发自内心的感激和信赖,在消费者心中树立起牢固的企业形象,进一步提高名牌知名度和美誉度。双星始终热心参与各种文化活动,有力地推动了社会文化教育事业的发展,展现了企业服务于社会的崇高境界。① 1998 年,双星向青岛市教育发展基金会捐赠价值 100 万元双星产品,支持文化体育教育事业。1999 年双星集团举办了大型的"双星山会",送文化下乡。20 世纪 90 年代初,当双星已成为国际上享有盛誉的制鞋公司时,"马家军"正处于低谷,双星第一个站出来支持,"只要能振兴中华体育,我甘当马家军的后勤部长",不仅向马家军赠送双星运动装备,在资金上也进行倾力支持。2001 年,双星鼎力赞助九运会山东体育代表团,2002 年双星集团向省运会青岛体育代表团赞助了价值 40 万元的比赛服、运动鞋。2003 年双星赞助五城会青岛体育代表团 40 万元体育运动装备。为改善体育场馆设施,同时宣传企业,双星出资 200 万元冠名青岛体育馆。双星集团还成立了双星羽毛球俱乐部、双星篮球队。每次比赛,双星鞋、服装齐亮相,充分展示出了双星体育名牌的风采和魅力。② 2005 年 12 月 17 日,备受社会各界关注的、由国务院国有资产监督管理委员会中国企业改革与发展研究会组织举办的 2005 中国企业社会责任评选活动结果在京揭晓,双星集团双喜临门:双星集团被评为"中国企业社会责任十大杰出企业",汪海荣获"中国企业社会责任十大杰出人物"。双星集团回报社会的同时,融洽了企业与社会的关系,树立了双星名牌良好的社会形象。

中国古代的《礼记·礼运·大同篇》中提倡的"天下为公"的思想,更多地体现了人们对共同富裕的向往。这种向往,至今仍是中华儿女潜移默化中共同的价值取向。"均无贫"分配观是我国社会主义"共同富裕"的根源。我们国家走向"共同富裕"的有效手段之一就是大力发展民族企业。双星早在 20 世纪 80 年代初就把"兴利"作为双星精神。1999 年,双星实施了"百千万工程",在全国 100 个城市建 1000 个连锁店,解决 10000 名下岗职工就业问题;1995 年双星招收 200 名退伍兵,这些都受到社会高度评价。③ 随着社会发展,双星人又提出了要"靠勤劳、靠智慧、靠拼搏先富起来""企业要壮大,牌子要发展,双星人要买得起车子、买得起房子",对原国有的双星经营公司、连锁店实行卖断改制,实现"民有民营",使社会上很多生活困难的人,靠经营双星走上富裕之路,使众多双星人走上企业制造百万富翁

---

① 王开良.汪海:中国企业要运用好民族文化[J].企业文明,2004(2):21.
② 王开良.传统文化助长双星[J].化工管理,2006(5):7.
③ 王开良.汪海:中国企业要运用好民族文化[J].企业文明,2004(2):21.

流水线等,既是精神的,又是物质的,是政治与精神的有机结合,是将精神和物质结合好、平衡好、运用好的具体体现,同时也成为双星人做人做事的标准和事业追求的目标,并指引着双星人在市场经济中不断前进。由此也彻底解决了过去喊了多年的政治和经济两张皮的问题。"用好钱就是最好的思想政治工作"找到了政治思想工作的突破口,它不仅突破了政治工作不敢言钱的禁区,同时双星还用"钱"来衡量产品质量、工作质量、服务质量的好坏高低,敢于对作出贡献的员工进行重奖,用物质的东西来调整和平衡精神的东西,效果是十分明显的,使双星取得了物质文明和精神文明的双丰收。

借助深厚的传统文化底蕴,企业应努力追求"义"与"利"的统一,富裕与奉献的统一,服务与竞争的统一,团结与发展的统一,自强与自律的统一,经济繁荣与社会和谐的统一,物质文明与精神文明的统一。在传统思想基础上实现企业管理体制的创新,形成特色,才能增强竞争力,实现稳步前进。正是因为有了深邃的思想、优秀的文化,双星管理模式才在市场商战中独树一帜!双星形成的一系列市场理论、市场政治、管理哲学和企业文化等,是双星进入市场几十年来的结晶,是双星人的宝贵财富。同时,企业文化是企业家精神的体现,是企业家品格精神的反映。所以应该说,"双星市场理论"是双星企业文化的精华,是汪海对国家最大的贡献,是我国劳动密集型企业管理中宝贵的财富。[①]

6　结束语

双星腾飞的奇迹揭示出这样一个真理:立民族志气,弘扬民族文化,走自己的路,中国名牌定能跻身世界名牌之林,让中国民族工业旗帜在全球市场上永远飘扬!

再次观望窗外时,曾经的热血青年如今已年过古稀:少了一份冲动,多了一点沉稳;少了一丝迷茫,多了一些从容。回到座位上时,汪海心中涌现出一句话:"树百年品牌、建百年老店。"[②]

资料 1

双星集团简介

拥有近百年发展历史的双星集团是民族工业的骄傲,是跨国、跨行业、跨所有制的国际型企业集团。目前双星已成为包括轮胎、机械、热电、三产配套等横跨 23 个产业的综合性制造加工业特大型企业集团,拥有 6 万名员工,140 余家成员单位,资产总额 60 亿元,年销售收入超过 120 多亿元,出口创汇 3 亿美元。双星轮胎荣获"中国名牌",是中国名牌企业,双星品牌价值 492.92 亿元。

[①] 王开良.汪海:中国企业要运用好民族文化[J].企业文明,2004(2):21.

[②] 夏商.双星:树百年品牌 建百年老店[N].中国纺织报,2011-9-16(3).

双星轮胎:具备生产全钢载重子午胎、半钢子午胎、斜胶载重轮胎、农用轻卡轮胎、工程胎、内胎、垫带以及特种专业化轮胎等1000万套的生产能力,拥有覆盖全国、具有良好发展潜力的市场网络,产品远销美国及东南亚、中南美、中东、非洲等100多个国家和地区,成为中国同行业中获准进入国际市场范围最大的企业之一。双星轮胎总体实力排名中国轮胎行业前5位,世界轮胎行业前20强。双星轮胎被评为"十大民族品牌",荣获全国质量管理先进企业荣誉称号。

双星机械:是一家集科研、设计、制造、安装调试与咨询服务于一体的综合性机械装备制造企业。下设青岛双星铸造机械有限公司、青岛双星橡塑机械有限公司、青岛双星环保设备有限公司、青岛双星数控锻压机械有限公司、青岛双星液压电器工程有限公司、双星漯河中原机械有限公司。企业生产的产品有铸造机械、橡胶机械、环保机械、数控锻压机械、电器成套设备等,产品远销澳大利亚、俄罗斯、泰国、新加坡等十几个国家和地区。企业下属的青岛双星铸造机械有限公司的综合实力在全国同行业中连续多年排名第一,青岛双星橡塑机械有限公司的综合实力在全国同行业中排名前五位,在世界橡胶机械行业排名第十二位。企业生产的清理设备、砂处理造型设备、炼胶机、数控锻压冲床四种产品被认定为"山东省名牌产品"。

双星热电:是胶南市工业区主要供热供电单位,也是双星轮胎的主要供热配套单位。

(资料来源:双星集团有限责任公司官网[EB/OL].http://www.doublestar.com.cn/.)

资料2

汪海语录

- "创名牌就是最大的爱国","创名牌是市场经济中最大的政治,如果说什么是爱国主义,企业能创出中国人自己的名牌,就是最大的爱国主义!"
- "干好产品质量就是最大的行善积德。"
- "今天,尊老爱幼、孝敬父母,仍旧是社会安定、中兴盛世、和谐繁荣的重要内容。一个人只有首先爱及父母,才可能友善他人,才能爱工作,爱国家;一个人只有心存孝心,才能自守有度,整个社会才和谐太平。"
- "人是兴厂之本,管理以人为主。"
- "今天不创新,明天就落后,明天不创新,后天就淘汰。"
- "人管人累死人,文化管人管灵魂","文化的管理是最顶尖的管理","没有文化的企业是没有希望的企业"。
- "质量等于人品、质量等于道德、质量等于良心","企业什么都可以改革,唯有质量第一不能改革"。
- "不看文凭看水平,不重学历重能力","不拘一格选人才,进入市场育人才"。

- "跟着市场走，围着市场转，随着市场变"，"岗位是市场，竞争在机台，全员都创新，人人出成果"。
- "越是民族的，越是自己的，越是最好的。"
- "先做人，后做事。"
- "市场无止境，名牌无终身，管理无句号。"
- "要正视名与利对现代人的影响，用好钱就是最好的思想政治工作。"
- "文化的威力比原子弹不知大多少倍。"
- "继承传统优秀的，吸收借鉴先进的，创造自己现代特色的。"
- "塑一流素质，干一流质量，作一流贡献，建一流工厂，创一流效益。"
- "敢为天下先，争创第一流。"
- "两眼盯在市场上，功夫不在管理上。"
- "一个企业成功，三分靠技术，七分靠管理。"
- "文化管理是最高层次的管理，是最顶尖的管理。"
- "名牌是市场经济中的原子弹。"
- "只要精神不滑坡，办法总比困难多。"
- "精神的东西永远是第一位的"，"没有文化和理论的企业是没有希望的企业"。
- "只有没管好的企业，没有管不好的企业。"
- "有人就穿鞋，关键在工作。"
- "用做人的标准对待名牌，用自己的良心做好名牌。"
- "自己教育自己，自己提高自己，自己完善自己，自己给自己出题目，自己给自己加压力，自己跟自己过不去。"
- "向后看，一切画句号；向前看，一切从零开始。"

▷ 案例使用说明

一、教学目的与用途

1. 适用课程：中国管理学原理、人力资源管理、市场营销学、企业文化等。

2. 适用对象：本案例主要为 EMBA、MBA 和管理类专业硕士开发，适合具有一定工作经验的管理者和三年级以上的本科生学习，也可用于具有一定中国管理学思想知识的企业高管进行深入学习。

3.教学目的:本案例的教学目的在于通过描述双星从一个濒临破产的国企发展成为一个庞大的跨国、跨行业、跨所有制经营的三跨集团的经历,展现双星集团独特的价值观文化和管理理念,引发学生对中国管理原理和思想加深认识,特别是对传统的儒、道、佛的理解和运用,培养学生运用中国管理原理和思想分析企业经营管理之道的思维,达到提升学生运用中国优秀管理思想并结合中国企业实践进行分析问题、解决问题和批判性思维能力的目的。

二、启发思考题

1.双星集团运用了哪些中国传统思想? 这些文化又是如何与现代管理理论相结合的?

2.在双星集团培训员工增强质量观念的实践中,注重从哪些方面入手?

3.双星是如何运用"孝文化"进行产品营销的? 这种营销模式是否可以在其他行业和产品中复制?

4.汪海在双星的腾飞中发挥了怎样的作用? 你是如何看待这种个人崇拜的?

5.你觉得企业进行思想变革是一把手工程吗?

6.什么是"道德管理"? 双星集团所实施的"道德管理"与西方推行的科学管理有哪些共通之处?

三、分析思路

本案例首先讲述双星集团从一个濒临破产的国企鞋厂到生死绝境之时开始冒险的改革之旅;然后阐述通过汪海大刀阔斧的变革,公司运用中国传统文化思想,使双星在不同阶段、不同情景下创新发展理念,并通过在各个方面推行一系列举措,不断助长双星集团腾飞;把传统儒家"积德行善"与转变职工质量观念相结合,使双星人觉得质量关就掌握在自己手中,建孝文化馆、开道德大讲堂与建立"责任田"等制度,既注重员工精神教育,又完善员工物质基础,使双星人把公司当作自己的家;最后,本案例通过探讨双星有效运用中国儒、道、佛管理思想,成功推行道德管理,以及很好地利用道德管理与西方盛行的科学管理之间的共通之处,寻求在新时代之下双星要实现"树百年品牌,建百年老店"的目标,双星人该如何继续创新发展,如何继续汲取传统优秀管理理念。案例分析思路如图1所示。

四、理论依据与案例分析

根据上述案例分析思路,结合启发思考题中有关问题,在此总结本案例的理论依据并分析案例主要内容,仅供参考。

(一)理论依据

道可道,非常道;名可名,非常名。上德不德,是以有德;下德不失德,是以无德。上德

```
┌─────────────────────────────┐
│ 1921年双星集团的最前身——维新 │
│ 制带厂诞生, 是中国最早的民族制 │
│ 鞋企业, 1956年, 企业被命名为   │
│ "国营第九橡胶厂"              │
└─────────────────────────────┘
```

```
┌─────────────────────────────┐
│ 青岛市委组织部领导亲自到橡胶九 │
│ 厂宣布, 任命汪海为厂党委书记,  │
│ 由此汪海带领双星人开始了创业生 │
│ 涯, 拉开企业改革发展的序幕     │
└─────────────────────────────┘
```

┌──────────────────┐   ┌──────────────────┐   ┌──────────────────┐
│ 传统儒家"积德行善"与 │ ←─ │ 运用中国儒、道、佛管理思想,│ ─→ │ 建孝文化馆、开道德大讲 │
│ 转变职工质量观念相结 │   │ 成功推行道德管理   │   │ 堂与建立"责任田"等制 │
│ 合, 使双星人觉得质量关│   └──────────────────┘   │ 度, 既注重员工精神教育, │
│ 就掌握在自己手中   │   │ 又完善员工物质基础   │
└──────────────────┘   └──────────────────┘

```
┌─────────────────────────┐
│ 树百年品牌, 建百年老店    │
└─────────────────────────┘
          ↑↓
┌─────────────────────────┐
│ 创新先进发展模式,         │
│ 汲取优秀思想理念          │
└─────────────────────────┘
```

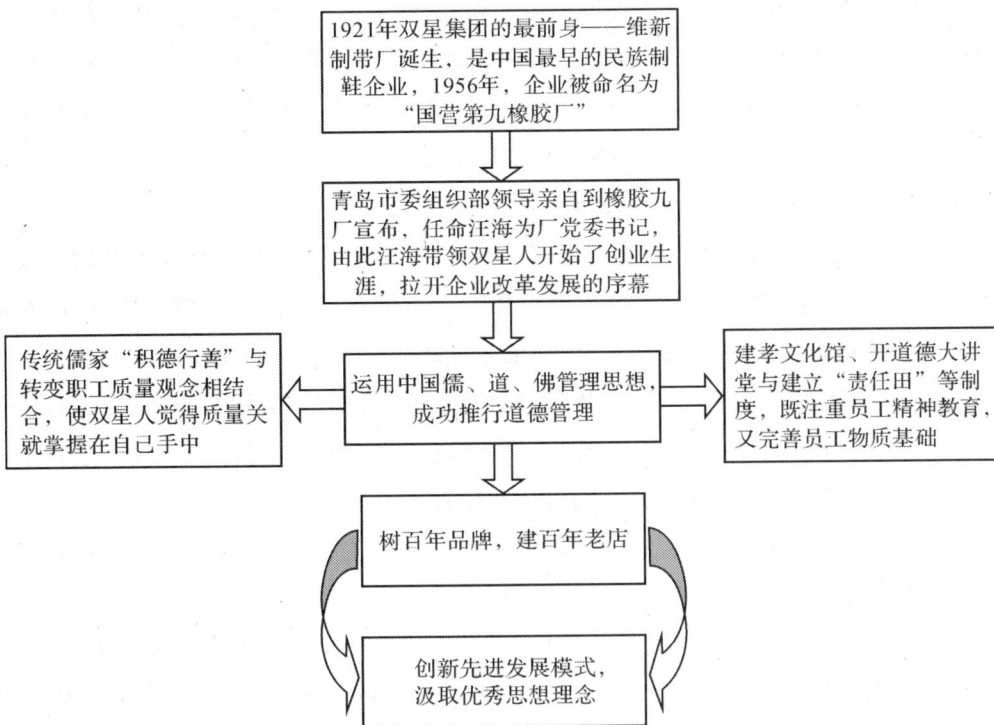

图1 案例分析思路

无为而无以为;下德无为而有以为。上仁为之而无以为;上义为之而有以为。上礼为之而莫之应,则攘臂而扔之。故失道而后德,失德而后仁,失仁而后义,失义而后礼。(老子《道德经》)

我们不难发现道德管理是企业持续发展的基石,如果我们站在企业的角度去读《弟子规》,这当中的"次谨信、泛爱众、而亲仁、有余力、则学文"这五部分可以用来指导企业员工的日常行为规范,提高员工的品德修养,让员工真正地德才兼备。(王承进《从〈弟子规〉看企业道德管理》)

(二)案例分析

1. 双星集团运用了哪些中国传统思想? 这些文化又是如何与现代管理理论相结合的?

中国古代管理思想是一座储量丰富,品位极高的"矿藏",其中蕴含着许多积极有用的因素,对社会主义现代化管理有启发、借鉴和指导作用,如知己知彼、审时度势的经营战略;以变应变、出奇制胜的经营策略;选贤任能、不拘一格的用人之道等。中国的管理学科在大量借鉴西方管理理论的基础上逐步发展壮大,在20世纪八九十年代,在中国向市场经济转型初期,西方先进的管理理念和方法曾对我国初创企业的发展起到了启蒙和推动作用,但是根植于西方价值观的西方管理模式难免也会导致"教条主义"和"经验主义",更无法与中国传统价值观相融合。

运用儒、道、佛等传统思想,孝文化理念。在增强员工质量观念时,吸收传统优秀文化的精髓,把佛教文化所倡导的"行善积德"运用到现代企业管理中,用"干好产品质量就是最大的积德行善"来感召员工。在企业经营活动中,双星妙用"孝文化",积极组织员工参观"孝文化"展馆,让年轻一代进一步感染"孝文化"气息。

2. 在双星集团培训员工增强质量观念的实践中,注重从哪些方面入手?

质量观念不是一成不变的,而是在随着经济和社会的发展不断演化和创新的。随着社会的发展和人们对事物认识的深化,质量由生产产品质量发展到需求服务质量、潜在需求质量、全面质量和社会质量,增强质量意识,有助于推动各项事业的发展和进步。

双星集团用朴实的语言告诉员工质量的重要性,坚持用"诚信管",发挥员工的自主性。引导员工强化质量意识,使员工从思想深处感到自己手中的活不仅连着市场,连着企业的效益,连着每一名消费者,也连着自己的道德和品德。

3. 双星是如何运用"孝文化"进行产品营销的?这种营销模式是否可以在其他行业和产品中复制?

中国传统文化本质上可称为"孝的文化"。这种由一代代炎黄子孙沿袭而成的子女、晚辈对父母、前辈的赡养、尊敬的伦理观念和道德实践的复合文化,积淀为中华民族文化心理,内化于中华民族每一个成员的心灵深处,其表征着中华民族的伦理思想、行为规范、道德生活乃至礼仪、风俗习惯等。文化营销创新在于营销过程中,努力构造一个主题鲜明的活动,形成与营销相适应的文化,积极主动地采用新的文化策略营销。

以"孝文化"为理念,设计和开发产品,推出有"孝文化"特色的产品。双星集团把关爱老人,满足老年人的需求作为大事来抓,开发出"老人健身鞋""好爸爸鞋""太极鞋""钓鱼鞋""夕阳红鞋"等一系列适合老年人穿着的鞋子。不同的行业和产品要根据自己的特色和特点,汲取优秀传统思想,开发出和自身相适应的模式。

4. 汪海在双星的腾飞中发挥了怎样的作用?你是如何看待这种个人崇拜的?

偶像崇拜是人对其喜好人物的社会认同和情感依恋。偶像是被个体或群体自我选择和认同,并受到极度尊敬、钦佩或极其欣赏、喜欢或向往的形象化的人格符号;崇拜指个体或群体对某一人格形象所表现出来的极度尊敬、钦佩、欣赏、喜欢、向往的心理、情感及其引发的种种行为表现。

在双星的发展过程中,其带头人汪海起了关键作用。汪海从1983年任青岛橡胶九厂(双星前身)党委书记,到后来的总裁,一直是企业的"一把手",在长达40多年的任职期间,他的丰富管理经验、处世哲学、办事能力对企业全体员工的共同价值观产生了很大的影响,他摸索出的一套实践经验和符合市场规律的理论,形成了独特的双星文化。个人崇拜有其产生的历史条件和时代背景,我们应该客观正确对待个人崇拜现象。

5.你觉得企业进行思想变革是一把手工程吗?

国有企业党组织是推动国有企业思想政治工作的主体,要卓有成效地开展思想政治工作,就应坚持党在国有企业的领导,创新党在国有企业发挥政治核心作用的方式;要树立以人为本的理念;还要借助企业文化做思想政治工作。因为从某种意义上说,哪家企业形成了先进的企业文化,哪家企业就能在该行业站稳脚跟、赢得主动;哪家企业不能形成符合企业特点的文化,哪家企业就将在竞争中陷入被动。

企业思想变革的"一把手"工程绝不是口号和空谈,从实践来看,的确需要实实在在的重视和支持,汪海作为双星党委书记,在思想政治工作中发挥了至关重要的作用。"一把手"是否亲自参与,在很大程度上会决定企业思想变革实施的进程和效果,这并不是简单的给钱给物的问题,而是"一把手"要起到把握全局,统一思想,做出决策,顶住压力,化解矛盾的关键性作用。

6. 什么是"道德管理"? 双星集团所实施的"道德管理"与西方推行的科学管理有哪些共通之处?

管理和道德相结合是 21 世纪企业管理发展的新趋势。因此,企业必须加强道德管理建设。为了提高企业的道德管理水平,必须制定符合企业道德的决策,设计激励道德行为的组织架构,培育先进的企业道德文化,不断提升企业管理者的道德素质。

道德是一切社会活动的基础和保证,对直接参与社会再生产过程的企业来说,只有高度重视道德管理在企业中的重要作用,找准道德管理的切入点,采取有效的道德管理措施,才能在企业内建立高尚的道德行为规范,提高企业的内在凝聚力,进而促进企业的可持续发展。

"道德管理"就是依据一定社会的道德原则、规范和理想,对组织活动的目标、手段进行道德论证和指导,协调管理过程中人与人的关系,使其符合社会道德和职业道德原则与规范的一种管理。道德管理具有明显的导向性、渗透性、非强制性、层次性、移情性和渐进性等特点。

道德管理与西方科学管理有许多共通之处:都是针对改善企业管理水平和效率的有效管理理念,都是由企业管理实践中提炼而来的优秀管理工具。

汪海创造性提出的"干好产品质量就是最大的行善积德""诚信做人、200%服务"等道德、服务理念,与微软公司"责任至上,正直诚信,服务客户"的行为规范不谋而合;创造性提出的"道管、情管、钱管、制度管、文化理念管"等管理理念,与微软公司"以德服人,用钱激励,重视和留用人才"不谋而合;创造性提出的"以人为本,想员工之所想,急员工之所急",与微软公司"给员工提供一个宽松、舒适的工作环境"不谋而合。

五、背景信息

表 1 双星大事记

1921 年	双星集团的最前身——维新制带厂诞生,是中国最早的民族制鞋企业。
1956 年	企业被命名为"国营第九橡胶厂",揭开了自身发展的序幕。
1974 年	青岛市橡胶公司工作组进驻企业,汪海作为工作组主要成员来到了橡胶九厂。
1983 年	6 月 2 日,青岛市委组织部领导亲自到橡胶九厂宣布,任命汪海为厂党委书记,由此汪海带领双星人开始了创业生涯,拉开企业改革发展的序幕。7 月 5 日,双星商标注册成功,标志着双星在中国企业中最早有了品牌意识,开始实施名牌战略。
1984 年	5 月 1 日,双星成立劳动服务公司,标志着双星是青岛市乃至全国国有企业第一家涉足三产、开始多元化经营的企业。6 月,双星遵循行业规律开始横向经济联合,与黄岛橡胶厂建起了联营企业,标志着双星"出城、下乡、上山"大转移、大调整战略开始实施。11 月,双星在全国第一个以企业的名义成功召开新闻界座谈会,是下海进市场的标志,这一超前举措得到了原青岛市委书记刘鹏的肯定,使双星走向市场成为可能。
1985 年	双星大胆进行人事制度改革,砸掉铁交椅、铁工资、铁饭碗的"旧三铁",砸烂铁关系、铁锁链、铁栏杆的"新三铁",创立了市场化的承包机制、竞争机制、分配机制。9 月,双星成为首家研制成功高级排球鞋的企业。汪海亲自到北京给中国女排的姑娘们送鞋,中国的排球运动员终于穿上了中国人自己生产的排球鞋,标志着双星产品向专业化发展。
1986 年	6 月 23 日,双星集团总部最后一双解放鞋走下流水线,结束了集团总部生产解放鞋的历史。1986 年双星成为全国首家引进注射鞋生产设备并掌握注射制鞋技术的企业,研发成功的老人健身鞋,成为市场上畅销不衰的拳头产品,标志着双星产品由单一品种、向多品种、多花色转变。1986 年双星北京公司成立,标志着双星开始构筑自己的营销网络。双星第一家以企业的名义召开全国鞋业订货会,是双星产品形成多品种、多花色、系列化的重要标志。7 月,双星举办首届设计人员大奖赛,打破了传统的人才选拔机制,标志着双星市场经济人才机制的形成。
1987 年	1 月 18 日,双星运动鞋联合公司成立,全国人大常委会原委员长李鹏题写了牌匾,标志着双星走上规模化发展的轨道。1987 年双星作为青岛市第一个试点单位成功进行了"利税承包",为双星今后的发展奠定了资金基础。1987 年双星攻克世界名牌运动鞋"抛尼""布鲁克斯"的技术难关,研制出 double star 高档运动鞋,标志着双星成为中国第一家投产高档冷粘鞋的企业。11 月,双星参加柳州全国鞋帽订货会,独占鳌头,标志着双星适应市场的开始。
1988 年	4 月,双星成为中国鞋业第一家获得自营进出口权的企业,开始独立组团参加国际鞋业博览会、交易会等。8 月,国家出入境检验检疫局向双星集团颁发了"进出口商品免检证书"。9 月,双星"九九管理法"得到国家理论界学者和企业管理专家论证肯定,在全国推广。
1989 年	双星建成年产 1000 万双的出口鞋厂,标志着双星在全国同行业中第一个建立起拥有热硫化鞋、冷粘鞋、注射鞋等先进制鞋工艺体系的综合性生产基地。1989 年 1 月,《双星报》正式创刊,此后双星旗、双星徽、双星歌诞生,表明双星重视建设企业文化,发挥企业文化的宣传教育、激励引导作用。

1990 年	双星首创投入产出一条龙管理,推行数字跟踪卡、技术跟踪卡,实现了静态管理向动态管理的转变,解决了世界鞋业管理的老大难问题。1990 年双星产品成为第十一届亚运会的标志产品,双星品牌从追随模仿阶段发展到超越创新阶段。
1991 年	9 月 9 日,双星举办"70 周年庆典",其形式、规模都开青岛企业之先河,是青岛市第一个借体育馆、走方队、放焰火、请明星的企业,全面展示了双星的成果,振奋了职工精神。1991 年双星在人民大会堂举行"百名将军茶话会",并向老将军赠送老人健身鞋。全国人大常委会原委员长万里称赞:"双星为老年人做了一件好事。"
1992 年	6 月 28 日,青岛双星集团公司成立,标志着双星战略调整的开始。8 月 28 日,作为中国企业第一家,双星在纽约召开新闻发布会,宣布双星已成为世界规模一流、管理一流、品质一流的跨国企业集团。汪海在此次发布会上"脱鞋打广告"引起震动。1992 年双星在青岛举办"双星之夏"活动,原青岛市委书记刘鹏亲自参加了此活动,双星企业文化、企业精神得到全面展示。9 月 18 日,双星独家参加德国杜塞尔多夫鞋业博览会,独特的鞋文化表演使双星"一鸣惊人",提高了双星在国际市场的知名度。
1993 年	8 月,双星实施"东部发展、西部开发"战略。9 月 9 日,在山东沂源县建起鲁中公司。1993 年双星深化企业内部改革,在生产、经营、管理、人事等方面进行大胆探索,建立了适应市场经济运行的内部机制与体制。
1994 年	双星出口创汇突破 5000 万美元大关,创全国同行业最高纪录,标志着双星全球化战略取得辉煌的战果。1994 年双星荣获全国优秀企业(金马奖)称号,双星企业管理走在了中国制鞋业的前列。
1995 年	4 月 26 日,"双星"商标通过全国驰名商标认定,成为国内制鞋业第一家获此认定的企业,标志着双星创出了鞋业第一个中国人自己的名牌。4 月,双星举办首届中国足球"双星金鞋奖"评选活动,标志着双星和体育联姻达到了新的层次。7 月,双星通过国际 ISO 9000 质量认证,成为国内制鞋业首家获此项认证的企业,双星的质量管理与国际接轨。11 月,双星招收 200 名优秀退伍兵,在社会上引起强烈反响。
1996 年	双星成立亚洲第一家职业羽毛球俱乐部——双星羽毛球俱乐部。4 月 30 日,双星作为中国鞋业第一只股票挂牌上市,标志着双星进入产业资本与金融资本相结合发展的轨道。1996 年双星建成青岛西部最高的商住两用楼——海富楼,这是双星三产发展上水平的一个重要标志。
1997 年	双星与青岛大学联合创办国内首所鞋业工程学院,填补了国内制鞋专业的空白,成为中国制鞋业人才成长的摇篮。6 月 11 日,双星集团总部生产的最后一双鞋走下流水线,集团总部结束了 76 年的制鞋历史,标志着双星战略大转移的全面胜利。9 月,成都双星鞋业有限责任公司正式投产,成为双星在西南地区的生产基地,标志着双星西部大开发,品牌运营进入更广阔领域和更高层次,是实施大双星战略的重要标志。
1998 年	8 月,双星实施"百千万工程"(在百座城市、建千家连锁店、招万名下岗女工),首家下岗女工连锁店在北京开业,是双星实施连锁经营战略,替国家分忧,为百姓解忧,利国、利企、利民的重大举措。8 月,双星张家口制鞋有限责任公司成立,是双星进行品牌运作,在华北地区建立的生产基地。10 月,双星运动鞋获国家出口免验证书,是全国制鞋业唯一获此资格的企业,标志着双星质量管理达到国际水平。1998 年双星技术开发中心被认定为全国制鞋业唯一的国家级技术中心。

续表

1999 年	9 月,双星中原鞋业有限公司投产剪彩,是双星发展战略的进一步深化。10 月,双星出口生产基地海江公司获美国最大的鞋类经销商 PSS 公司"核心工厂"认定,这是 PSS 公司认定的唯一一家国有企业"核心工厂"。
2000 年	双星在全国重点大型零售企业商品销售统计及品牌监测资料调查中囊括"市场综合占有率""市场销售份额""市场覆盖面"三项第一,超过了国内外所有品牌,标志着双星在同行业龙头地位的巩固。7 月,双星改制为有限责任公司,是双星现代企业制度建立的标志。
2001 年	双星提出名牌发展高级阶段和新时期树新形象两大战略决策,为双星 21 世纪的发展指明了方向,确立了目标。7 月,青岛双星鞋业股份有限公司吸收合并青岛华青工业集团股份有限公司获中国证监会批准,双星涉足轮胎、机械制造行业,是双星资本运营的丰硕成果。
2002 年	9 月 1 日,双星牌旅游鞋荣获"中国名牌"。
2003 年	"全员创新"理论为五大支柱产业的发展,做大做强双星名牌奠定了坚实的基础。2003 年双星成功涉足热电行业,对轮胎、机械进行重大体制改革,形成了"鞋业、轮胎、服装、机械、热电"五大支柱产业的新格局。建立青岛市第一家篮球俱乐部——双星雄鹰篮球俱乐部,为双星专业运动产品的发展增添动力,为体育事业作出新贡献。
2004 年	双星提出 2～3 年内"树百年品牌,建百年老店,打造中国综合性制造加工业大集团"的战略目标。2 月 24 日,双星中原工业园轮胎工程项目奠基,双星形成了全面参与子午胎、斜交胎、农用胎竞争的格局。9 月 1 日,双星轮胎荣获"中国名牌"。11 月,双星轮胎公司斜交胎厂压延线试点实行承包机制,拉开了双星工厂市场化承包的序幕。
2005 年	3 月 18 日,双星正式托管东风轮胎,在轮胎行业加快并购扩张步伐的形势下,这一举措对尽快做大做强双星轮胎具有重大的战略意义。5 月,第九届双星苏迪曼杯世界羽毛球混合团体赛在北京举行。10 月 21 日,最新评估结果发布,双星品牌价值飙升至 492.92 亿元,双星专业运动鞋、双星皮鞋同时被认定为"中国名牌"。
2006 年	双星巨型工程无内胎轮胎成功下线。双星轿车子午胎、斜交仿生轮胎研制成功。双星高档旅游鞋、专业鞋、高档皮鞋形成系列。双星物流平台经营向高端方向转移,使双星向高档次、专业化迈出新的关键一步。
2007 年	1 月 4 日,中国化工报刊登《布尔什维克的思想者(续)》,对汪海的新观点、新思想进行深刻报道,再次激起人们对理论创新的思考。8 月 16 日,汪海走进微软讲坛,为百名管理人员、技术、工程人员演讲。9 月 8 日,由世界经济论坛主办的首届"夏季达沃斯论坛"在大连举行,汪海担任国有企业讨论组组长,纵论企业文化。12 月 7 日,双星集团在集团总部举行"双星改革进市场 30 周年"新闻发布会。
2008 年	双星橡塑机械有限公司研制出国内首条自主创新、拥有自主知识产权的大型 V 法造型线,标志着双星机械技术水平已经走在国内同行业前列。3 月 20 日,为纪念改革开放 30 周年,人民出版社隆重推出经济管理类励志新书《汪海三十年——汪海与他的中国双星》。4 月 7 日,汪海走进清华大学,在该大学时代论坛"事业与人生"系列专题讲座做了精彩演讲。9 月 9 日,"双星改革三十年"新闻发布会举行,充分展现改革 30 年的辉煌成就,扩大了双星品牌的社会影响力。11 月 2 日,时任国务院副总理的李克强考察双星,了解金融危机对企业带来的压力,汪海介绍了双星通过实行厂币运作、市场化承包、"家庭消费式管理"战胜危机的做法。12 月 27 日,2008 中国经济高峰论坛在北京召开,汪海荣膺"经济之星——中国经济 30 年 30 人"。

2009 年	8 月 8 日,汪海出席第三届中国品牌节开幕式,在品牌中国高峰论坛上纵论品牌与发展。8 月 20 日,汪海荣膺"建国 60 年山东百位英模人物"。9 月 10 日,十届全国人大常委会副委员长、中国关心下一代工作委员会委员长顾秀莲考察双星,汪海介绍了战危机的成果,得到了顾秀莲的高度评价。10 月 1 日,在举世瞩目的新中国成立 60 周年庆典上,参加阅兵式庆典活动的学生方队所穿的运动鞋以及军车配套的军胎都是"双星造"。12 月 18 日,第九届品牌中国高峰论坛在北京举行,汪海荣膺"建国 60 年功勋品牌人物"。
2010 年	3 月 26 日,中国商业联合会、中华全国商业中心公布双星牌旅游鞋荣获"2009 年度同类产品市场销量第一位"。9 月 9 日,双星集团首届生产技能运动会在青岛轮胎总公司隆重举行。10 月 2 日,"双星杯"2010 国际大学生群英辩论会选拔赛在青岛举行,汪海为最佳辩手颁奖。12 月 15 日,双星集团荣获"青岛市工业经济超万亿领军企业"称号。
2011 年	1 月,中国威麟双星车队征战第 33 届达喀尔汽车拉力赛,双星轮胎的高品质得到历练和证明。5 月,2011 年双星·苏迪曼杯世界羽毛球混合团体锦标赛在青岛举行。9 月 9 日,双星集团隆重举行了双星辉煌九十周年中外记者新闻发布会、"双星文化城"剪彩仪式、双星辉煌九十周年庆祝大会、双星辉煌九十周年文艺汇演庆典活动。11 月 16 日,世界第一批彩色轮胎在双星下线,双星创造彩色轮胎核心技术,标志着轮胎工业发展史上的重大变革。
2012 年	双星集团总裁汪海获得山东省第四届"省长质量奖"。汪海将现代质量管理理论与中国企业实际相结合,围绕"一蓝一黄"两大战略,为企业质量管理水平的提高、振兴民族工业和社会主义经济建设作出了突出贡献。NBA 巨星麦迪加盟双星职业男篮,《华尔街日报》《纽约时报》《华盛顿邮报》等国外知名媒体,《人民日报》《大众日报》《参考消息》《工人日报》以及中央电视台等国内主流媒体纷纷报道,更有网络媒体宣传铺天盖地,双星体育营销迈上一个新台阶。5 月 17 日,由双星自行设计、自主研发、自己生产的国内第一条"一次法炼胶生产线"在双星东风轮胎总公司正式投产,标志着"以发展民族品牌为己任"的双星轮胎在拥有新技术、特色技术方面,再一次实现了新的突破和跨越,是双星轮胎对民族轮胎工业发展的又一重大贡献。11 月 13 日,汪海郑重地从山东检验检疫局局长周建安手中接过"双星硫化鞋、冷粘鞋出口免验证书",这标志着国家质检总局对双星集团的产品质量给予了最高褒奖,双星集团连续 15 年获国际"绿卡",走出了一条市场经济条件下制造加工业"以高质量抢占国际高端市场"的成功之路。集团单位通过奖下罚上加强"抓质量、干质量、保质量"的质量意识,通过称重计量加强"称的是良心,量的是人品"的成本意识,进一步强化了企业的基础管理。

六、关键要点

1. 关键点

企业在发展壮大过程中,如何使新招员工理解公司价值观,培养不同员工强烈的质量观念,需要以企业文化这个软武器,贴近员工的思想,做好员工的思想政治工作。管人最重要的是用文化管,"人管人累死人,文化管人管灵魂",文化管人是关键点。如何处理快速的规模扩张和应对各种改革问题。此外,如何创新利用传统优秀文化与现代管理实践相结合亦是其关键点。

2.关键知识点

道德管理。

3.能力点

(1)分析与综合能力:在分析传统文化思想的影响时,要注重"横"和"纵"的结合,既要分析传统优秀文化相互之间的联系和区别,也要注意传统思想的历史沿革。

(2)批判性思维能力和解决实际问题的能力:全面客观与注重联系实践相结合,面对传统文化,既要取其精华,也要舍弃糟粕。任何优秀文化都必须与实践相结合,做到具体问题具体分析,才能真正发挥其功效。

七、建议课堂计划

本案例可以作为专门的案例讨论课来进行,通过采取小组讨论的方式分析本案例,以完成本案例的教学目标。以下是按照教学课程时间、课堂讲授思路以及板书建议提供的课堂计划建议,仅供参考。

1.教学课程时间

整个案例讨论课的课程时间控制在两个课时(每个课时 45 分钟)。

2.课堂讲授思路

(1)课前教学准备

根据课程教学班级学生的专业结构和知识背景,对课程教学班级进行分组,每组人数控制在 5~8 人,要求各小组成员做好分工与合作,教师可考虑提出案例思考题,请参与者在课前完成阅读和初步思考。

(2)课中讨论阶段

首先,简要的课堂前言,明确课堂教学主题(2~5 分钟),主要介绍案例大致背景(时代背景、企业性质、企业规模、涉及人物等)、案例大致内容(本案例主要介绍的公司改制、发展壮大等内容的概要,可参照摘要部分进行适当扩展)、案例涉及问题(即阅读本案例需要解决的问题,使学生带着问题去阅读案例)等内容。

其次,开展分组讨论(60 分钟),根据课堂教学学生容量进行合理分组。先各小组展开组内讨论,即给予一定的自由讨论时间(20~30 分钟),让小组内各成员对案例存在的问题进行分析,并针对问题提出解决思路和方法,整合小组总体看法。然后,小组间讨论,各小组选取一名代表,代表本小组简明扼要地阐述本小组对各问题的分析及解决思路,还可以将问题中一些较难的问题或者值得深入研究的内容提出来,以供全体学生作进一步探讨、交流。

最后,进行归纳总结(15~20 分钟),在学生方案分享或讨论结束后进行,教师应该就各小组分析问题的思路和解决的方案进行总结。结束总结语:首先应该是对各小组的结果进行点评,提出结果存在的优缺点;其次,提出自身对案例的看法,进一步引导学生的思路,以供借鉴;最后,提出一些课堂上未能解决的问题,供学生课后继续思考,并提出对案例难题的思路分析和解决方案,留待进一步探讨。

如有必要,请参与者针对案例提出更加详细的分析报告,包括案例现状、优劣势分析、决策建议等,为后续章节内容做好铺垫。

3.板书建议

在课堂教学过程中,建议采用图画式板书与提纲式板书相结合的授课方式。图画式板书生动、形象、直观,事物的内在关系显现得淋漓尽致,能有效地激发参与者的学习兴趣,促进抽象思维能力的发展;提纲式板书条理清楚,重点突出,字句简洁,教学思路清晰。

八、参考文献

[1]双星集团有限责任公司官网[EB/OL]. http://www.Doublestar.com.cn/.

[2]苏金生.汪海之道[J].商周刊,2011;18.

[3]张艾丽.汪海与"双星文化"[J].中国企业报,2001;7.

[4]王开良.汪海之道[J].企业研究,2011;31.

[5]王开良.汪海的管理经:人管人累死人,文化管人管灵魂[J].东方企业文化,2006(5);62.

[6]凌翔."文化管人管灵魂"——双星集团特色企业文化解析[N].光明日报,2011-09-12(1).

[7]赵军赤,张艾丽."双星"构筑企业文化[N].厂长经理日报,2000-12-15(C02).

[8]王开良.双星营销12式[J].市场观察,2004(5);66.

[9]王开良.人管人累死人,文化管人管灵魂[N].消费日报,2009-6-30(B01).

[10]张艾丽.企业文化促双星腾飞[J].橡胶工业,2002(49);254.

[11]王开良.传统文化助长双星[J].化工管理,2006(5);6.

[12]扬国姣.双星集团举办"道德教育大讲堂"[N].青岛画报,2013(15).

[13]王开良.汪海的"ABW"论[J].西部皮革,2006;40—41.

[14]王开良.双星"孝文化"[J].中国商人,2002(10);50.

[15]王开良.汪海:中国企业要运用好民族文化[J].企业文明,2004(2);21.

[16]夏商.双星:树百年品牌 建百年老店[N].中国纺织报,2011-9-16(3).

[17]吴照云、李晶:中国古代管理思想的形成轨迹和发展路径[J].经济管理,2012(7);184.

[18]舒默.中国古代管理思想的现代思考[J].江西社会科学,1992(6);66.

[19]李会太,毛荐其.质量观念的五次创新[J].北京市计划劳动管理干部学院学报,2000(4);43.

[20]余玉花,张秀红.论孝文化的现代价值[J].伦理学研究,2007(2);68.

[21]杨俊萍.新经济形势下的市场营销模式探讨[J].合肥学院学报:社会科学版,2008(6);88.

[22]张新国.论企业道德管理建设[J].财贸经济,2003(3);74.

青岛大洲公司：力行孝道，传递幸福*

▶ 案例推荐辞

"有德此有人,有人此有土,有土此有财,有财此有用。"传统文化中这段经典名句,刘克成常在心中念起,感恩祖先传承下来的优秀文化,经历五千年而经久不衰,给予后人智慧和力量。

在学习弘扬以"孝文化"为代表的中华传统文化的道路上,青岛大洲公司已经走过了二十几年的历程。青岛大洲创建于 1994 年,是一家出口创汇的劳动密集型企业,在金融危机中,也不可避免地受到影响。但企业几年来学习弘扬中华优秀文化的努力实践,使企业又一次从风浪中挺过来:在金融危机给国际箱包市场造成冲击较为严重的 2008 年、2009 年,企业生产量和出口销售额不仅没有减少,还略有增长,稳定发展,取得了生产和精神文明建设方面的"双赢"。

青岛大洲积极倡导传统文化的"凡是人,皆须爱;天同覆,地同载"这一人本主义思想,倡导感恩理念,使青年职工始终充满了对国家、对亲人的挚爱,企业亲情文化氛围浓厚。刘克成把公司发展的目标定在"建设和谐大洲"上。从弘扬中华优秀传统文化,学习和践行《弟子规》人手,首先对员工进行亲情教育,培育员工的健康人格,打牢员工立身做人的根基,以家庭和谐、企业和谐,来促进社会和谐。在对员工的道德教育中,坚持从孝道教育入手,引导员工先做人、后做事,做到感恩知孝、关爱亲人,树立感恩父母的孝敬之心、感恩祖国的报效之心和感恩社会的大爱之心,全面提高员工的思想道德素质。

"孝亲敬老"这一众人关注的话题,正在化为千万人的身体力行。对有人问及企业推广学习传统文化的目的,刘克成认为:"现代企业不仅是组织员工生产,还应有一份重要的社

* 本案例由江西财经大学工商管理学院胡海波博士与硕士研究生陈帆根据公开信息资料,并结合实际调研撰写而成。未经允许,本案例的所有部分都不能以任何方式与手段擅自复制或传播。由于企业保密的要求,在本案例中对有关名称、数据等做了必要的掩饰性处理。本案例只供课堂讨论之用,并无意暗示或说明某种管理行为是否有效。

会责任,即是为和谐社会培养更多的人才,只有加强传统文化教育,只有学孝向善、回报社会,才能培育社会合格人才,为城市经济发展作一些贡献。一句话:'和谐社会,从我做起,从自己的企业开始。'我们深信,青岛大洲弘扬的传统文化——孝文化必将在推动和谐社会的进程中,发挥出越来越多的作用。"

▶ 案例正文

摘要:本案例选取青岛大洲运动用品有限公司(以下简称"大洲")长期积淀的"孝文化"作为研究对象,从以孝补德、以孝治众、以孝育人三个方面描述大洲董事长刘克成如何利用孝文化影响个人、企业和社会,传播孝文化的正能量。在以孝补德部分,主要介绍了刘克成通过学习《弟子规》提升其个人幸福感;在以孝治众部分,主要介绍大洲如何通过传播"孝悌仁爱"思想增强企业凝聚力;在以孝育人部分,展示了大洲通过向社会传播孝文化增进社会和谐感。

关键词:青岛大洲;刘克成;弟子规;孝文化

0 引言

"就这么定了。我们先让监狱干部来您这里学习,再请您去给监狱里的人讲!"当日,听说青岛一家小企业吸引社会各界纷纷前去讨教,记者在赶到青岛大洲运动用品有限公司时,一进门就听公司总裁刘克成介绍,办公室来的客人是青岛监狱刘绪云监狱长。说着说着,又听她的手机响了:"我们小孩何时去? 实在管不了,求你帮忙,救救我家孩子!""好吧,就让孩子后天来吧。"她说。①

以上场景对于青岛市侨联副主席、市政协委员刘克成来说已经习以为常了,每天登门拜访、求助电话络绎不绝。自 2008 年大洲倡导并承办了第一届青岛企业家论坛以来,引来各地来访者纷纷向青岛大洲学习和探讨中华传统文化,尤其是"孝文化"。刘克成在接待来自全国各地来访者的同时,也带动全国成百上千的企业家履行"弘扬传统文化、创造幸福人生、构建和谐社会"的责任和使命,大家一起分享和探讨以"孝文化"为代表的中华传统文化

---

① 慈航普度.青岛大洲运动用品有限公司用感恩、道德管理企业[EB/OL]. http://blog. 163. com/yanlh918@126/blog/static/38253064201211910145844/.

之于个人幸福、企业发展、社会和谐的魅力。①

1　以孝补德，提升个人幸福感

公司创立之初，青岛大洲与国内其他箱包生产企业没有什么不同，刘克成也与普通老板一样，整天琢磨如何降低成本、扩大规模以获取更多的利润。

直到 2003 年，刘克成开始参加中华传统文化的学习，开始接受古圣先贤的教诲和《弟子规》带来的启迪。她认识到，道德缺失是当今社会的一大问题，而企业经营不善关键是思想不善，"缺德"是造成企业经营危机甚至关门倒闭的深层次原因（像"毒奶粉""瘦肉精"这类事例不胜枚举）。因此，"补德"才是企业和谐健康发展的根本之策。②

刘克成说："不管是学校教育还是家庭教育、社会教育、企业教育，都是以德为先，无德无才是废品，有才无德是危险品。我们要通过自身的行动，开展'补德'教育，挽救陷入道德危机的企业、家庭和个体。"③

2007 年，她经人推荐去南京听了"幸福人生讲座"，发现员工做得不好的原因在于老板。别人做得对不对并不重要（并不是真的对），自己做对了才是真的对。她认识到员工的错，其实是老板的错。随后，她就带领企业领导层到南京、庐山等地学习，回来第一件事就是给员工鞠躬，包括给厂里的保安深深鞠躬。员工开始觉得很稀奇，觉得"刘总好像变了一个人似的"。慢慢地，员工也变了，懂得礼貌待人了，做事情知道为别人考虑了，对老人孝敬，对同事谦恭，企业内部一下子和谐了很多。④

刘克成作为一个温柔的中国女性，集慈爱和亲切于一身。尽管有了"全国十大杰出创业女性"、青岛市"优秀女企业家"、侨联"十大杰出人物"这些光环，并且担任青岛市政协委员、侨联副主席等职务，她仍然十分简朴，身体力行给员工们树立节约意识。刘克成自己在单位只吃一两个菜，看到地下有一块小的布料也要弯下腰捡起来。而员工生病、结婚、生小孩，她会尽力去帮助解决，把自己当成员工的娘家人。在每次爱心捐款活动中她总是走在前面。"严于律己，宽以待人"，大洲员工从刘克成身上学到了这种宝贵的作风。⑤

刘克成认为："现代企业不仅是组织员工生产，还应有一份重要的社会责任，即是为和谐社会培养更多的人才，只有加强传统文化教育，只有学孝向善、回报社会，才能培育社会

---

① 余杰.一家小企业为何能吸引社会各界纷纷前去讨教[EB/OL].弟子规在企业. http://www.dzgzqy.com/Share/1011241120B497JJ4699H4I3K5A.html.
② 高昌礼，任登第，胡小林，等.圣贤教育　创企育人[M].北京：世界知识出版社，2011：63.
③ 余杰.青岛大洲：传统文化成就幸福企业[J].精神文明刊，2012，10.
④ 高昌礼，任登第，胡小林，等.圣贤教育　创企育人[M].北京：世界知识出版社，2011：63.
⑤ 慈航普度.青岛大洲运动用品有限公司用感恩、道德管理企业[EB/OL]. http://blog. 163. com/yanlh918@126/blog/static/38253064201211910145844/.

合格人才，为城市经济发展作一些贡献。一句话：'和谐社会，从我做起，从自己的企业开始。'"①

2　以孝治众，加强企业凝聚力

2.1　入则孝

百善孝为先，孝门一开，百善皆开，孝道是做人的根本，是家和万事兴的基础，是企业健康发展的根基。基于这一点，从员工进入青岛大洲第一天起，青岛大洲就为他们安排了为期一周的严格训练。员工在训练前会收到《弟子规》《三字经》《二十四孝》《幸福美满的一生》等书籍，并有专门教师为他们讲解和辅导。同时，结合学习德育故事，播放孝亲的电影光碟，收看感动中国人物事迹短片，学唱孝亲歌曲等，进行亲情感恩教育，培训考评合格后方能上岗。②

平时，企业会经常邀请社会上的一些专家和老师给员工举办传统文化知识讲座和培训等。一堂堂生动感人的孝亲感恩课，使员工受到一次次的心灵洗礼和涤荡，从传统文化中深切感悟孝道的真谛，车间里每天播放孝亲感恩的音乐歌曲，班前班后，会听到员工们学唱孝亲感恩歌曲和背诵圣贤经典的朗朗之声。通过耳濡目染和寓教于乐的学习分享活动，《弟子规》倡导的"孝亲尊师、兄友弟恭、宽容仁爱"等思想，如雨露般润泽着大洲员工的精神家园。③

孝教育彰显了传统文化的巨大魅力，员工的孝心爱心普遍增长：对父母和亲人漠不关心的少了，定期打电话向父母报平安、道问候的多了；花钱大手大脚的少了，向家中寄钱的多了；周末外出为自己买吃的少了，给父母买衣物的多了；过去是春节父母给孩子发红包，现在是员工给父母送红包；过去放假回家是父母给孩子做好吃的，现在是员工自己动手为父母做饭菜；过去回家懒得干活，现在是主动帮父母干活，甚至还为父母洗头、洗脚，等等。许多员工的家长写来感谢信和表扬信，称赞自己的孩子变得孝顺、懂事了，感谢公司的培养教育。④

为将员工的孝心提升到新的境界，2008 年、2009 年两届公司年终总结大会，青岛大洲把评选的 11 名先进员工的父母请到公司来，作为嘉宾坐在主席台上。员工把光荣花给自己的父母戴上，把荣誉证书双手递给父母，随着主持人的引导，向自己的父母行三拜九叩大

---

①　慈航普度.青岛大洲运动用品有限公司用感恩、道德管理企业[EB/OL]. http://blog.163.com/yanlh918@126/blog/static/38253064201211910145844/.

②　高昌礼,任登第,胡小林,等.圣贤教育　创企育人[M].北京:世界知识出版社,2011:64—65.

③　高昌礼,任登第,胡小林,等.圣贤教育　创企育人[M].北京:世界知识出版社,2011:64—65.

④　余杰.青岛大洲:传统文化成就幸福企业[J].精神文明导刊,2012,10.

礼,一时掌声四起,台上的父母老泪纵横,台下的员工也都为之动容、热泪盈眶,场面十分感人。①

2.2 出则悌

一位入厂不久的农村女孩感慨地写出了内心的真实感受:"虽然我没有受过大学的教育,但在大洲我学到了更重要、更实用的东西——怎样做人和怎样做一个对社会有贡献、有价值的人。"这也是员工们学习《弟子规》后发自内心的体会和感悟。青岛大洲把员工的这些学习体会编成了《孝的感悟——中华文化伴我成长》丛书。②

多年来,青岛大洲以"孝文化"教育为主体,辅之亲情化的管理、军事化的训练,将两千多名原本文化贫乏、观念落后的农村孩子,培育成感恩向善、爱国爱企、敬业奉献的上进青年,不少人成为企业的骨干和管理人员。员工们把企业当成自己的家,与企业荣辱与共,风雨同舟。特别在近几年企业普遍招工难的情况下,企业的员工队伍始终保持稳定,他们凭着对企业的深厚感情,在公司最需要人的时候不仅自己留下来,还把自己的亲友、同乡、同学等介绍到公司来。员工们立足本职岗位,工作积极主动、尽职尽责,确保了企业各项任务的完成,为公司的发展作出了积极贡献。③

事诸兄,如事兄。对年龄相仿的员工,刘克成把她们当作自己的姐妹看待。有个女工离开公司四年多了,不久前听说她查出了病,公司知道她家境比较贫寒,尽管她现在已不是公司员工,还是让工会主席代公司送去了500元钱和部分过节用品,这个女工非常感动。公司每月都为当月出生的员工过集体生日,刘克成只要不出差必定参加,为他们送上生日蛋糕及公司领导的祝福。有个员工激动地说:"我在家里20年没吃过一次生日蛋糕,在大洲我真正体会到了家的温暖。"④

关爱员工的成长,维护员工的合法权益,营造和谐的企业氛围。公司员工绝大多数是外来的农村务工者,由于对政策法规不了解,有的员工嫌麻烦而不愿同公司签订劳动合同,更不愿意每个月从工资中拿出一部分来缴纳保险金。公司就安排工会主席先给这些员工进行《劳动法》的培训,帮助他们了解政策及如何维护自己的合法权益。公司每年召开职代会,为员工集体签订劳动合同。因此,企业的员工100%与企业签订劳动合同,100%缴纳各项保险,员工的合法权益得到了保障,同时也为企业的各项工作带来了便利。⑤

学习《弟子规》后,作为大家庭的"家长",刘克成学做"慈而宽"。她不再把员工看作自

---

① 高昌礼,任登第,胡小林,等.圣贤教育　创企育人[M].北京:世界知识出版社,2011:66.
② 高昌礼,任登第,胡小林,等.圣贤教育　创企育人[M].北京:世界知识出版社,2011:68.
③ 高昌礼,任登第,胡小林,等.圣贤教育　创企育人[M].北京:世界知识出版社,2011:70.
④ 高昌礼,任登第,胡小林,等.圣贤教育　创企育人[M].北京:世界知识出版社,2011:70.
⑤ 李沧区委统战部.青岛大洲公司以中华传统文化管理企业[EB/OL].李沧在线.http://www.licang.net/html/xinbanben/licangdongtai/2014/0401/21071.html.

己的下属和企业的劳动力，而是把他们看成自己的孩子、自己的姐妹。在他们有困难的时候，尽己所能，真心实意地帮助他们；在他们有病痛的时候，无微不至地关爱他们。同时要求公司所有管理人员都关爱员工，时刻把职工的冷暖和疾苦放在心上。比如：有感冒的员工在宿舍里休息，会有人送上一碗热气腾腾的鸡蛋面，让员工倍感温暖，把大洲公司真正办成员工温暖的家。①

2.3 泛爱众

凡是人，皆须爱。传统文化培育了员工的大爱之心，关爱他人、回报社会、无私奉献的精神处处体现。员工们利用节假日和周末，主动走向社会做公益活动，奉献爱心；为迎接2008年奥帆赛，员工们自发参与市里组织的志愿活动，并主动到周边地区捡垃圾，清理环境；员工拾金不昧蔚然成风，多名捡到贵重钱物的员工主动交还失主；在抗击"非典"、东南亚海啸、南方雪灾和抗震救灾等活动中，员工们自发捐款捐物，累计达50多万元。这些员工大多家境贫困，但他们还是毫不犹豫地奉献了自己的爱心。近几年来，青岛大洲领导带领员工到敬老院看望那些年老不能自理的老人，为他们喂饭、梳头、剪指甲、搞卫生等。这些事情已经成为了青岛大洲新员工入职后例行的行善之举。②

此外，为了激发员工们努力工作回报社会的积极性，公司工会配合生产多次组织"爱大洲、爱岗位"劳动竞赛。除平时做早操、跑步以外，公司连续三年组织职工趣味运动会，专门设立了乒乓球室、篮球场等，业余时间还组织员工们参加一些社会活动，比如：多次组队参加青岛国际马拉松赛，到海边参加环保志愿活动，参加青岛市工商运动会、李沧区工商运动会等，并多次获得佳绩。在举世瞩目的2008年奥运会期间，大洲员工积极生产，在生产任务繁忙的情况下圆满完成了市长亲自批准的为奥帆赛和残奥帆赛志愿者生产纪念腰包、背包的任务。同时公司还两次组织30余名员工参加"迎接奥帆火炬到青"活动，获得市、区总工会领导的好评。奥运会结束后，市总工会颁发"工人先锋号"荣誉铜牌。③

虽然大洲开展的慈善活动相对很多大型公司动辄几百万的慈善捐赠来说显得微不足道，但正是大洲倡导的这种亲力亲为的慈善活动，受到了当地甚至是有关部门的关注。一直关注这家公司亲情教育的民政部原副部长、中国老龄事业发展基金会会长李宝库说："关爱今天的老年人，就是关爱明天的自己。"④

作为公司领导者，刘克成在倡导员工奉献爱心的同时，自己也不忘大力回馈社会。2010年10月，为尽对家乡父老和孩子们的一点回报和爱心，刘克成捐资兴建平邑县东庄

---

① 高昌礼,任登第,胡小林,等.圣贤教育 创企育人[M].北京:世界知识出版社,2011:69.

② 高昌礼,任登第,胡小林,等.圣贤教育 创企育人[M].北京:世界知识出版社,2011:71.

③ 慈航普度.青岛大洲运动用品有限公司用感恩、道德管理企业[EB/OL]. http://blog.163.com/yanlh918@126/blog/static/38253064201211910145844/.

④ 余杰.青岛大洲:传统文化成就幸福企业[J].精神文明导刊,2012,10.

侨心小学;早年还捐助了一个临沂地区的女学生,每年定期给她寄学费,直至她考上大学;2011年起捐助本市两名中学生,帮助他们顺利完成学业。①

3　以孝育人,增进社会和谐感

"孝文化"让刘克成本人和员工深刻领悟到了《弟子规》的要义和内涵,更加坚定了刘克成以孝补德、以孝治众的信心和决心。但是,刘克成并不满足于用"孝文化"提升个人幸福感,加强企业凝聚力,她想要将这种文化分享给更多的企业、更多的人。于是她将眼光投向了社会。

刘克成说:"不管是学校教育还是家庭教育、社会教育、企业教育,都是以德为先,无德无才是废品,有才无德是危险品。我们要通过自身的行动,开展'补德'教育,挽救陷入道德危机的企业、家庭和个体。"大洲公司的工会主席董建勋表示,现在不少年轻人崇尚的是"位高权重责任轻,钱多事少离家近,睡觉睡到自然醒,工资领到手抽筋,手下花钱你收礼,别人加班你加薪",梦想坐享其成,只顾自己享乐,不尊重或不屑于别人的劳动,不理解父母的艰辛。对此,首先要进行"补德"教育,修德明礼,让员工认识到人无礼不立、有"礼"走遍天下的道理。通过内部再造,让灵魂脱胎换骨。大洲的做法也引起许多企业家的共鸣,许多有识之士都认识到,挽救孩子、挽救家庭刻不容缓,这是企业家的社会责任所在。②

所以,刘克成认为:"只有家庭和谐、企业和谐,社会才能和谐。"创建和谐社会离不开传统文化的回归,离不开企业和家庭的和谐。而和谐要"从自身做起"。所以,她在大洲公司倡导:"和谐社会从我做起,从大洲做起。"③

——从2008年12月起,在各界人士大力支持下,大洲连续承办了三届"弘扬中华文化,构建和谐社会"企业家论坛,来自全国各地的企业家和各界人士累计3000余人次参加盛会,取得良好的社会效果。

——从2008年起,大洲在公司设立了传统文化学习室,开办了"学习践行《弟子规》幸福人生讲座",免费为省内外有心学习中华优秀文化的各类人员提供学习机会。至今已举办了30多场幸福人生分享会,有2000多人在这里接受了中华传统文化的熏陶。并且他们的幸福分享会对外是免费开放的,附近的一些企业家甚至一些热心学习传统文化的居民,只要愿意学,大洲就吸收他们参加。此外,大洲还多次向周边小学赠送《弟子规》等书籍和

---

① 高昌礼,任登第,胡小林,等.圣贤教育　创企育人[M].北京:世界知识出版社,2011:72.

② 慈航普度.青岛大洲运动用品有限公司用感恩、道德管理企业[EB/OL].http://blog.163.com/yanlh918@126/blog/static/38253064201211910145844/.

③ 余杰.一家小企业为何能吸引社会各界纷纷前去讨教[EB/OL].弟子规在企业.http://www.dzgzqy.com/Share/1011241120B497JJ4699H4I3K5A.html.

光盘，进行义务讲课。①

——2009 年和 2010 年的 8 月，公司连续举办了两届全国大学生传统文化培训班，来自国内 15 个省市的 100 多名大学生参加了为期 10 天的培训，通过学习、习劳、力行活动使他们深受教益，不少家长打来电话，对公司举办这样的活动表示感谢。②

——2010 年夏天，公司为员工及周边居民的子女开办了小学生传统文化夏令营，让孩子们从小就扎下孝亲敬老、尊师好学的根基。通过两周的学习，30 个孩子都进步了、懂事了。他们学会了自己整理内务，饭后自己刷碗，整理教室卫生，特别是增长了孝心。③

——2010 年 8 月，大洲同青岛监狱结成共建单位，并举行赠书仪式，让中华传统文化走进高墙，使服刑人员通过学习能够洗心革面、重新做人，早日回归社会。④

对有人问及大洲为什么要推广学习"孝文化"，刘克成是这样回答的："我们不为名，不为利，是要更多的人从祖国优秀文化的学习中受益，要行动，要坚持不懈、身体力行，为构建和谐社会做点实事。"⑤

大洲这种用实际行动为构建和谐社会而努力的举动得到了社会的认可。近年来，公司奉行"外树形象，内强素质"的企业精神，恪守"企业生存靠管理，企业发展靠创新，企业效益靠理念"的企业宗旨，使公司先后荣获全国妇联"巾帼文明岗""出口产品信得过 A 类企业""巾帼新民学校""诚信企业"等称号。⑥

4 结束语

经营之道，理念为先，作为一家经营品牌运动箱包的小企业，从 2003 年开始，青岛大洲运动用品有限公司便在企业内部学习、落实中华传统文化经典《弟子规》，重点学习"孝文化"，很快便实现了企业的和谐发展，企业经营效益逐年稳步上升。更让人称道的是，该企业在事业上升阶段，面向社会多次举办了传统文化与现代企业发展的公益论坛，赢得了社会的广泛认可。⑦ 我们深信，青岛大洲弘扬的传统文化——"孝文化"必将在推动和谐社会的进程中，发挥出越来越大的作用。

---

① 高昌礼,任登第,胡小林,等. 圣贤教育 创企育人[M].北京:世界知识出版社,2011:73—74.
② 高昌礼,任登第,胡小林,等. 圣贤教育 创企育人[M].北京:世界知识出版社,2011:73—74.
③ 高昌礼,任登第,胡小林,等. 圣贤教育 创企育人[M].北京:世界知识出版社,2011:73—74.
④ 高昌礼,任登第,胡小林,等. 圣贤教育 创企育人[M].北京:世界知识出版社,2011:73—74.
⑤ 高昌礼,任登第,胡小林,等. 圣贤教育 创企育人[M].北京:世界知识出版社,2011:73—74.
⑥ 李沧区委统战部.青岛大洲公司以中华传统文化管理企业[EB/OL].李沧在线. http://www.licang.net/html/xinbanben/licangdongtai/2014/0401/21071.html.
⑦ 余杰.一家小企业为何能吸引社会各界纷纷前去讨教[EB/OL].弟子规在企业. http://www.dzgzqy.com/Share/1011241120B497JJ4699H4I3K5A.html.

资料 1

青岛大洲运动用品有限公司简介

青岛大洲运动用品有限公司始建于 1994 年,位于李沧区九水东路南王工业园。2002 年 4 月正式与韩国合资,是专业的 OEM 加工企业,公司总投资 500 万美元,固定资产近亿元,厂区占地面积 2 万多平方米,现有员工 800 余人。公司主要生产经营品牌运动箱包,产品全部远销欧美及东南亚国家和地区。公司采用国际驰名品牌的制包工艺,引进国外现代化的机器设备,致力于高档箱包的生产与开发,现以年加工生产 300 万件的生产能力,居国内同行业领先地位。公司有 A、B、C 三个大型生产车间,安全、环保、分生产、检验、仓库等班组,有缝纫流水线 30 条。企业运营正常,订单任务饱满,产值产量呈跳跃式增长,2010 年产值达到 2000 万美元。公司奉行"外树形象,内强素质"的企业精神,恪守"企业生存靠管理,企业发展靠创新,企业效益靠理念"的宗旨,强化内部管理,注重员工素质培训,培养员工的团队精神,以中华优秀文化为主导,着力打造一支高素质、高水平的员工队伍,形成了独有的企业文化和管理理念。进入 2011 年以来,积极探索中华优秀传统文化与国际新技术精益管理融会贯通的有机结合,开创一条独有特色的企业管理之路,现已初见成效。企业荣誉有:"全国巾帼文明岗""中国名企""诚信企业""山东省亲情教育基地""山东省善待农民工百家企业""山东省女职工建功立业标兵岗""青岛市劳动保障 A 级诚信企业""青岛市文明单位""李沧区巾帼新民学校"等。

(资料来源:青岛大洲公司官网[EB/OL]. http://www.daejooleports.com/.)

资料 2

刘克成简介

刘克成,青岛大洲运动用品有限公司总经理。1982 年,刘克成从朝鲜回到中国。刚回到中国的她做过电台播音员、公司翻译等工作。她 1994 年创业,2002 年正式与韩国大州株式会社合资,产品全部出口,远销欧美及东南亚地区。作为一名归侨和国家改革开放政策的受益者,她心里时时想着报效祖国,以诚信赢得客户,以质量赢得市场,产品出口额不断增加,每年为国家创大量外汇,为青岛市招商引资、繁荣经济、解决社会闲散劳动力等方面做了不懈的努力。先后解决下岗失业人员和闲散劳动力 1200 余人,并多次向社会各界捐款。刘克成先后荣获"2004 年中国十大经济女性年度人物提名奖",青岛市"民营经济十大杰出女性""优秀女企业家""三八红旗手"和"优秀归侨"等称号。

(资料来源:青岛市女企业家网[EB/OL]. http://qdnqx.qingdao.gov.cn/newsread.asp?id=68.)

资料 3

刘克成的仁爱之心

　　青岛大洲运动用品有限公司总裁刘克成是位心有大爱、乐善好施的企业家。她从帮扶、影响身边人做起，以救助他人为己任、以回报社会为事业，用实际行动践行至善感恩，使助人为乐渐成人间大爱。

　　刘克成的大洲运动用品有限公司成立于1994年，主要从事箱包代工加工。经过10多年的发展，企业规模、生产能力都有较大规模提升。创业的艰辛、发展的艰难和生活的磨砺让刘克成感受到，一个企业的生存发展离不开所有员工的努力付出、离不开社会各界的帮助支持、更离不开国家的繁荣稳定；作为企业家应该承担好责任、教育好员工、回报好社会。

　　一、爱"女儿"

　　刘克成是有爱之人。2005年，大洲刚刚被评为"青岛市民营企业十佳"，刘克成收到一封求助信，信是一位身患重病的初中女孩写来的。女孩写到自己身患腿部肿瘤，渴望活下去，却无法支付治疗费用的情况。"化疗费用不够，我想活下去，希望好心阿姨帮帮我。"收到来信后，刘克成立即亲自到女孩家看望。当走进原李沧河南村待拆迁的昏暗、低矮的女孩家，刘总见到这位纤细、瘦弱的女孩坐在床边，一双倔强的眼睛里闪着生存下去的渴望。从这一刻起，两个素昧平生的人开启了关于"爱与感恩"的缘分旅程。刘总的关切、女孩的坚强、爱的力量，竟然使女孩奇迹般地康复了。不久，女孩考取了青岛十七中学，为鼓励女孩更好地生活下去、好好学习，刘克成又派工会主席专程给她送去书包和现金。伴着刘克成的鼓励，女孩月月年年地成长，高二时的一天，女孩打电话给刘克成："我叫您妈妈，行吗？"话音未落，电话两头的"母女"都红了眼眶。这样，刘克成又多了一个孩子——坚强的肿瘤女孩。后来，女孩在刘克成的全额资助下攻读研究生，并加入了中国共产党。一提起这个争气的女儿，刘克成总是充满感慨："希望干女儿健康地生活，把爱传播出去，让更多的人像她一样幸运、正常地生活。"

　　二、爱员工

　　刘克成是有爱之人，她对员工的爱是立体的、多方位的。

　　一位家住工厂附近的女员工得了癌症，刘克成亲自探望，送上慰问品和3000元现金。这位员工医治无效去世后，每年春节刘总都会给其家人送去节日礼品，希望他们尽快从失去亲人的痛苦中走出，好好地生活下去。来自沂南的资材部员工吴宝艳不幸得了肠癌，确诊当天刘克成就捐助她5000元。近几年，刘总先后为多名患癌症的员工送去了帮扶和慰问。

　　员工李叶搞是位来自云南的打工妹，今年春天云南家中发生火灾，全家的家当只抢出了一袋麦子。坚强的小李自己不说，更加认真地工作。可细心的刘克成却从其他员工口中得知这个不幸的消息,她马上与小李交谈,询问家中情况,亲自将2000元救济金递到小李手中,小李的老父亲收到救助款后激动地说:"青岛有个好公司,公司有个好老总!"在刘克成的带动下,大洲的员工们已经形成了一个爱的集体,一人有难,大家帮扶。

像这种事迹,在大洲公司有太多,大洲公司的打工妹、打工仔,来自全国各地。来的时候,他们没有技能,大洲的老员工面对面、手把手地教;他们没有高素质,刘克成亲自教授传统文化,从孝敬老人开始教起;年底评上先进的员工,刘克成亲手给他们发放孝亲敬老金。

刘克成常说:"员工们终究要回家、结婚、生子、孝养父母。不管他们在大洲干一个月还是一年,若是把如何做人这堂课学明白了,出去能做一个有道德、孝老爱亲的公民,我就知足了。"

三、爱社会困难群体

刘克成的爱不仅给身边的人,还送到更多需要帮助的人身边。近几年,除了对本单位员工及其家人的慷慨帮助外,刘克成对孤寡老人、困难儿童和残疾群体也奉献出无私的爱心。每次送爱心,刘克成总是来时匆匆、去时匆匆……困难群体生活的一张张画面,无一不烙进刘克成心中,日积月累,刘克成深感自己需要做的事还太多、太多。

这些年来,刘克成把青岛市社会福利院当成了自己的娘家。每年中秋节、春节,刘总都要到福利院去看望那里的"爸爸""妈妈",老人们见到她来到就如同见到亲生女儿一样亲。福利院里的孩子们同样牵动着刘克成的心。2010年12月,刘克成捐出10万元用于残疾儿童康复活动室的建设。青岛市红十字会负责人感动地说:"我们一定专款专用,把钱用在这些残疾孩子身上。"

刘克成心系身边困难人,更不忘远方的困难农村。2007年,无意中她听说山东沂源有个贫困农村,村民缺少棉衣过冬。得到消息,刘克成马上组织员工募捐棉衣,购置40余床棉被、两台电视机,并带了100个书包,亲自带领员工驱车送到村民手中。

莱西孙受镇埠下村比较贫困,是青岛市精神文明办指定大洲公司对口帮扶村。2011年,刘克成出资两万元,帮助该村建起了文化广场、阅览室,赠送了电视机、图书和学习光碟。中秋佳节,刘克成还不忘给村里的老人送去慰问金和慰问品。

2012年春,刘克成向贵州省惠水县甲戎乡水源小学及清河小学赠送小学生书包1000个,价值7.5万元。

刘克成看到家乡平邑东庄小学校舍破旧简陋,为让孩子们有个好的学习环境,她又出资50万元援助该小学重建新楼。2010年9月10日新校舍建成,东庄小学全体师生喜气洋洋地搬进了崭新的三层教学楼。

四、心中有大爱

大爱无疆。刘克成从2003年起,开始研习《弟子规》,在学习践行的过程中,她切身体会到了感恩、为孝的力量。在自身潜心学习的同时,她还带领员工一起诵读、探讨,让员工们在学习中牢记于心、内化于行。慢慢地，大洲公司有了变化，员工们变得谦卑、克己；员工之间变得包容、协作；企业的损耗降低、产品质量提高，随之订单一下子多起来。企业效益提高了，刘克成深知这一切受益于对传统文化的学习。她想让更多的人像她一样受益，从此，"正己化人"、回报社会成了刘克成的生活重心。

每年"六一"，刘克成都会到附近的小学赠送《弟子规》《德育故事》等书籍和光盘。从2009年起，刘克成利用暑假假期时间为全国大学生和小学生举办"国学夏令营"，免费提供吃住。让这些各个年龄段的孩子们都学习圣贤教诲、明理知德、学孝上进。为和谐社会培养后备人才，把"凡是人，皆须爱""为往圣继绝学，为万世开太平"的种子播撒到"祖国未来"的心中。

2010年8月，刘克成带着对服刑人员的爱心，走进青岛监狱向监狱服刑人员及干警们赠送中华文化书籍和光碟一万余册。她真心希望服刑人员能够学好圣贤的教诲，早日改造为有良知的社会好公民！

刘克成经常说："企业家身上要承担起社会责任，一为国家创效益，二为社会尽责任。"作为民营企业家，刘克成主动肩负起帮助其他企业发展的责任。2008年全球金融危机爆发，很多企业应对疲软，企业生存艰难。看到这一现象，从2008年12月起，刘克成带领公司主要力量连续三届承办起全国企业家共建和谐社会论坛。大洲公司的中华文化管理模式很快在全国范围内传播开来，每月都会有外来的单位和个人到大洲来学习，少则20人、多则50人。

刘克成用自身的努力一点一滴地回报社会、助人为乐，日复一日、年复一年，回首过往，我们看到一个胸怀社会、善及天下的大爱总裁！

（资料来源：青岛文明网［EB/OL］. http://qd. wenming. cn/ddmf/201401/t20140105_968030. html. ）

▶ 案例使用说明

一、教学目的与用途

1.适用课程：管理学原理、中国管理学原理。

2.使用对象：本案例主要适用于 MBA 或全日制工商管理类研究生教学。

3.教学目的：本案例通过阐述青岛大洲是如何将中国传统文化——《弟子规》融入企业经营管理中，揭示中国传统文化在青岛大洲管理过程中的作用，培养学生运用中国管理思想分析企业管理之道的思维，达到提高运用中国管理原理开展实践管理能力的目的：

（1）了解《弟子规》传递的孝文化的基本内涵；

（2）掌握孝文化在企业经营管理过程中的运用；

（3）思考如何将"孝文化"思想运用到中国的大多数企业中，以解决企业制度人性化程度低、企业效率低下的问题。

二、启发思考题

1.青岛大洲公司为什么要学习和推广"孝文化"？学习和推广"孝文化"的作用有哪些？

2.刘克成提倡的"孝文化"的基本内涵是什么？包括哪些内容？

3.在企业经营管理过程中，"孝文化"的作用主要体现在哪些方面？请结合案例分析。

4.青岛大洲通过"孝文化"增进社会和谐感有哪些举措？取得了什么效果？请结合案例分析。

5.在学习和推广"孝文化"过程中，为保证其效果，企业应当重点关注哪几方面？

6.结合实际情况，简要分析青岛大洲提倡的"孝文化"对当代企业的启示。

三、分析思路

本案例首先从介绍公司领导者刘克成学习"孝文化"的背景和原因入手，分析"孝文化"如何提升个人幸福感，使学生理解"孝文化"学习对改变个人心智模式的作用显著；然后分别从入则孝、出则悌、泛爱众三个方面深入探讨如何运用"孝文化"解决经营管理问题，充分理解和掌握"孝文化"在企业管理中的作用方式和内涵；最后，通过探讨在社会公关方面，"孝文化"传播对于提升企业形象的作用，以及青岛大洲提倡的"孝文化"对当代企业的启示，寻找提升企业凝聚力、传播企业形象的措施。案例分析思路如图1所示。

四、理论依据与分析

根据上述案例分析思路，结合启发思考题中有关问题，在此总结本案例的理论依据并分析案例主要内容，仅供参考。

【理论依据】

1.企业文化

企业文化是指企业在发展中逐步形成的一种为全体员工所认同并遵守的、带有本组织特点的使命、愿景、宗旨、精神、价值观和经营理念，以及这些理念在生产经营实践、管理制度、员工行为方式与企业对外形象体现的总和。

2.孝文化

孝文化是在中国传统宗法等级制度和群体本位价值导向的背景下形成的，其实质可以看成是一种家庭式的感恩文化。无论"孝"的形式如何发生变化，其"家庭式感恩"的本质

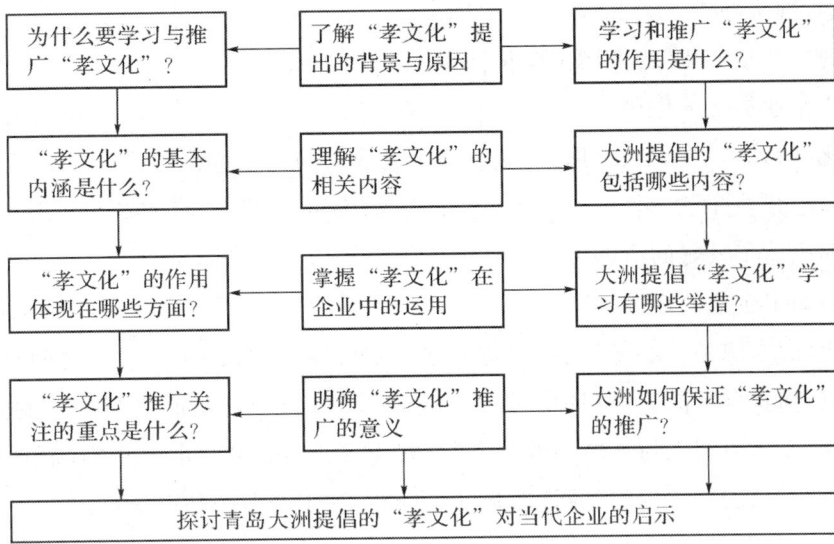

图1 案例分析思路

对中国社会和民众意识都有着根深蒂固的影响。现代孝文化摒弃了孝意识演延产生的极端思想，通过教育和社会舆论的方式，在符合当前中国社会群体本位价值观的基础上，回归"孝"本源的"养亲""敬亲"的基本道德范畴，构建人与人之间良性的情感关系体系，形成了中国文化特有的价值。

3. 入则孝

父母呼唤，应及时回答，不要慢吞吞地很久才应答。父母有事交代，要立刻动身去做，不可拖延或推辞偷懒。父母教导我们做人处事的道理，是为了我们好，应该恭敬地聆听。做错了事，父母责备教诫时，应当虚心接受，不可强词夺理，使父母亲生气、伤心。

4. 出则悌

出则悌，说的是家中兄弟相处之道，以及和长辈在一起的规矩。在这些规范中，训练小孩谦恭有礼，懂得尊重别人，自然容易融入团体，为大家所接纳。当哥哥姐姐的要能友爱弟妹，做弟妹的应做到恭敬兄姐，这样兄弟姐妹就能和睦而减少冲突，父母心中就快乐。在这和睦当中就存在孝道。

【案例分析】

1. 青岛大洲公司为什么要学习和推广"孝文化"？学习和推广"孝文化"的作用有哪些？

2003年，刘克成开始参加中华传统文化的学习，开始接受古圣先贤的教诲和《弟子规》带来的启迪。她认识到，道德缺失是当今社会的一大问题，而企业经营不善关键是思想不善，"缺德"是造成企业经营危机甚至关门倒闭的深层次原因（像"毒奶粉、瘦肉精"这类事例不胜枚举）。她认为，"补德"才是企业和谐健康发展的根本之策。因此，她开始通过不断学习《弟子规》等中国传统文化，汲取传统文化精髓，提升个人幸福感，进而将这种孝文化精髓运用到企业管理实践中。

学习和推广"孝文化"的作用主要包括以下三个方面：

（1）教化企业员工的作用

"孝文化"的元素"爱、敬、感恩、忠诚、责任"已成为国人道德素质的重要组成部分，弘扬孝文化，可以增强员工的"爱、敬、感恩、忠诚、责任"等价值观意识，有利于培养员工良好的道德素养，形成员工良好的道德观。

（2）和谐稳定企业的作用

"孝文化"的本源是"爱、敬"，弘扬"孝文化"，既有利于在企业内员工之间形成相互关心、相互敬重、和睦友好的氛围、融洽的人际关系，又有利于企业形成"仁爱"的企业文化，"仁爱"的企业文化强调人与人之间的友爱，有利于企业的和谐稳定。此外，企业弘扬"孝文化"有利于企业形成"以人为本"的管理制度，进而有利于企业的和谐稳定。

（3）凝聚企业人心的作用

"孝文化"是一种感恩文化，弘扬"孝文化"，有利于员工"感恩"于企业，凝聚员工的人心，使员工以企业为家，把企业的利益与个人利益结合起来，爱岗敬业，一心一意为企业谋发展。另外，"孝文化"强调忠诚，弘扬"孝文化"，有利于培养员工的忠诚度，提高员工的凝聚力、归属感，有利于员工队伍的稳定。

2. 刘克成提倡的"孝文化"的基本内涵是什么？包括哪些内容？

"孝文化"的基本思想是事亲、敬亲，但在历史的演进中，"孝文化"进一步演化为对君主、对国家的忠心，对社会的责任，"小孝事亲，大孝事国"成为孝文化的内涵。

"孝文化"主要包括以下几部分内容：

（1）爱。传统孝文化的本质"养亲、敬亲"的价值基础是"爱"，爱是整个孝文化的基础，已根植于中国人的心中，并随着历史的演进，孝文化的"爱"已从爱父母，沿袭到爱长辈、爱亲人、爱周围的人。在当代，"爱"仍具有强大生命力，是当代孝文化的基本内涵。

（2）敬。敬与爱一样，都是传统孝文化的基础，也是"孝"的本源。随着历史的演进，孝文化的"敬"，已从敬长辈发展到敬亲人、敬周围的人。"敬"作为"孝"的本源，也是新型孝文化的基础，只是新型孝文化的"敬"剔除了传统孝文化的不平等，是建立在平等基础上的"敬"。

（3）感恩。孝文化的本源"爱、敬"观念是出于对父母"生养之恩"的回报，其精神实质是感恩，孝文化产生于感恩的精神之上，是一种感恩文化，并随着历史的演进，这种感恩文化，已从对长辈的感恩，发展到对有恩的人的感恩。在当代，这种感恩文化仍然十分可贵，也是孝文化需要弘扬的精神，因而也是新型孝文化的"元素"。

（4）忠诚。忠诚是在孝的基本价值观基础上演延出来的，是传统孝文化的内涵之一，但"忠"的思想在历史的演进过程中被极端化，而成为"愚忠"。在新型孝文化中，要把包含在

"忠"中的极端思想摒弃掉，新型孝文化的"忠诚"是建立在平等、自由、共享、民主基础上的"忠诚"，并把对父母的忠诚扩展到对周围人的忠诚。

（5）责任。传统孝文化的本源"爱、敬"体现的就是对父母的一种责任，责任意识是传统孝文化的内涵之一，并在历史的演进中，责任意识已从对家的责任，逐步深化为对家族的责任、对社会的责任、对国家的责任。责任意识是传统孝文化的基本价值观，在当代，这种责任意识与时代相适应，因而新型孝文化需要传承责任意识。

3. 在企业经营管理过程中，"孝文化"的作用主要体现在哪些方面？请结合案例分析。

青岛大洲在企业经营管理过程中，主要通过三个方面体现"孝文化"的作用：

（1）入则孝，青岛大洲在贯彻"孝"文化时主要关注以下几个方面：第一，为新员工开设了为期一周的亲情文化教育课程，并安排专门教师为他们讲解和辅导；第二，结合学习德育故事、播放孝亲的电影光碟、收看感动中国人物事迹短片、学唱孝亲歌曲等，进行亲情感恩教育，培训考评合格后方能上岗；第三，邀请社会专家和老师开展亲情文化讲座和培训，使员工受到一次次的心灵洗礼和涤荡。

（2）出则悌，关爱员工的成长，维护员工合法权益，打造和谐企业。作为大家庭的"家长"，刘克成"慈而宽"。她不再把员工看作自己的下属和企业的劳动力，而是把他们看成自己的孩子、自己的兄弟姐妹。

（3）泛爱众，青岛大洲通过传统文化培育了员工的大爱之心，关爱他人、回报社会、无私奉献的精神处处体现。公司工会配合生产多次组织"爱大洲、爱岗位"劳动竞赛，激发员工们努力工作回报社会的积极性。

4. 青岛大洲通过"孝文化"增进社会和谐感有哪些举措？取得了什么效果？请结合案例分析。

青岛大洲通过孝文化增进社会和谐感主要有以下举措，并取得一定的效果：

（1）承办三届"弘扬中华文化，构建和谐社会"企业家论坛，来自全国各地的企业家和各界人士累计 3000 余人次参加盛会，取得了良好的社会效果。

（2）在公司设立了传统文化学习室，开办了"学习践行《弟子规》幸福人生讲座"，免费为省内外有心学习中华优秀文化的各类人员提供学习机会。附近的一些企业家甚至一些热心学习传统文化的居民，只要愿意学，大洲就吸收他们参加。

（3）公司连续举办了两届全国大学生传统文化培训班，通过学习、习劳、力行活动使他们深受教益，不少家长打来电话，对公司举办这样的活动表示感谢。

（4）为员工及周边社区的居民的子女开办了小学生传统文化夏令营，让孩子们从小就扎下孝亲敬老、尊师好学的根基。通过学习，孩子们都进步了、懂事了，学会了自己整理内务，饭后自己刷碗，整理教室卫生，特别是增长了孝心。

（5）同青岛监狱结成共建单位，并举行赠书仪式，让中华传统文化走进高墙，使服刑人员通过学习能够洗心革面、重新做人,早日回归社会。

大洲这种用实际行动为构建和谐社会而努力的举动得到了社会的认可。近年来,公司奉行"外树形象,内强素质"的企业精神,恪守"企业生存靠管理,企业发展靠创新,企业效益靠理念"的企业宗旨,使公司先后荣获全国妇联"巾帼文明岗""出口产品信得过 A 类企业""巾帼新民学校""诚信企业"等称号。

5. 在学习和推广"孝文化"过程中,为保证其效果,企业应当重点关注哪几方面?

企业在学习和推广"孝文化"过程中,应当重点关注以下几个方面:

(1)在价值层面上,企业突出培养员工的"爱、敬、感恩、忠诚、责任"等"孝文化"的价值内涵,在企业内通过弘扬"孝文化"的"爱、敬、感恩、忠诚、责任"的价值观,在员工、企业、客户、社会之间形成良好的关系,让"孝文化"的这些价值观深入员工之间、员工与企业之间、员工与客户之间、员工与社会之间以及企业与社会之间。通过"孝文化"价值观的提倡,企业让"孝文化"渗入每个员工的内心深处,成为员工的共同信仰,进而成为员工的行为规范和行为准则,从而形成"仁爱"的企业文化,这样一方面提升了员工的道德素养,另一方面在企业内外构建了和谐的关系。

(2)在制度层面上,将人性化的管理制度化,形成企业"以人为本"的管理制度,在制度的制定和实施中,要重视员工的需要,鼓励以员工为主,突出培养员工,以员工为中心,围绕激发和调动员工的主动性、积极性和创造性展开工作,以实现员工与企业共同发展。同时,将孝道通过制度化引入企业中,建立尊老、敬老、爱老和守孝道的制度,通过制度来保证员工尽孝道。

(3)在行为层面上,将孝行为引入企业中,在企业内提倡尊老爱幼,上级关心下级,高层关心基层。比如:企业不定期地问候员工的父母;在重要日子以公司名义给员工父母寄去一份礼物;在员工困难时,企业与员工共渡难关;引导员工尽孝道,帮助员工解决后顾之忧;等等。通过将孝行为引入企业中,形成员工之间、上下级之间相互尊重、和睦的良好氛围。另外,企业内提倡民主协商,员工之间、上下级之间建立起灵活的沟通渠道,通过灵活多样的协商、沟通来处理不同个人、不同部门之间的利益分歧。

(4)在环境层面上,企业要营造家庭式的工作环境。企业的各种文化设施、活动充分融入家庭元素,使员工对企业有家的感觉,到企业工作有种回家的感觉,激发员工的忠诚度、归属感。

6. 结合实际情况,简要分析青岛大洲提倡的"孝文化"对当代企业的启示。

弘扬"孝文化",使"孝文化"的功能在企业中得以充分发挥,促进企业发展。"孝文化"作为一种文化,与其他文化相似,会通过文化的渗透来影响企业,具体说,"孝文化"可通过三种途径影响企业:

(1)"孝文化"通过提高员工道德素养来影响企业

"孝文化"具有教化员工的功能，弘扬"孝文化"，让"孝文化"的价值观深入员工的价值体系，既能增强员工对企业的忠诚度和凝聚力，使员工以企业为家，促进企业发展；又能增强员工对企业的责任感，培养员工爱岗敬业的精神和提高员工的职业道德，从而促进企业发展；还能促进员工之间融洽和谐的人际关系的形成，进而促进企业发展。

(2)"孝文化"通过形成"仁爱"的企业文化来影响企业

"孝文化"最本质的元素就是"爱、敬"，弘扬"孝文化"会增强员工之间的友爱、关怀和相互敬重，形成和谐的人际关系，进而形成"仁爱"的企业文化。现代企业管理关键是对人的管理，"仁爱"的企业文化不仅会进一步形成员工之间和谐的人际关系，而且有利于形成员工的凝聚力、向心力和归属感，必然促进企业发展。

(3)"孝文化"通过形成"人本"的企业制度来影响企业

"孝文化"包含着"以人为本"的价值导向，弘扬"孝文化"，有利于企业采取人性化管理，进而形成"人本"的企业制度。"人本"的企业制度，既有利于形成和谐的人际关系，又有利于增强员工的积极性、主动性和创造性，还有利于员工队伍的稳定，从而有利于企业发展。

当然，上述的三条途径也是相互影响的。以"孝文化"作为价值观的道德素养的提高，必然有利于形成"仁爱"的企业文化和"人本"的企业制度。同时，"人本"的企业制度和"仁爱"的企业文化也有利于增强员工的道德素养。此外，"仁爱"的企业文化与"人本"的企业制度也是相互影响、相互促进。

综上所述，"孝文化"对企业的影响途径如图2所示。

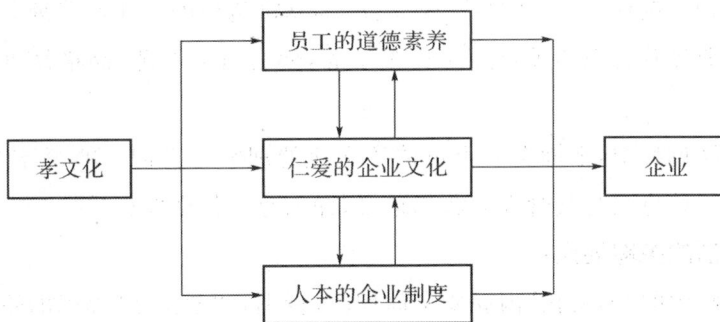

图2 "孝文化"对企业的影响途径

五、背景信息

在人仁管理咨询有限公司康国泰教授的支持下，由青岛大洲公司为主承办的中华传统文化与精益管理的融通培训课程于2010年12月下旬在青岛成功举办，100多位企业家参加，30多家企业受益。大家共同学习了精益管理的基本概念，如何识别身边存在的八大浪费,巡回检查,并现场解决。学会了暴露问题、发现问题、及时处理的工作方式,明白了员工是企业的衣食父母、管理者,要感恩员工,居高临下的心态要改变。还学会了如何将中华传统文化与国际最新的企业管理知识即"道与术"有机结合,明白了"天人合一,道法自然"这一宝贵的运行法则,学会了在企业中如何力行"节约、环保,以人为本,物尽其用"的管理方式。青岛大洲在培训时邀请专家常驻公司做精益管理的顾问,工作重点和方向主要有以下几方面:

(1)导入精益管理,提升公司运营管理水平;

(2)开始自主品牌的研发及销售,改善公司经营业绩;

(3)提高员工的稳定性;

(4)加强员工培训,建立学习型企业。

精益管理导入企业,是中华优秀传统文化智慧的结晶。通过贯彻质量全员参与意识,通过推行目视化与看板管理,通过公司领导及部门主管、车间主任坚持不懈地每天巡视现场,企业能及时发现问题并当场解决,于是生产流程顺畅了,物资管理手续简化了,库存占用减少了。短短的一个多月,生产车间现场有了明显改善,半成品的积压由 60% 降为 40%;在加工不良品率方面,由 9% 降为 7%;生产效率方面,人均日产量从 26 件提高到了 35 件,效率提升了 35%。

六、关键要点

(一)分析内容的关键要点

1. 在企业的管理过程中,如何将以"孝文化"为基础构建的企业经营理念与企业很好地融合是关键。企业经营管理的重点在于员工培养,使之行为规范、品格修养等与企业经营理念相契合。

2. 在企业发展过程中,把握企业家对传统文化的理解与贯彻。即领导人通过对"孝文化"的理解与感悟,并将之与其管理方法相结合,深入每一位企业员工。

(二)分析方法的关键要点

1. 对《弟子规》中的"孝文化"内涵要全面理解,特别是"孝文化"提倡的不仅是对父母孝顺,还包括对家人的亲情,对社会的"仁爱"之心等。

2. 中国管理原理或思想大都只是笼统地体现在中国的传统文化中,如儒家、道家、法家等,缺乏理论体系,因此在运用中国管理思想指导企业管理实践时,要善于汲取中国传统文化的精髓,并将其整合为系统的管理理念,以便指导实践。

七、建议课堂计划

本案例可以作为专门的案例讨论课来进行,通过采取小组讨论的方式分析本案例,以完成本案例的教学目标。以下是按照教学课程时间、课堂讲授思路以及板书建议提供的课堂计划建议,仅供参考。

1. 教学课程时间

整个案例讨论课的课程时间控制在两个课时(每个课时 45 分钟)。

2. 课堂讲授思路

(1)课前教学准备

根据课程教学班级学生的专业结构和知识背景,对课程教学班级进行分组,每组人数控制在 6~8 人,要求各小组成员做好分工与合作,教师可考虑提出案例思考题,请参与者在课前完成阅读和初步思考。

(2)课中讨论阶段

首先,简要的课堂前言,明确课堂教学主题(3~5 分钟),主要介绍案例大致背景(传统文化对企业管理的影响、企业文化等)、案例大致内容(本案例主要介绍的企业发展历史、企业文化的内涵等,可参照摘要部分适当拓展)、案例涉及问题(即阅读本案例需要思考的问题,使学生带着问题去阅读案例)等内容。

其次,开展分组讨论(60 分钟),根据课堂教学的学生容量进行合理分组。先各小组展开组内讨论,即给予各小组一定的自由讨论时间,让小组成员对案例存在的问题进行分析,并针对问题提出解决思路和方法,整合小组总体看法。然后,小组间讨论,各小组选取一名代表,代表本小组简明扼要地阐述本小组对案例的分析和对问题的解决思路,还可以将问题中一些较难的问题或者值得深入研究的内容提出来,以供全体学生作进一步探讨、交流和完善。

最后,进行归纳总结(10~15 分钟),在学生案例讨论或思路分享结束后进行,教师应该就各小组分析问题的思路和解决问题的方案进行总结。结束总结语:首先,应该是对各小组的结果进行点评,提出结果存在的优缺点;其次,要提出自身对案例的看法,进一步引导学生的思路,以供借鉴;最后,提出一些课堂上未能解决的问题,供学生课后继续思考,留待进一步探讨。

3. 板书建议

在课堂教学过程中,建议采用图画式板书与提纲式板书相结合的授课方式。图画式板书直观、生动、形象,事物的内在关联显现得淋漓尽致,能有效地激发参与者的学习兴趣,促进抽象思维能力的发展;提纲式板书字句简洁,条理清楚,重点突出,教学思路清晰。

八、参考文献

[1]苏东水,彭贺. 中国管理学[M]. 上海:复旦大学出版社,2006.

[2]吴照云. 中国管理思想史[M]. 北京:高等教育出版社,2010.

[3]胡海波.中国管理学原理［M］.北京:经济管理出版社,2013.

[4]高昌礼,任登第,胡小林,等.圣贤教育 创企育人[M].北京:世界知识出版社,2011.

九、附 录

《弟子规》全文及解读(节选)

【总叙】

弟子规 圣人训 首孝悌 次谨信 泛爱众 而亲仁 有余力 则学文

【总叙】解读:

弟子规这本书,是依据至圣先师孔子的教诲而编成的生活规范。首先在日常生活中,要做到孝顺父母,友爱兄弟姊妹。其次在一切日常生活言语行为中要小心谨慎,要讲信用。和大众相处时要平等博爱,并且亲近有仁德的人,向他们学习。这些都是很重要的、非做不可的事。如果做了之后,还有多余的时间精力,就应该好好地学习六艺等其他有益的学问。

【入则孝】

父母呼	应勿缓	父母命	行勿懒	父母教	须敬听	父母责	须顺承
冬则温	夏则凊	晨则省	昏则定	出必告	反必面	居有常	业无变
事虽小	勿擅为	苟擅为	子道亏	物虽小	勿私藏	苟私藏	亲心伤
亲所好	力为具	亲所恶	谨为去	身有伤	贻亲忧	德有伤	贻亲羞
亲爱我	孝何难	亲憎我	孝方贤	亲有过	谏使更	怡吾色	柔吾声
谏不入	悦复谏	号泣随	挞无怨	亲有疾	药先尝	昼夜侍	不离床
丧三年	常悲咽	居处变	酒肉绝	丧尽礼	祭尽诚	事死者	如事生

【入则孝】解读:

父母呼唤,应及时回答,不要慢吞吞地很久才应答。父母有事交代,要立刻动身去做,不可拖延或推辞偷懒。父母教导我们做人处事的道理,是为了我们好,应该恭敬地聆听。做错了事,父母责备教诫时,应当虚心接受,不可强词夺理,使父母亲生气、伤心。侍奉父母要用心体贴,二十四孝的黄香(九岁),为了让父亲安心睡眠,夏天睡前会帮父亲把床铺扇凉,冬天寒冷时会为父亲温暖被窝,实在值得我们学习。早晨起床之后,应该先探望父母,并向父母请安问好。下午回家之后,要将今天在外的情形告诉父母,向父母报平安,使老人家放心。外出离家时,须告诉父母要到哪里去,回家后还要当面禀报父母回来了,让父母安心。平时起居作息,要保持正常有规律,做事有常规,不要任意改变,以免父母忧虑。纵然是小事,也不要任性,擅自做主,而不向父母禀告。如果任性而为,容易出错,就有损为人子女的本分,因此让父母担心是不孝的行为。公物虽小,也不可以私自收藏,占为己有。如果私藏,品德就有缺失,父母知道了一定很伤心。父母所喜好的东西,应该尽力去准备,父母所厌恶的事物，要小心谨慎地去除(包括自己的坏习惯)。要爱护自己的身体，不要使身体轻易受到伤害，让父母忧虑。曾子曰："身体发肤受之父母，不敢毁伤。"要注重自己的品德修养，不可以做出伤风败德的事，使父母蒙受耻辱。

当父母喜爱我们的时候，孝顺是很容易的事；当父母不喜欢我们或者管教过于严厉的时候，我们一样孝顺，而且还能够自己反省检点，体会父母的心意，努力改过并且做得更好，这种孝顺的行为最是难能可贵。父母有过错的时候，应小心劝导改过向善，劝导时态度要诚恳，声音必须柔和，并且和颜悦色。如果父母不听规劝，要耐心等待，一有适当时机，例如父母情绪好转或是高兴的时候，再继续劝导；如果父母仍然不接受，甚至生气，此时我们虽难过得痛哭流涕，也要恳求父母改过，纵然遭遇到责打，也无怨无悔，以免陷父母于不义，使父母一错再错，铸成大错。父母有了病痛，侍奉汤药，冷热苦甘要亲自尝过；早晚照顾，不离父母身边。父母去世守丧三年，心存哀苦，居家作息有所改变，酒肉美食暂时不去享用。守丧完毕，逢年过节祭祀要竭尽诚意；对死去的父母，要如生前一样尽孝。

【信】

凡出言	信为先	诈与妄	奚可焉	话说多	不如少	惟其是	勿佞巧
奸巧语	秽污词	市井气	切戒之	见未真	勿轻言	知未的	勿轻传
事非宜	勿轻诺	苟轻诺	进退错	凡道字	重且舒	勿急疾	勿模糊
彼说长	此说短	不关己	莫闲管	见人善	即思齐	纵去远	以渐跻
见人恶	即内省	有则改	无加警	唯德学	唯才艺	不如人	当自砺
若衣服	若饮食	不如人	勿生戚	闻过怒	闻誉乐	损友来	益友却
闻誉恐	闻过欣	直谅士	渐相亲	无心非	名为错	有心非	名为恶

【信】解读：

凡是开口说话，首先要讲究信用，欺诈不实的言语在社会上可以永远行得通吗？话说得多不如说得少，凡事实实在在，不要讲些不合实际的花言巧语。另外，奸邪巧辩的言语、肮脏不雅的词句及无赖之徒通俗的口气，都要切实戒除掉。还未看到事情的真相前，不轻易发表意见；对于事情了解得不够清楚，不轻易传播出去。觉得事情不恰当，不要轻易答应，如果轻易答应就会使自己进退两难。谈吐说话要稳重而且舒畅，不要说得太快太急，或者说得字句模糊不清，让人听得不清楚或会错意。遇到别人谈论他人的是非好坏时，如果与己无关就不要多管闲事。

看见他人的优点行为，心中就升起向他看齐的好念头，虽然目前还差得很远，只要肯努力就能渐渐赶上。不论大善或小善，都要有思齐的信心和励行的勇气，小善切忌轻视不做，而行大善的机会来了也要及时把握，尽心尽力为之。看见他人犯了罪恶的时候，心里先反省自己，如果也犯同样的过错，就立刻改掉，如果没有就更加警觉不犯同样的过错。当道德学问和才艺不如他人时,应该自我督促努力赶上,至于穿的衣服和吃的饮食不如他人时,可以不用担心、郁闷。听见别人说我的过错就生气,称赞我就高兴,这样,不好的朋友就会越来越多,真诚有益的朋友就不敢和我们在一起。如果听到别人称赞我先自我反省,生怕自己没有这些优点,只是徒有虚名;当听到别人批评我的过错时,心里却欣然接受,那么正直诚实的人就喜欢和我们亲近。不是有心故意做错的,称为过错;若是明知故犯的,便是罪恶。不小心犯了过错,能勇于改正就会越改越少,渐归于无过;如果故意掩盖过错,那反而又增加一项掩饰的罪过了。

【泛爱众】

凡是人	皆须爱	天同覆	地同载	行高者	名自高	人所重	非貌高
才大者	望自大	人所服	非言大	己有能	勿自私	人所能	勿轻訾
勿谄富	勿骄贫	勿厌故	勿喜新	人不闲	勿事搅	人不安	勿话扰
人有短	切莫揭	人有私	切莫说	道人善	即是善	人知之	愈思勉
扬人恶	即是恶	疾之甚	祸且作	善相劝	德皆建	过不规	道两亏
凡取与	贵分晓	与宜多	取宜少	将加人	先问己	己不欲	即速已
恩欲报	怨欲忘	报怨短	报恩长	待婢仆	身贵端	虽贵端	慈而宽
势服人	心不然	理服人	方无言				

【泛爱众】解读:

对于大众有关怀爱护的心,如同苍天与大地,绝对没有私心,不论好人、坏人、聪明、愚笨、宝贵、贫贱、种族、国界,都一样给予保护和承载,纯是一片仁慈之心,不为名利,毫无虚假。正是"天同覆,地同载"的大同境界。泛爱众的人,他心中有人我一体的观念,所以肯放下滔滔私心,关怀大众,我们若处处学着仁厚待人,在德行上改过修养,守住人的品格,并深入学习各项才艺,相信也能做出一番造福大众的事业。品行高尚的人,名声自然高,人们所敬重的是德行,并不论外貌是否出众;才能大的人声望自然大,人们所信服的是真才,并不是只会发表言论。自己有能力做的事情,不要自私保守;看到别人有才华,应该多加赞美肯定,不要因为嫉妒而贬低别人。对富有的人态度不谄媚求荣;对贫穷的人不表现出骄傲自大的样子。不厌恶不嫌弃亲戚老友,也不一味喜爱新人新朋友。至圣先师孔子教导我们,贫穷的人除了不谄媚迎合外,能够在道德上自得其乐更好;富有的人不但要不以骄傲的心态妨碍他人,更要爱好礼节,恭敬大众。贫和富只是生活方式不同而已,都要学习礼节,充实各项才能,发挥人我一体的仁心,才能营造一个"贫而乐,富而好礼"的幸福社会。

他人有事,忙得没有空暇,就不要找事搅乱他;对方身心很不安定,我们就不要用闲言碎语干扰他。别人的短处绝对不要揭露出来,别人有秘密不想让人知道,我们就不要说出来。赞美别人的善行,就等于是自己行善,因为对方知道了就会更加勉励行善;宣扬别人的过恶，就等于自己作恶，如果过分地憎恶就会招来灾祸。行善能相互劝勉，彼此都能建立良好的德行；有了过错而不相互规劝，双方都会在品行上留下缺陷。和人有财物上的往来，应当分辨清楚不可含糊。或者，财物给予他人应该慷慨多布施；取用别人的财物就应少取一些；有事要托人做或有话要和人说，先问一问自己是不是喜欢，如果自己不喜欢就应立刻停止。

他人对我有恩惠，应时时想着回报他；不小心和人结了怨仇，应恳求他人谅解，及早忘掉仇恨。报怨之心停留的时间越短越好，但是报答恩情的心意却要长存不忘。对待家中的侍婢和仆人，本身行为要注重端正庄重，不可轻浮随便；若能进一步做到仁慈、宽厚，那就更完美了。权势可以使人服从，他们虽然表面上不敢反抗，心中却不以为然。唯有以道理感化对方，才能让人心悦诚服而没有怨言。

虽然现在也很少有人用婢仆，但是上下尊卑的关系仍然处处可见，让我们一起来学习仁德君子的泛爱众，多为大众着想，共同营造一个相互关怀、相互体谅的温馨社会。

（资料来源：老泉.品读《弟子规》感悟职业人生[M].北京:中国言实出版社,2013.）

中国平安："儒"风化雨 润平安 *

▷ 案例推荐辞

　　树无根不活，企业无文化不立。作为一家有先进思想、有文化内涵、有旺盛生命力的企业，中国平安继承了中国优秀的传统文化，以儒家思想中的"仁、义、礼、智、信、廉"作为平安人的道德规范和行为准绳。在这个阶段，中国平安营造了"仁爱存心、信守承诺、和谐共处、相互尊重、礼仪先行"的内部人文环境，其核心就是"依仁处世，讲求道德操守"。这是中国平安文化的精神品格。中国平安不单单将西方的技术、经验作为发展公司的"器""用"，还将其总结、升华，归纳出"道""体"，并一起植入中国平安文化的魂魄中，将西方讲原则、讲纪律、讲制度的理性精神和中国传统文化的人本精神相互结合。

　　中国平安在员工中倡导保险"以人为本"的理念，即贴近百姓、服务社会、注重客户利益，增强与社会的亲和力。同时，相对于正式的公文、通知、命令，晨会是一个柔性的沟通平台，将中国平安的价值观、文化用春风化雨、润物细无声的方式融入平安人的 DNA。此外，中国平安的教育培训费用远远高于国际保险公司的平均水平，它还推广"人员发展计划"，实施员工职业生涯开发管理的系统工作。

　　中国平安这种优秀的企业文化，通过"组织内影响"和"对外辐射"两种途径发挥作用。在内，能形成强大的凝聚力、向心力和执行力；在外，则能塑造组织与别家企业的巨大差异优势，为公司品牌提供附加值，增加品牌美誉度，进而助推公司业绩，在竞争中达到"以柔克刚""春风化雨"式的制胜目的。

　　同时，中国平安创建企业文化的过程给保险行业企业文化建设提供了借鉴：创建以儒家思想为基石的企业文化首先要注意对儒家思想的理解和吸收。文化，正如黑格尔所言：

---

* 本案例由江西财经大学工商管理学院胡海波博士与研究生陈果根据公开信息资料，并结合实际调研撰写而成。未经允许，本案例的所有部分都不能以任何方式与手段擅自复制或传播。由于企业保密的要求，在本案例中对有关名称、数据等做了必要的掩饰性处理。本案例只供课堂讨论之用，并无意暗示或说明某种管理行为是否有效。

"不是一块不动的石头,而是生命洋溢的一道洪流,离开它的源头越远,它就膨胀得越大。"科学地借鉴、继承儒家管理思想,使中国特色的企业文化植根于民族文化的沃土之中,对儒家传统思想进行辩证分析和科学扬弃,去其糟粕,取其精华,使企业文化与儒家思想共生互动,建设具有中国特色的现代企业文化是中国平安的始终追求。

▶ 案例正文

摘要:本案例选取保险行业的领跑者——中国平安保险(集团)股份有限公司(以下简称"中国平安")作为研究主体,从中国平安所倡导的儒家思想"仁、义、礼、智、信、廉"六个方面全方位、多角度地描述中国平安如何将中国传统优秀文化应用到现代化的管理中。

关键词:中国平安;儒家思想;"仁、义、礼、智、信、廉";案例分析

0 引言

在深圳中国平安保险(集团)股份有限公司大厦六楼的培训中心大厅中,伫立着两尊雕塑——孔子及爱因斯坦,这个大厅被中国平安人称为"真理大厅"。[①]

在中国平安人眼里,孔子不仅仅代表着儒家文化,而且代表着中国优秀传统文化的精粹,代表着"仁、义、礼、智、信、廉"背后的人文精神,是中国平安企业文化的精神品格。爱因斯坦所代表的不仅仅是相对论,而是西方文明的科学思想和理性精神,代表着保险业赖以生存的"大数法则",代表着一个现代商业企业的规范运作模式和经营理念,是中国平安企业文化的物化准则。[②]

中国平安这种中西合璧的企业文化,将中国传统文化中所蕴含的"仁、义、礼、智、信、廉"的人文精神内化为企业生存的价值追求、思想烙印,融入中国平安人的血液中,向更深处延伸;同时将西方文化彰显的科学精神与理性思维外化为中国平安果敢的行动力、创造力,向更广处探索。中国平安的企业文化是以儒家的"仁、义、礼、智、信、廉"为根基的,并以此基础形成了中西合璧的企业文化。[③]

中国平安汲取了可以融入现代商业伦理的价值精髓:立德以仁,成仁取义,义守达礼,

---

① 最初坐落于 1996 年建成的深圳八卦岭平安总部大厦的六楼培训中心大厅.

② 赵守兵.平安保险传奇:中国平安成长路径解密[M].深圳:海天出版社,2007.

③ 常涛,张德.跳出激励单行线——浅谈中国平安保险公司企业文化建设[J].中国人力资源开发,2002(11):38—39.

尚礼成智，智者有信，信而清廉，从而形成了中国平安企业文化的精神归依和行动指南。马明哲指出："一个几万人的工作集体，如果没有超越的价值追求，没有道德的自觉和文化的制约，管理制度纵然严密，这几万人也终是乌合之众。"企业文化对中国平安的成功有着不可磨灭的功劳。

1 中国平安之"仁"：以人为本、友好和睦

"仁"，是仁爱、友善、关心、自律，强调人通过学习、修行、教化，由内而生的一种历史的使命感，追求理想、胸怀抱负、勇于献身的道德情操。董事长马明哲对仁的解读，不仅表现在虚心接受别人的建议上，还会落实到实际行动中。

1.1 孔子和爱因斯坦

据说，1996年设立雕塑时，最初选择的两个历史人物是孔子和牛顿，并且是由马明哲亲自选定的。孔子是儒学和儒家精神的代表性人物，因此代表着中国古代文化和中华民族传统精神，牛顿代表着西方先进文明。

1994年，中国平安导入CIS(企业形象识别系统)，把寻找根基、继承中华优秀文化作为一项系统工程。马明哲开始着手编写《中国平安新语》，《中国平安新语》围绕社会公德、职业道德和家庭美德三个方面，选编儒学中最精辟的警言妙句，在全公司倡导、推行。后来，公司又编撰了《每日新语》，按"崇德、修养、尚节、述志、慎行、勉学、待人、磨砺、守廉、事理"十章引文释义……①

中国平安保险将儒家精神作为企业文化的精髓，既是马明哲代表的中国平安人对传统精神的认知，更是在中国平安茁壮成长过程中重新阐释的企业文化底蕴。1998年，美国一个记者发表了他的看法："在西方国家，爱因斯坦更能代表西方的现代文明。"②

马明哲很快接受了别人的建议，几天后，"真理大厅"里牛顿的雕像就被换成了爱因斯坦。马明哲这种"海纳百川"的精神，还表现在对外来人才的引进上。

1.2 有容乃大、引进"外脑"

中国平安聘用海外人才始于1995年。开始时，中国平安只是在一些技术类岗位上引进海外人才；现在，中国平安的国际化人才队伍已经开始向后台核心岗位转移。作为率先引入海外人才的国内金融机构，中国平安通过国际人才战略，建立了与国际接轨的管理体系，对中国平安的加速稳健发展发挥了十分重要的作用。在中国平安兼容并蓄、以绩效为导向的文化，以及完善的制度化平台基础上，来自不同文化背景、不同经历的人合作顺畅、

---

① 赵守兵.平安保险传奇:中国平安成长路径解密[M].深圳:海天出版社,2007.
② 常涛,张德.跳出激励单行线——浅谈中国平安保险公司企业文化建设[J].中国人力资源开发,2002(11):38－39.

高效,已形成了强大的国际化人才队伍。如今在中国平安排名前100的高管队伍中,有60余位来自海外,正是这些智囊的加入,给中国平安的持续、健康、快速发展带来了积极的影响。引进什么样的外脑,从哪里去寻找自己急需的人才,以怎样的方式使用人才,中国平安在实践中破解了一个又一个难题。①

1.3 中国平安之道:以人为本

每当员工遇到困难时,中国平安的管理层就会身体力行,为员工排忧解难。比如,在互联网金融事件中,有人喊出了"中国300万营销员将面临失业"的声音。面对这种情况,中国平安董事长马明哲给寿险全体业务同仁们写了一封信——《科技,让我们插上腾飞的翅膀!》②,来消除员工不安的心理。该信从互联网进入保险业势不可挡的现状、保险从业人员的必要性及公司对此采取的措施等三个方面消除了中国平安员工面临失业的耸闻。以下是信的具体内容:

各位中国平安的业务同仁:

大家好!

近来,互联网金融成了街头巷尾的热门话题。特别是"三马网上卖保险"的新闻一出,媒体争相报道,热议互联网是否会彻底颠覆传统的保险营销的话题。有些报道甚至宣称:"中国300万营销员将面临失业。"听说一些业务同仁也在担心。在此,我非常负责任地告诉大家,这是危言耸听。中国平安的业务员只要紧跟公司科技革新的步伐,不仅不会被淘汰,恰恰相反,科技会为你们插上新的腾飞的翅膀!

互联网是人类有史以来最伟大的发明之一,打破了阶层和文化的分隔,突破了时间和地域的限制,是对文明社会传统秩序的一次重构。以互联网为代表的现代科技,给人们的工作、生活,以及整个社会的文化、经济、各行各业带来了巨大的变革,这是大势所趋,不可阻挡,金融行业也不例外。

中国平安的保险业务队伍,不仅是一支全世界最优秀、最具竞争力、客户体验最好的销售精英部队,而且向来勇于面对变革,与时俱进。近八年来,大家在集团和寿险公司的全力支持下,正在逐步向综合金融客户经理转型。综合金融,是一项非常复杂、艰巨的系统性工程。中国平安要实现"一个客户、一个账户、多个产品、一站式服务"的业务模式首先有赖于广大同仁深入、全面地了解客户实际需求,然后才能借助综合金融后台和互联网数据分析技术,为客户提供有针对性、定制化的综合理财方案,并持续提供个性化的售后服务。这些过程中,都需要业务同仁们与客户进行大量的线上和线下沟通。科技,可以帮助我们加强

---

① 赵守兵,刘俊.中国平安保险:企业文化与团队管理[M].深圳:海天出版社,2009.
② 马明哲.马明哲致平安员工的内部信[EB/OL].证券时报网.(2013-12-03).http://yq.stcn.com/2013/1203/10971211.shtml.

联系、节省时间、提高效率,却代替不了我们对客户的用心和责任心。

公司也正在积极转化科技力量,让科技成为咱们这支作战部队的精锐武器,为大家更快、更好地实现转型提供有力、全面的支持。过去几年来,公司投入大量资源,为大家推出了"MIT 移动展业""轻松 E 开""E 售通达"等 E 化工具,帮助大家不断提升产能、提高收入。

即将到来的春节,我们还将推出一个新的拳头科技产品——神奇的"电子钱包"。毫不夸张地说,它将为大家的工作带来颠覆性的巨大帮助。今年过年,我除了通过电视晨会拜年,还会用这个神奇的钱包,将春节利是派给大家,用现代科技的手段,和所有中国平安人分享新年的美好。这里先卖个小关子,希望大家先准备好智能手机,等候通知,让我们一起期待"见证奇迹的时刻"。

各位业务伙伴们,在过去的一段时间里,我和集团及寿险的同事们殚精竭虑,努力带领大家应对新科技的挑战,为大家打通"天、地、人"三网,帮助大家随时随地、轻松自如地接触、了解、服务和经营客户,打造一种全新的营销服务模式,为寿险队伍的长期健康发展注入源源不断的活力。

科技领先,一直是公司为业务前线的同仁们提供强大支持的不懈追求。不容置疑、坚定信心,科技及互联网的发展,一定会让中国平安的业务同仁插上腾飞的翅膀!

中国平安除了给予员工关怀外,还会分配给员工一些具有挑战性的任务,帮助员工不断突破自我。据中国经营网所知,面对互联网金融的崛起,中国平安总部曾给各机构下发了一封关于"壹朋友"的推广目标的邮件,要求各个机构员工在 2014 年 6 月 30 日前需完成最少 50 个/人的推广目标。此外,据多方了解,各地分支机构却"暗中加码",对员工与代理人设定的推广人数底线为 60 个/人、80 个/人、100 个/人不等,更有甚者达 120 个/人。

一份中国平安保险代理人推广文件显示,以西区某城市为例,其分别设定的保底任务数为发展 71100 个"壹朋友",其中总经理室、内勤部门、外勤部门各自需发展 480 个、33900 个、36720 个"壹朋友"。而对应地,其总经理室、内勤部门、外勤部门人数不过 4 人、565 人与 459 人,合共仅 1028 人。那么以此计算,根据集团任务分解到个人需推广的"壹朋友"数分别为:总经理室保底任务为 120 个/人,内勤员工保底任务为 60 个/人,外勤员工保底任务为 80 个/人。

"除了保底任务数,集团还设定了一个'挑战'任务数,总经理室、内勤、外勤队伍需分别推广 600 个、45200 个与 45900 个'壹朋友',合计超 9 万人。若达到挑战任务数,分区人员将会获得奖励。"据一名不愿透露姓名的保险代理人所悉。①

---

① 马明哲"壹钱包"内部强推广奖励机制曝光［EB/OL］. 中国经营网. http://www.cb.com.cn/index.php? a=show&c=index&catid=21&id=1035054&m=content.

2　中国平安之"义"：忠诚使命、奉献社会

"义"，是感恩、忠诚、道义、责任。忠诚于组织，忠于职守，安守为人处事的基本准则在前，利益的目标在后。而只有忠义为先，才可能有长期、持久的利。

中国平安自成立以来，始终把"诚信"作为企业的核心价值理念，把对股东、客户、员工和社会负责，实现其价值最大化作为企业的崇高使命。中国平安从企业人格化的角度，结合中国平安的企业文化内涵和行业特征，构建起中国平安的"企业社会责任模型"，即秉持"厚德载物"之理念，积极承担对股东的勤谨之德，对客户的诚信之德，对员工的涵养之德和对社会的感恩之德。

2.1　对股东之责：勤谨之德

对股东负责即资产增值，稳定回报。中国平安珍惜并善用每一分资本，保持持续稳健的经营发展，构建完善的公司治理结构，不断提升全面风险管理水平，建立专业创造价值的企业经营文化，使企业价值不断增长，使股东获得满意回报，从而获得了股东和投资者的长期信赖与支持。

当中国处于 WTO 谈判过程中，中国平安的管理层敏锐地感到中国保险市场开放只是一个时间问题，如果这个市场开放，原有的经营管理水平无法和国外大保险公司抗衡，必须早做人才上的储备。于是中国平安开始了大规模的引进海外人才，希望通过"洋人才"的加入，使中国平安既拥有国外公司的实战操作经验，又具有本土企业的发展优势，将两者相结合，而这正是国外企业所缺乏的。[①] 截至 2012 年 12 月 31 日，中国平安总资产达 28442.66 亿元，总收入达 2993.72 亿元。

2.2　对客户之责：诚信之德

对客户负责即服务至上，诚信保障。中国平安了解客户需求，运用新科技、新技术，推动金融服务业发展，提供丰富的惠及民生的金融产品，简单、便捷的金融服务体验以及各种增值服务，旨在提升客户满意度。努力为客户提供全方位、专业化、个性化的产品及服务，是中国平安不懈的追求。

截至 2012 年 12 月 31 日，中国平安寿险客户服务满意度达 91.10%，产险客户服务满意度达 93.17%，养老险客户服务满意度达 93.50%，中国平安以 97 分的成绩通过国家级保险服务业标准化试点项目的专家评估，成为国内首家通过试点验收的金融机构，2012年全年，MIT 展业平台的使用件数达 580 多万件，使用率达 95.5%，产生电子保单 79.8 万件，占 2012 年承保总件数的 13%。[②]

---

① 刘俊，孙学军. 中国平安 PK 中国人寿[M]. 深圳：海天出版社，2008.
② 赵守兵，刘俊. 中国平安保险：企业文化与团队管理[M]. 深圳：海天出版社，2009.

2.3 对员工之责:涵养之德

中国平安认为,对员工负责,就是要对其职业生涯进行合理规划,并使其安居乐业。中国平安为员工营造和谐、愉悦的工作氛围,提供合适的薪酬和福利、清晰的职业发展方向和广阔的职业发展空间、专业高效的培训。在综合金融的大背景下,中国平安用专业人才管理应对混业经营挑战,实现员工个人价值增值,实现公司、客户、员工利益共同增长。截至2012年12月31日,员工总数近20万人,中国平安为员工提供的培训运营费达14.96亿元。仅2012一年,支付员工的薪酬总额为216.59亿元。①

2.4 对社会之责:感恩之德

对社会负责即回馈社会,建设国家。中国平安自成立以来,一直怀抱感恩之心反哺社会,以"专注为明天"为公益理念,在环境公益、教育公益、红十字公益、社群公益方面持续投入,总投入已累计超过3亿元。

在环境公益方面,中国平安关注绿色明天,持续深入地将100条低碳举措贯穿到日常运营、业务开发及社会公益三大方面中,创建绿公司、推动绿金融、参与绿公益、稳健发展绿色综合金融。截至2012年12月31日,在展业服务、电子保单、函件、电子账单等方面节省纸张890.60吨;环境污染责任险承保件数为830件,较2011年增长70.78%;全年累计承保保额达19.7亿元。在教育公益方面,中国平安通过对基础教育、高等教育方面的专注投入,扶持人才培养,为未来发展奠定基础,为国家进步和社会的可持续推动提供原动力。截至2012年12月31日,已在全国规划完成112所中国平安希望小学,已有8134名中国平安希望小学的同学获得了总计453.3万元的"中国平安希望奖学金"。中国平安励志计划累积奖励学生4820名。在红十字公益方面,中国平安为造血干细胞捐献者无偿提供一年期重大疾病、意外伤害及住院安心保险保障计划。截至2012年12月31日,中国平安已为近3000名造血干细胞捐献者无偿提供了保额超过11亿元的一年期重大疾病、意外伤害及住院安心保险保障计划,为爱心人士送去关爱。在社群公益方面,中国平安倡导员工共同投身公益事业,提升自我价值,创造社会价值。截至2012年12月31日,志愿者服务时间已累计超过14万小时。②

3 中国平安之"礼":与众不同的文化气质

"礼",是和谐、秩序、规则、日常议程、庆典范式,是遵章守纪,收放有度,谦和有节。因此,"礼",不仅仅是所执行的礼仪规范,更是法纪规范的严格执行。

① 常涛,张德.跳出激励单行线——浅谈中国平安保险公司企业文化建设[J].中国人力资源开发,2002(11):38—39.

② 中国平安官网[EB/OL].http://about.pingan.com/shehuizeren/index.shtml.

在中国平安看来,一个企业要成功,必须建立成功的企业文化。把产品价值与文化价值结合在一起,把经营与文化结合在一起,是一个成功企业的最高境界。企业文化对中国平安有着重要的作用,它不是某种附带性的可有可无的东西,而是企业生命不可分割的一部分,是企业的"立身之本"。经历了发展、壮大、成熟的中国平安,已经建立起了一套符合公司自身发展特色的文化理念。中国平安关于礼方面的建设,在"中国平安保险的礼仪"中有明确的规定,具体表现如下:

中国平安文化通过每日晨会、司歌,以及中国平安礼仪、日常用语改变员工外在状态的内在精神,让中国平安人沿袭中华民族优秀文化传统,宽容、仁爱、谦和、诚信,从而赢得客户的尊重与信赖。

每天早上,中国平安保险公司所有员工都在公司司歌的合唱声中开始了他们一天的工作。司歌结束后,各机构分成几个小组,每个小组向带队领导行45度的鞠躬礼,这被中国平安认为是其儒家文化和西方管理相结合模式的一种重要礼仪形式。而后,员工们陈述公司的服务宗旨,领导进行讲评。[1]

中国平安对员工行为规范的培养十分重视,要求员工"举手投足,莫不遵于君子之道"。从早期"上班必须穿西装打领带"的要求,到现在的鞠躬礼仪、姿态礼仪、仪表礼仪、职业礼仪、公共礼仪、电话礼仪、沟通礼仪、商务社交礼仪等十几项内容的完整规范。中国平安公司甚至专门聘请礼仪讲师给员工开办礼仪培训班,使女员工学到职业化妆的技巧,男士们也能合理地搭配领带和西装的颜色。马明哲指出:"如果平安礼仪落实到位,至少可以产生100亿元的价值。"在很多地方,平安礼仪已经成为平安的品牌标识,为平安创造了不可估量的价值。如下面的事件就是中国平安礼仪最好的展现:

穿西装的都是中国平安人[2]

1999年7月15日,对于曹实凡来说,是难忘的一天,这是他被任命为中国平安总公司总经理助理并主抓产险工作的第一天。由于江苏连云港田湾核电站招标正处在十万火急的关头,曹实凡新官上任,还没来得及点燃三把火,就奔赴销售第一线,与时任财产险部负责人的史良洵、再保部负责人孙元彪及市场部大项目室李剑云等组成公关小组,风尘仆仆地赶往田湾核电站。

7月中旬的深圳正是酷热难当,但曹实凡要求每个人都带上自己最心爱的一件西装及钟情的领带。当他在候机厅知道一位同事忘了带西装时,即指示他到南京后,第一件事就

---

[1] 刘俊,孙学军.中国平安PK中国人寿[M].深圳:海天出版社,2008:68—69.

[2] 赵守兵.平安保险传奇:中国平安成长路径解密[M].深圳:海天出版社,2007:67—68.

是到商场去买一套西装,"上战场能不穿军装吗?"而正是"西装"成为了次日投标大战中,中国平安克敌制胜的秘密武器。

次日的招标会,从进场开始就展开了激烈的竞争。因为天气炎热,其他公司几乎所有人员穿的都是 T 恤衫,只有中国平安人西装革履,那统一的藏青色、统一的步伐,无不透射出职业人的沉着刚毅和中国平安的文化底蕴。曹实凡一行从会议室门口走到座位,顿时引来齐刷刷的眼光,喧闹的会场也随之安静下来,短短 3 米行程实际上已完成了角逐。

接下来在各家保险公司的应标展示中,中国平安代表最后登台。

中国平安的标书设计、制作精美,封面上是一方古色古香的狮身玉玺,盖上的是"中国平安"四个大字,庄重沉稳,古朴坚实,象征着中国平安一言九鼎,承诺是金。内容上,从完善的保障到合理的风险管控,从科学的临时分保到超值的服务,从严谨的中文表述到地道的英文书写,再加上时任南京产险市场部经理的纪律高亢激情、专业严谨的讲解,顿时赢得了评委的满堂喝彩!

中场休息时,大家都知道穿西装的是中国平安人,中国平安人自然吸引了招标人员更多的目光。

待揭标时,田湾核电站招标组组长说出了一句发人深省的话:"从中国平安人统一着装这件事上,我看得出他们对客户的尊重和对工作的严谨;从他们的应标展示和答辩中,我看得出他们的管理水平和核心技能。从里到外、从表面到深层,工作真是做到了家,这就是差异啊!这样的公司我们信得过!"

通过晨会、礼仪、司庆、寿险高峰会、产险明星会等形式,中国平安文化在表层上得以展示和感染。再深入一步,中国平安文化在中层内涵上,强调以各项经营管理规章制度的贯彻实施来实现内核精神。而中国平安文化的精髓,则是其融合了中华传统文化精华和西方管理思想,是在中国平安文化中占据核心地位的"道德诚信、追求卓越和创新意识"。①

4　中国平安之"智":学习知识、不断培训

"智",是智慧、才干、知识、经验等能力和素质,更是勇敢、进取、拼搏等人格意志,还是勤奋、刻苦、好学等精神特征。只有有"智"之人所具备的专业和价值才能在激烈的市场竞争中赢得客户的青睐。

4.1　"最好的培训在中国平安"

早在创业初期,中国平安就以"最好的培训在中国平安"为发展理念,致力于将知识转化为公司价值,将人才培养作为公司核心竞争力。为此,中国平安就企业培训投入大量人力、财力,向世界领先水平看齐。从 1996 年起,中国平安就建立了行业内最早的培训导师

---

① 赵守兵,刘俊.中国平安保险:企业文化与团队管理[M].深圳:海天出版社,2009.

队伍,通过专业培训与授课认证,全系统共培养出了13000余名专业成熟的导师。中国平安还拥有最好的培训环境和最好的培训管理系统,是行业内唯一建立了E化培训管理系统(ETS)的公司。通过ETS系统,公司可建立各级业务人员的受训学籍,全面记录受训经历,并通过系统追踪培训普及率,保证各级业务人员的培训均能落实到位。通过积极投入,经过十余年的积累,中国平安培养出了一支专业的代理人团队,获得国内外各项认证。①

经过多年的摸索,中国平安逐步形成了以制式课程为主、非制式课程为辅、引进海外认证课程为补充的三维培训体系,构建了营销学系、管理学系、示范学系三大系列课程,为保险营销员工提供了提升素质与技能的中长期教育与培训计划。这一系列的员工培养计划不仅被广大的中国平安员工们视为在公司的最大福利,并且也成为支撑中国平安业务飞速拓展的营销利器。②

4.2 中国平安金融学院

中国平安集团投资建立的中国平安金融学院于2006年5月26日正式开学。该学院耗时3年建成,投资4.5亿元,占地20万平方米,总建筑面积8万平方米,可同时接待学员900人左右,是国内规模最大的企业培训基地之一。③ 中国平安金融培训学院下设寿险学院、产险学院、金融学院、管理学院及博士后工作站。

中国平安金融培训学院面向中国平安所有内外勤员工,全公司年培训量近260000人/天(含网上学习及公司要求自学类课程),人均年培训量约11小时。中国平安金融学院课程体系以制式化课程体系为主,非制式课程作为补充,与国际著名的专业培训机构LIMRA、LOMA、AI CPCU、Wharton商学院,以及北京大学等国内著名学府等共同开展职业培训。中国平安金融学院建立了系统的专、兼职讲师队伍,共有讲师近3000人。培训方式以面授、自学、认证考试、网上学习、卫星电视教学等方式为主,结合员工工作实际开展。

中国平安的员工培训贯穿了整个职业生涯。入司教育帮助新员工了解中国平安,认同中国平安,热爱中国平安;礼仪培训帮助员工树立自我良好形象,展示中国平安风采;岗前培训使每位新员工对自己将要从事的工作形成清晰的概念;各种业务、专业培训使员工获取各自领域里最新知识和掌握提升工作能力的方法;岗位轮换有利于打破单一领域的局限,成为能胜任各种工作的多面手;海外培训更是为员工发展成为国际化人才提供了保证。

5 中国平安之"信":恪守承诺、担负责任

"信",是诚实、信用、信誉、践诺。在中国平安价值观中,诚实、信任是两项重要内容,

---

① 何玲玲,蓝超.保险公司企业文化分析[J].企业科技与发展,2012(22):78—80.
② 赵守兵.平安保险传奇:中国平安成长路径解密[M].深圳:海天出版社,2007.
③ 赵守兵,刘俊.中国平安保险:企业文化与团队管理[M].深圳:海天出版社,2009.

"诚信"也是商业社会包括保险经营的首要原则。信心、信用、信誉是从内到外的信任和践诺,是兑现是履行是坚定不移地付诸行动。在中国平安,"诚信"是每个员工必有的理念。

保险是金融服务系统中依靠人员销售维持发展的行业,而销售人员销售的又是"预期利益"这种无形的产品,因此,保险销售人员的专业素养和诚信形象是行业经营成败的关键。"客户至上,服务至上,信誉第一"不但是中国平安每个员工必读的训导,更是在实践中必须遵循的理念。①

1999年中国平安响应监管部门号召,进行产品创新以应对利率不断下调对行业造成的冲击。由于经验有限,对风险认识不足,出现少部分销售人员误导客户、夸大回报的现象。事情发生后,中国平安采取百万客户大回访的措施解决客户的困扰,126万个客户,花了两年时间基本回访完毕。回访过程中如果发现有误导,马上提出解决方案:一是退保,二是转保,三是保本方案,以满足客户需求。措施实施之后,总共动用了2万多名员工参与整个工作。同时,为保证回访质量,中国平安还请社会调查公司对个别地区进行调查。中国平安在投资连结保险上付出了人力和财力等代价,收获了宝贵的经验,也更加深刻地认识到诚信的重要性。因此,中国平安提出不诚信的保费一分都不要,做保险,诚信是最重要的,教育要做诚信的保险人。

有一年春季,由于个别保险营销员在销售投资连结产品时没有严格遵守职业操守,夸大产品的好处,引发三位客户的投诉并决定退保。尽管事件在短时间内得到妥善解决,但却由此引发中国平安集团从上至下的一次大反思。客户退保事件的发生,使中国平安管理层意识到,必须高度警惕利益驱动、短期行为对公司培训导向、营销理念和管理制度的冲击。中国平安认为,事件的深层次原因在于没有能始终如一地坚持最大诚信原则。以此告诫中国平安全体员工,"依法经营,诚信经营"是公司的立业之本。当所面临的物质利益需要通过有违法律、有违诚信原则来获取时,无论这份利益的量是多少,绝不应为之所动。自此,中国平安的奋斗目标又增添了新内涵:建设中国道德品质最高的保险公司。为达成这一目标,中国平安一方面在对员工进行专业技能培训的同时,着力开发完善的道德品质培训课程;另一方面对原有的"荣誉业务员制度"进行强化,使其更具道德约束力和实际操作性,建立业务员道德指标档案体系;与此同时建立从上到下的"客户权益维护中心",提高客户服务满意度。对这一负面事件的处理方式,使社会看到了中国平安的胸怀和诚意。② 中国平安对客户的"信",不仅表现在诚信上,还体现在服务上。

客户周先生是一位年缴保费10万元的VIP客户。因为一时需要大量的周转资金,周先生打算不再缴纳续期的保费了。然而,中国平安的服务却让他彻底改变了想法:

① 赵守兵.平安保险传奇:中国平安成长路径解密[M].深圳:海天出版社,2007.
② 赵守兵,刘俊.中国平安保险:企业文化与团队管理[M].深圳:海天出版社,2009.

当周先生到中国平安体检中心接受体检时,刚出车门,两个迎宾员工便微笑着迎上来,一个接过周先生的外套和提包,另一个则引领周先生办理登记手续,体检的医生更是细致热情,体检后还及时给周先生递上了面包和牛奶……体检中心的感受让周先生充分体验到了中国平安细致周到的优质服务,找到了做"上帝"的感觉。"中国平安真的了不起! 现在的人不愁吃不愁穿,就图个尊重,我今天在中国平安真正获得了贵宾的待遇,体验到了做上帝的感受!"周先生为此不但愉快地办理了缴费手续,而且还坚持要拜见安徽中国平安的领导以示谢意。①

在客户服务工作方面,中国平安安徽分公司不但彻底贯彻执行总公司的服务标准,而且处处体现着创新。

以前,想要购买保险的客户因为健康或其他原因,有的需要到保险公司指定的医院去体检,但是由于医院方面的因素,诸如医护人员的服务态度、体检的时效等总是会给客户带来很多麻烦。

为提升客户服务水准,中国平安安徽分公司建立了体检中心,并且在体检中心设有儿童乐园,许多客户平时比较忙,体检的时候可能会带上孩子。而给孩子们提供这么一个活动的场所,能为客户分忧。安徽中国平安的这个首创,不但赢得了广大客户的信赖,而且也提升了中国平安在安徽广大市民心中的分量。

"保单年检"更让安徽中国平安更加贴近大众,此举在安徽保险市场上独树一帜。岁末盘点之际,合肥销售本部以营业部、营业组为单位,以万能组合、养老组合和重疾险种组合等专场酒会或茶话会的形式开展保单年检活动。在酒会或茶话会上,营业部经理亲自登台答疑解惑。天霸十七部魏朝萍经理在保单年检中发现有一位客户因忽视医疗险保障功能在就医后没有办理理赔申请,就帮助客户及时办理了理赔手续。这样的理赔态度,在茶话会现场得到了客户的交口称赞。中国平安的诚信、值得信赖,很快通过客户的口碑传播开来。②

6 中国平安之"廉":清正廉洁、勤俭朴素

"廉",是廉洁、自律、正直、清白、遵纪守法、取舍有度。廉是对"仁""义"的遵循,是对礼的实践,对"智"的修正,对"信"的发扬。中国平安的廉,最终体现在它的薪酬体系上。

6.1 中国平安的薪酬体系:"6.3.1"法则

"6.3.1"法则是中国平安薪酬体系的形象说法。中国平安每年有60%的员工可获得不同程度的加薪;30%的员工会被冻结加薪,如果这部分员工连续三年不能获得加薪,则将

---

① 赵守兵.平安保险传奇:中国平安成长路径解密[M].深圳:海天出版社,2007.
② 赵守兵,刘俊.中国平安保险:企业文化与团队管理[M].深圳:海天出版社,2009.

会在满三年后的第二个月自动离职;每年还有 10% 的员工会被减薪,如果连续两年出现同类情况,则会在满两年后的第二个月自动离职。干得好与干得坏,在中国平安的待遇迥然不同,即使是在同一类岗位,绩效较好和较差的那些员工收入差距为 30%～40%。[①]

在这样的评价体系下,每年年终考核排名末位的 3%～5% 员工会被淘汰出局。尽管优胜劣汰总是残酷的,但中国平安特有的"挽救"程序,却体现出本土企业浓厚的人文色彩。[②]

如果员工年终考核成绩不佳,主管会与其进行面谈,并结合公司为他们开设的绩效班,有的放矢地帮助他们改善绩效。许多人都会在事业发展过程中遇到"瓶颈"阻碍,很多时候只需给他们调整一下岗位,就会出现柳暗花明的局面。这在中国平安被称为"转跑道"。员工被降职后,重新以出色的业绩获得升职加薪的资格,在中国平安并不鲜见。而那些离开中国平安的员工,许多人仍怀有一份感念之情,因为他们曾感受过中国平安的关怀。[③]

6.2 管理者年薪与公司利润挂钩

中国平安董事长马明哲 2007 年的年薪为 6600 万元。2008 年,由于海外投资巨亏,马明哲的年薪为零。2009 年,马明哲也只拿到了税后 289 万元的年薪。2010 年,马明哲年薪大力反弹,税前薪酬总额为 987 万元,扣除个人所得税后的薪酬为 568 万元。2011 年,马明哲的薪酬与 2010 年基本保持不变,税前 988.47 万元,税后 567.95 万元。

2012 年,马明哲的年薪有所下降。2012 年年报显示,马明哲在报告期内从中国平安领取的应付报酬税后总额为 567.69 万元,报告期内应付报酬总额缴纳个人所得税 421.18 万元。据公布的 2013 年度业绩报告显示,中国平安董事长马明哲的 2013 年年薪为 623.75 万元,比 2012 年增加 56.06 万元。不过,马明哲的薪酬并不是全公司最高的,因为中国平安的首席执行官陈德贤的 2013 年度薪酬达到 721.08 万元,因此马明哲的薪酬只能屈居第二。[④]

像中国平安这样的大型金融集团,都有着比较完善的薪酬分配制度,高管的薪酬与公司的利润变化有直接关系。因此中国平安的董事长马明哲等公司高管的薪酬并不是固定不变的,而是随着公司经营业绩的好坏而波动。[⑤]

7 结束语

一个企业要做得更大,赚更多的钱,走更远的路,就要更加符合社会伦理及价值规范。

---

① 刘俊,孙学军.中国平安 PK 中国人寿[M].深圳:海天出版社,2008.
② 赵守兵.平安保险传奇:中国平安成长路径解密[M].深圳:海天出版社,2007.
③ 赵守兵.平安保险传奇:中国平安成长路径解密[M].深圳:海天出版社,2007.
④ 孙海超.中国平安去年净利润增四成,董事长年薪 600 余万[EB/OL].新文化网.http://news.xwh.cn/news/system/2014/03/14/010447493.shtml.
⑤ 邱云龙,林镇顺.从平安并购深发展浅析中国金融行业并购问题[J].东方企业文化,2012(19):172.

中国平安企业文化的巨大凝聚力将所有加入到这里的人聚合在一起,为共同的理想而努力。

资料 1

中国平安保险(集团)股份有限公司简介

中国平安保险(集团)股份有限公司于 1988 年诞生于深圳蛇口,是中国第一家股份制保险企业,至今已发展成为融保险、银行、投资等金融业务为一体的整合、紧密、多元的综合金融服务集团。公司为香港联合交易所主板及上海证券交易所两地上市公司,股票代码分别为 2318 和 601318。

中国平安的企业使命是:对股东负责,资产增值,稳定回报;对客户负责,服务至上,诚信保障;对员工负责,生涯规划,安居乐业;对社会负责,回馈社会,建设国家。中国平安以"专业创造价值"为核心文化理念,倡导以价值最大化为导向,以追求卓越为过程,形成了"诚实、信任、进取、成就"的个人价值观和"团结、活力、学习、创新"的团队价值观。集团贯彻"竞争、激励、淘汰"三大机制,执行"差异、专业、领先、长远"的经营理念。

中国平安的愿景是以保险、银行、投资三大业务为支柱,谋求企业的长期、稳定、健康发展,为企业各利益相关方创造持续增长的价值,成为国际领先的综合金融服务集团和百年老店。中国平安旗下各专业子公司及事业部,即保险系列的中国平安人寿保险股份有限公司(中国平安寿险)、中国平安财产保险股份有限公司(中国平安产险)、中国平安养老保险股份有限公司(中国平安养老险)、中国平安健康保险股份有限公司(中国平安健康险),银行系列的中国平安银行股份有限公司(中国平安银行)、中国平安产险信用保证保险事业部(中国平安小额消费信贷),投资系列的中国平安信托有限责任公司(中国平安信托)、中国平安证券有限责任公司(中国平安证券)及中国平安证券(香港)有限公司(中国平安证券(香港))、中国平安资产管理有限责任公司(中国平安资产管理)及中国平安资产管理(香港)有限公司(中国平安资产管理(香港))、中国平安期货有限公司(中国平安期货)、中国平安大华基金管理有限公司(中国平安大华)、上海陆家嘴国际金融资产交易市场股份有限公司(陆金所)等,通过多渠道分销网络,以统一的品牌向超过 8 万客户提供保险、银行、投资等全方位、个性化的金融产品和服务。

中国平安拥有近 54.9 万名寿险销售人员和约 20 万名正式雇员。截至 2013 年 6 月 30日,集团总资产达人民币 3.17 万亿元,归属母公司股东权益为人民币 1727.56 亿元。从保费收入来衡量,中国平安寿险为中国第二大寿险公司,中国平安产险为中国第二大产险公司。

中国平安在 2012 年《福布斯》"全球上市公司 2000 强"中名列第 83 位;美国《财富》杂志"全球领先企业 500 强"名列第 181 位,并蝉联中国内地非国有企业第一;除此之外,在英国 WPP 集团旗下 Millward Brown 公布的"全球品牌 100 强"中，名列第 84 位。

中国平安是中国金融保险业中第一家引入外资的企业，拥有完善的治理架构，国际化、专业化的管理团队。中国平安遵循"集团控股、分业经营、分业监管、整体上市"的管理模式，在一致的战略、统一的品牌和文化基础上，确保集团整体朝着共同的目标前进。中国平安拥有中国金融企业中真正整合的综合金融服务平台，位于上海张江的中国平安全国后援管理中心是亚洲领先的金融后台处理中心，公司据此建立起流程化、工厂化的后台作业系统，并借助电话、网络及专业的业务员队伍，为客户提供专业化、标准化、全方位的金融理财服务。通过业界首创的客户服务节及万里通、一账通等创新的服务模式，为客户提供增值服务。

中国平安以"专注为明天"为公益理念，致力于承担社会责任。在依法经营、纳税的过程中创造企业商业价值；在社会中尽到道德责任与慈善责任，将企业的核心价值观贯彻在环境、教育、红十字、灾难救助、社群等公益事业中。在环境公益方面，截至 2012 年 12 月 31 日，在展业服务、电子保单、函件、电子账单等方面节省纸张 890.60 吨。在教育公益方面，中国平安在全国各省、市边远贫困地区已累计完成援建 112 所中国平安希望小学。自 2007 年至 2012 年 12 月 31 日，共有来自社会各界超过 2000 名志愿者参加了支教行动，帮助学生近 3 万人，励志计划获奖学生 4820 人，总奖金过千万元。在红十字公益方面，已为近 3000 名造血干细胞捐献者无偿提供了保额超过 11 亿元的一年期重大疾病、意外伤害及住院安心保险保障计划。在灾难救助方面，自 2008 年汶川地震，截至 2013 年 7 月底，累计捐款总额近 1 亿元，累计捐物价值近 350 万元，捐赠保额超过 335 亿元。在社群公益方面，截至 2012 年 12 月 31 日，志愿者服务时间已累计超过 14 万小时，其中 2012 年志愿者服务时间为 3.5 万小时，较 2011 年提升了 13%。

中国平安因此获得广泛的社会褒奖：连续十二年获评"中国最受尊敬企业"，连续八年获评"中国最佳企业公民"，连续七年获评"最具责任感企业"，三年获评"第一财经·中国企业社会责任榜杰出企业奖"。

（资料来源：中国平安官网[EB/OL]. http://about.pingan.com/index.shtml.）

资料 2

中国平安引才启示录

"在制度整编的同时，整合培养开放包容的文化也是平安多年来努力的方向。"首席人力资源执行官顾敏慎说："董事长马明哲多次强调：精诚协作、开放包容就是平安文化的灵魂。"

多年来，创新和创造价值已成为平安文化的内核。在这种企业文化中，能为股东、客户、企业创造价值是评判一切的唯一标准，而非人才的个人背景。这就是多元化人才得以相融的大文化背景。以华人居多,大部分人在国外学习并工作多年的平安外脑都具有很强的文化适应能力。

而如今,平安形成了引入外脑的标杆理念:在专业领域具有国际领先的知识和技能,最好有跨国公司的实战经验;本身的文化适应能力较强;有愿意培养本土人才的博大胸怀。

从合作伙伴中寻找人选,从海外专家的举荐中筛选人才,从国际猎头公司挑选人才,平安就是这样不拘一格延揽专才。

严格筛选的人才,也要接受平安的"竞争、激励、淘汰"机制。几年来平安也曾淘汰过一些外籍员工,但更让人欣慰的是,海外员工在这里的"存活率"保持在8成以上。

平安的骄人业绩已经引起业界的高度关注,实际上,很多国内保险公司已经在模仿平安了,像太平洋、华泰、泰康、新华等都在学,只是海外引才的数量没有平安的多,步子没有平安的快而已,平安的实践已经给同行业提供了有益的启示:

一是对外籍人才,必须尊重他,尊重他的人格,尊重他的知识,不要试图去同化他,否则,他可能变得和普通人才一样并不特殊,他的作用、价值就打了折扣,因为你买的就是他的经验和技术,其他的不要去干涉。

二是引进不能盲目,缺什么,或在哪些方面有差别,就有的放矢去引进,而且对于人才的挑选,要看他的资历和业绩。这都是花了人民币的,一定要求物有所值;职业化、市场化了的"洋人才"来了,会通过他的经验与专业技术的发挥,对企业有所裨益。

三是在引进"洋人才"的同时,千万不要忽视了本土人才的培养,因为引才的最终目的,是要在双方的合作过程中,达到对本土人才"理念与技术"的提升,一旦本土人才能够胜任"洋人才"的工作,大可起用本土人才,毕竟引才的高薪对企业的成本控制是不利的,这些高薪也是大可发给本土人才的。

赴境外"挖角"虽是疏解人才之困的捷径,却并非取之不尽。而对于内地保险公司特别是合资公司来说,初期采取引进成熟的专业人才的方式可以看作"权宜之计",倒也无可厚非,但一旦打下根基,则应着力培养自己的人才后备队伍。如果在发展的同时一直不注重培养人才,那么,抛开境外人才的高人力成本不说,不但会继续面临人才紧缺的局面,也可能会引发人才"挖角"的恶性竞争。

(资料来源:赵守兵,刘俊.中国平安保险:企业文化与团队管理[M].深圳:海天出版社,2009.)

▶ **案例使用说明**————————————————————————————

一、教学目的与用途

1.适用课程:管理学原理、中国管理学原理、中国管理思想史等工商管理类课程。

2.适用对象:本案例主要适用于 MBA 或全日制工商管理类研究生教学。

3.教学目的:本案例通过描述中国成立的第一家股份制保险企业——中国平安保险(集团)股份有限公司如何运用儒家的"仁、义、礼、智、信、廉"创建企业文化以实现管理,展现中国平安独特的管理之道,揭示中国管理学原理在中国平安管理过程中的作用,培养学生运用中国管理思想分析企业管理之道的思维,达到提高运用中国管理学原理开展实践管理能力的目的:

(1)了解以儒家思想为基础的企业文化是战略管理的工具;

(2)掌握构建企业文化的过程;

(3)思考如何使儒家"仁、义、礼、智、信、廉"思想运用到中国的大多数企业,以解决企业凝聚力不高,效率低下的问题。

二、启发思考题

1.中国平安的企业文化经历了哪几个阶段? 儒家的"仁、义、礼、智、信、廉"又是在哪个阶段作为企业文化建设的根本?

2.以儒家"仁、义、礼、智、信、廉"为基础的中国平安企业文化涵盖了哪些方面?

3.中国平安的管理者是如何认知儒家的"仁、义、礼、智、信、廉"的? 又是怎么执行其企业文化的?

4.中国平安在管理过程中,是否出现了与企业文化相背离的情况? 试结合案例分析。

5.像中国平安这样的国内大公司在走向国际化的过程中,最大的难点在哪里? 中国平安又该如何做?

6.简要分析平安的企业文化给金融保险企业文化建设的启示。

三、分析思路

本案例首先从介绍中国平安企业文化经历的阶段和以儒家"仁、义、礼、智、信、廉"思想作为企业文化建设根本的阶段入手,使学生理解以儒家思想为基础的企业文化是战略管理的工具;然后通过对中国平安如何确定儒家思想为其企业文化的根本以及儒家思想建立以来对平安员工的影响等方面深入分析,充分理解和掌握构建企业文化的过程;最后,通过探讨在管理过程中,企业文化的有效性和可能存在的缺陷,以及中国平安的企业文化对当代企业的启示,寻找破解企业效率低下的措施。案例分析思路如图1所示。

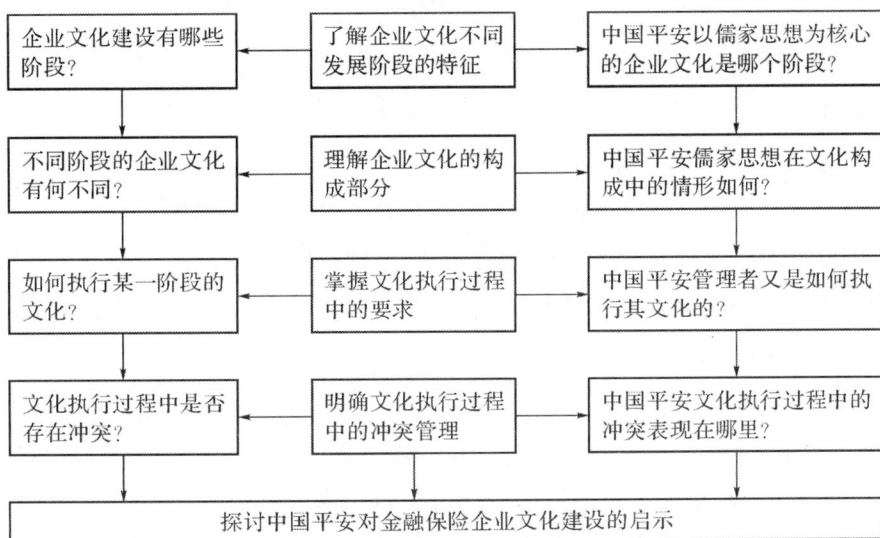

图1 案例分析思路

四、理论依据与案例分析

根据上述案例分析思路,结合启发思考题中有关问题,在此总结本案例的理论依据并分析案例主要内容,仅供参考。

【理论依据】

"仁、义、礼、智、信"是儒家最基本的道德范畴。孔子确立了以"仁"为核心范畴的伦理思想体系,孟子把"仁义礼智"看作人性最基本的道德,荀子则"礼法结合""以礼释仁",对以"仁"为核心体系的儒家伦理系统进行了扬弃,丰富了传统儒家"五常"的概念。"仁"是儒家思想的核心范畴和内在精髓,其核心内涵是"仁治""仁爱";"义"与"仁"并用为道德的代表;"礼"与"仁"互为表里,"仁"是"礼"的内在精神;"智"将"仁、义、礼、信"贯穿其中。

"仁"是儒家思想的核心范畴和内在精髓,其核心内涵是"仁治""仁爱",即尊重人、爱护人、以人为本。孔子提出:"为政在人,取人以身,修身以道,修道以仁。仁者人也,亲亲为大。"(《礼记·中庸》)仁,不仅是最基本的、最高的德目,而且是最普遍的德行标准。以仁为核心形成的古代人文情怀,经过现代改造,可以转化为现代人文精神。

孔子最早提出了"义"。孟子则进一步阐释了"义",他认为"信"和"果"都必须以"义"为前提。他们把"义"作为儒家最高的道德标准之一。"义"与"仁"并用为道德的代表,"仁义"

是封建道德的核心,就是"仁至义尽"。《论语·里仁》讲:"君子之于天下也,无适也,无莫也,义之与比。"又讲:"君子喻于义,小人喻于利。"《孟子·离娄下》讲:"大人者,言不必信,行不必果,惟义所在。""义"成为一种人生观、价值观,如:亲情和友情,发展到完美的程度,就有"义"的成分。有"义"在,社会就会使友谊友情友善纯久。有"义"在,朋友不会出卖朋友,丈夫也不会抛弃妻子儿女。"义"是人生的责任和奉献,如义诊、义演、义卖、义务等,至今仍是中国人崇高道德的表现。

"礼",与"仁"互为表里,"仁"是"礼"的内在精神,重礼是"礼仪之邦"的重要传统美德。孔子所谓"立于礼"(《论语·泰伯》),"不学礼,无以立"(《论语·季氏》),"不知礼,无以立"(《论语·尧曰》)等,就是告诫人们要学礼、知礼才能立足于社会,成就一番事业。"明礼"从广义说就是讲文明;从狭义说是作为待人接物的表现,谓"礼节""礼仪";作为个体修养涵养,谓"礼貌";用于处理与他人的关系,谓"礼让"。这些已经成为一个人、一个社会、一个国家文明程度的一种表征和直观展现。

"智",即智慧、聪明,有才能,有智谋。孔子认为,有智慧的人才能认识到"仁"对他有利,才能去实行"仁"。儒家把"智"看成是实现最高道德原则"仁"的重要条件之一。他们要实现"达德",而要实现"达德"必须经过"知"的五个步骤,即博学、审问、慎思、明辨、笃行。汉儒则把"智"列入"五常"之中。"仁、义、礼、信"是为人处事的基本原则,而要将这一切联系起来就需要"智"贯穿其中,否则即使有"仁、义、礼、信"加持于身,也都不可能通达无碍。从道德智慧可延伸到科学智慧,把科学精神与人文精神结合和统一起来。

"信",即诚信、信任。《说文》讲:"人言为信"。"信"是立身之道、兴业之道、治世之道。诚信是约定俗成的社会交往准则。孔子把"信"列为对学生进行教育的"四大科目"(文、行、忠、信)和"五大规范"(恭、宽、信、敏、惠)之一,强调要"言而有信","信则人任焉"。"以诚待人""以信取人""一诺千金""诚实守信"等传统美德千百年来为人们所推崇并发扬光大。守信用、讲信义是中华民族共认的价值标准和基本美德。

【案例分析】

1.中国平安的企业文化经历了哪几个阶段?儒家的"仁、义、礼、智、信、廉"又是在哪个阶段作为企业文化建设的根本?

(1)企业文化是指企业在发展中逐步形成的一种为全体员工所认同并遵守的、带有本组织特点的使命、愿景、宗旨、精神、价值观和经营理念,以及这些理念在生产经营实践、管理制度、员工行为方式与企业对外形象体现的总和。

在组织不同的发展阶段,组织文化应有不同的内容和风格,应当根据形势的发展和需要,使组织文化在不断更新中再塑和优化。①

---

① 吴照云.中国管理思想史[M].北京:高等教育出版社,2010.

(2)在中国平安的发展理念中,企业文化有着非常重要的地位。中国平安始终以产品创新、服务创新、管理创新作为取胜的法宝,在探索过程中逐步建立起一套完整的平安企业文化,并把它化为有形制度和无形教化。平安企业文化的形成是一个渐进的过程,主要经历了以下三个发展阶段:

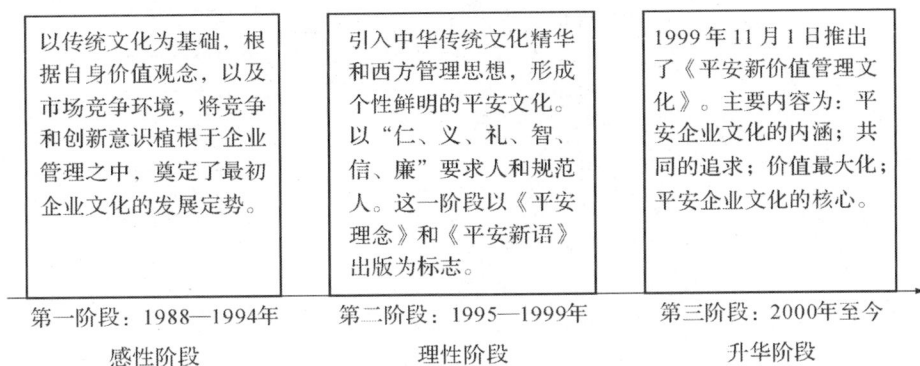

以传统文化为基础,根据自身价值观念,以及市场竞争环境,将竞争和创新意识植根于企业管理之中,奠定了最初企业文化的发展定势。	引入中华传统文化精华和西方管理思想,形成个性鲜明的平安文化。以"仁、义、礼、智、信、廉"要求人和规范人。这一阶段以《平安理念》和《平安新语》出版为标志。	1999年11月1日推出了《平安新价值管理文化》。主要内容为:平安企业文化的内涵;共同的追求;价值最大化;平安企业文化的核心。
第一阶段:1988—1994年 感性阶段	第二阶段:1995—1999年 理性阶段	第三阶段:2000年至今 升华阶段

图2　中国平安企业文化的发展历程

由图2可知,儒家"仁、义、礼、智、信、廉"思想是在中国平安企业文化发展的第二阶段(理性阶段)得到正式确立的,具体表现在用"仁、义、礼、智、信、廉"要求人和规范人。同时,以"仁、义、礼、智、信、廉"为基础的企业文化是中国平安得以快速发展的基石。因此,以儒家思想为基础的企业文化是战略管理的重要工具。

2.以儒家"仁、义、礼、智、信、廉"为基础的中国平安企业文化涵盖了哪些方面?

首先,企业文化是一个内容丰富、层次分明的体系。关于企业文化的构成,国内外学者提出了许多不同的看法,其中具有代表性的观点有四种,即"层次说""同心说""要素说"和"部分说",本案例将从"同心说"的角度加以具体分析。

"同心说"认为企业文化通常是由企业的物质文化、制度文化和精神文化三个层次构成的一个同心圆。

(1)物质文化。即企业文化的物质层,它是由企业员工创造的产品和各种物质设施等构成的器物文化,包括商品与服务、技术与设备、企业环境与外部形象。物质文化最为具体实在,处于同心圆的最外层。

(2)制度文化。即企业文化的制度层,它是指企业为实现自身目标对员工的行为给予一定规范的文化,包括企业领导体制、企业组织机构和企业管理制度。制度文化是观念形态的表现形式,是人与物的结合部分,处于同心圆的内层。

(3)精神文化。即企业文化的精神层,它是指企业在生产经营过程中形成的一种精神成果和文化观念,包括企业精神、经营哲学、企业道德、企业风貌和企业价值观。精神文化是观念形态和文化心理,层次最深,是同心圆的圆心。①

如图 3 所示,"同心说"认为企业文化的结构是一个由三个层次构成的由表及里的同心圆。

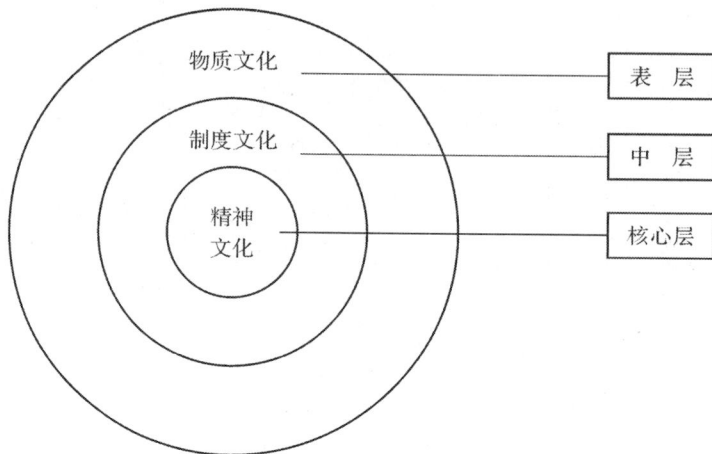

图 3　企业文化的同心圆

其次,中国平安在创业初期就努力寻根溯源,寻找企业发展的动力和价值体系,深刻的民族烙印让平安坚定地选择了以儒家文化为基础,构建平安的企业文化。

(1)中国平安的物质文化——礼仪、晨会等。

1988 年,平安创立之初,就开始了文化建设之履。比如,当时员工见面大家相互点头微笑,客户到来时起立迎接等。公司每天早上的晨会也在工业区企业中显得十分"另类":每天早上正式上班之前,公司 20 多位员工坐在一起,通报一下前一天的重要新闻、公司的业务进展和当天的工作要点。晨会结束后,同事们便以饱满的热情投入新的一天的工作。这便是平安礼仪、平安文化的雏形。

一年年这样下来,平安的企业文化这棵小树逐渐成长起来了,成了一棵茂盛的大树。现在每天早晨 8 时 30 分,身处祖国各地的所有平安人,以部门、营业部、营业组为单位,整齐列队,高唱司歌,高跳公司舞蹈。

(2)中国平安企业的制度文化——三大机制、平安报刊。

中国平安着力锻造其精英文化,贯彻"竞争、激励、淘汰"三大机制,直接推动了平安的改革与发展。中国平安用企业文化为媒介,将竞争机制导入企业内部;用激励机制激发员工的潜能,调动员工的工作热情;用淘汰机制吐故纳新,保证公司持续的生命力。

除外之外,文化需要载体,报刊是其之一。平安有两报三刊,《中国平安》报、《客户服

---

① 定雄武.企业文化[M].北京:经济管理出版社,2012.

务》报、《平安行销》杂志、《平安生活》杂志、《平安剪报》杂志。2004 年,平安《客户服务》报创下了 920 多万份的发行"天量",企业报刊的发行量恐怕无出其右。

(3)中国平安的精神文化——企业使命、价值观等。

经过多年的发展,平安逐渐形成了企业文化的主要架构与核心内容。平安建立了自己的价值观、经营理念、使命、抱负、愿景等。

平安的企业使命集中体现为四大责任:对客户负责,服务至上,诚信保障;对员工负责,生涯规划,安居乐业;对股东负责,稳定回报,资产增值;对社会负责,回馈社会,建设国家。由此又衍生出"诚实、信任、进取、成就"的价值观。

中国平安以自身的实践证明:如果一个企业在创立之初就能营建一种独特的适合自身的企业文化,并在发展中不断加以补充、完善、发展,必将对企业经营产生深远的影响。现代企业的竞争归根到底是企业文化的竞争,优秀的企业文化是强大的生产力,中国平安证明了这一定律。

3.中国平安的管理者是如何认知儒家的"仁、义、礼、智、信、廉"的? 又是怎么执行其企业文化的?

中国平安的管理者认为:几个人执行一个标准不难,数万人执行同一个标准很难;制定纪律不难,让每一个人不折不扣严格地执行纪律很难;一个人拥有执行能力不难,让一个组织、一个团队拥有一致的行动力,获得一致的结果很难。因此公司要通过对"执行"的宣导、推动以达到高度一致的标准、详细的行动计划、严明的纪律执行、严格的绩效考核、团队的执行能力、持续的执行能力。

本案例的管理在具体执行儒家"仁、义、礼、智、信、廉"时也无例外地会秉承这种传统价值观,对员工的工作态度和行为产生影响,如表 1 所示。

表 1 管理者推广儒家思想过程中对员工态度和行为的影响

"仁、义、礼、智、信、廉"的取向:	中国平安管理者对企业文化的执行过程:
● "仁"的核心内涵是"仁治""仁爱",即尊重人、爱护人、以人为本;	● 当员工遇到困难时,中国平安的管理层就会身体力行,为员工排忧解难,切实履行以人为本的理念,例如马明哲给寿险全体业务同仁们写的一封信——《科技,让我们插上腾飞的翅膀》;
● "仁义"是封建道德的核心,就是"仁至义尽","义"是一种人生观、人生价值观;	● 中国平安的管理者以实际行动体现对客户、员工、股东和社会的责任,把实现其价值最大化作为企业的崇高使命;
● "礼"与"仁"互为表里,"仁"是"礼"的内在精神,重礼是"礼仪之邦"的重要传统美德;	● 中国平安的管理者通过每日晨会、司歌,以及礼仪、日常用语改变员工的外在状态和内在精神,让中国平安人沿袭中华民族优秀文化传统,宽容、仁爱、谦和、诚信,从而赢得客户的尊重与信赖;

续表

• "智",即智慧、聪明,有才能,有智谋;	• 中国平安的管理者投入大量的人力、财力组成培训导师队伍、培训管理系统,形成三维培训体系,构建三大系列以及投资建立平安金融学院;
• "信",即诚信、信任,《说文》讲:"人言为信";	• 中国平安的管理者倡导的"客户至上、服务至上、信誉第一"理念,是员工必读的训导,也是实践中必须遵循的理念;
• "廉"是廉洁、自律、正直、清白、遵纪守法、取舍有度。	• 中国平安管理者确立的"6.3.1"法则的薪酬体系,很好地预防了分配不均引起的不满。此外,尽管这种优胜劣汰是残酷的,但中国平安制定了特定的"挽救"程序。

4.中国平安在管理过程中,是否出现了与企业文化相背离的情况?试结合案例分析。

对一般人来说,奖励可以成为行为的目标,所以奖励可以提高人们的工作效率。而某些人工作并不是追求成功之后的奖励,而是追求成功本身,它能给人巨大的成就感。这就是麦克莱兰所提出的成就需要。麦克莱兰研究发现,高成就需要者希望把事情做得更完善,寻求能发挥自我潜能的工作环境;他们希望得到有关工作绩效的信息反馈,从而了解自己是否进步;他们喜欢设立具有适度挑战性的目标,这一目标的实现能使他产生巨大的满足。

但中国平安在分配"壹朋友"的任务时,分部员工的工作量明显超出了所能承受的范围,尽管背后有奖励的支撑,但工作量大、任务难也会挫伤员工工作的积极性。而且在这一过程中,集团分部明显把总部规定的任务扩大了几倍,这也造成了管理上的混乱。

5.像中国平安这样的国内大公司在走向国际化的过程中,最大的难点在哪里?中国平安又该如何做?

中外管理文化上最大的差异在于"知、行、果"的一致性。"知、行、果"三者高度统一,才能确保企业战略有强大的执行力,才能确保公司各项任务和目标的实现。和中国的企业管理相比,西方企业的成功就体现在这三个字上。

第一是"知","知"是认识,是理念。企业制度是"知"的主要内容,公司的一切制度都是对公司的认识,不管你同意不同意,都是必须接受的。第二是"行","行"就是执行,就是按照制度的要求一点也不含糊、一点也不打折扣地执行。第三是"果",就是执行要有结果,要达成目标,要创造价值,要为企业最终的战略服务。"果"还必须是可以量化的、可以追踪的、可以反复检验的,而不是笼统的描述。如果中国平安能够从上到下形成"知、行、果"的高度统一和结合,平安一定会目标清晰、步调一致,创造出稳健增长的价值。在中国平安整个队伍里面,重要的就是建立这种方法论,不但要"知",还要"行",并且用结果修正行动,提高认知。

"知、行、果"是一种言行观,更是一种方法论。"知、行、果"的一致,保证了每个项目进展的有效性、成效性与严肃性,在任何大小项目上,如果做到了"知、行、果"的统一,中国平安就一定能实现宏伟的战略目标,公司的价值就会无可限量地发挥出来。

6.简要分析平安的企业文化给金融保险类企业的企业文化建设的启示。

浅析中国平安的企业文化建设,我们试图发现保险业企业文化建设的一般规律。

(1)企业文化的建设非一朝一夕,也非一蹴而就,它是企业家有目的加以培育和长期建设的结果。马明哲从公司成立那天起,就着手从中国传统的优秀文化中培育自己的企业文化,着力塑造、提炼、强化自己的企业理念,即"中国平安,平安中国"。着力培育中国平安员工的共同价值观,即以价值最大化为导向,以追求卓越为过程,做品德高尚和有价值的人,形成了"诚实、信任、进取、成就"的个人价值观和"团结、活力、学习、创新"的团队价值观。这些价值观是中国平安创立以来逐渐丰富、充实、演化而来的,并贯穿于一切经营活动的始终。它们并不是什么全新的东西,而是公司长期以来的一些原则,奠定了中国平安与股东、客户和员工的关系。中国平安的真正魅力在于其文化。

(2)企业文化的建设必须和企业所处的大环境、企业特点、经营特点结合起来,才能使企业文化具有很强的生命力,也才能使企业文化成为企业核心竞争力。这样的企业文化能凝聚人、团结人、激励人,能联通客户、共享精神、相得益彰。这样的企业文化辐射力会远大于品牌影响力。"腹有诗书气自华",一家拥有优秀企业文化的企业必定是一家优秀的企业。它通过企业文化辐射出来的力量可能不及广告来得立竿见影,但文化对客户、利益相关者的耳濡目染是深入人心的,是稳健而持久的。

(3)企业文化必须要有所发展,随着环境的变化、经营的变化,其部分内容也许会过时,这时就要吸收新的理念、淘汰旧的内容,使企业文化始终具有蓬勃生机,始终与时代紧密相连,始终内容丰富饱满,始终能联系整个企业并激励企业不断发展。

五、背景信息

互联网金融时代的"儒家思想"

我国传统金融与互联网的融合正处于大发展时期,中国平安集团董事长兼CEO马明哲在上海平安互联网金融战略发布会上表示,金融互联网是改良式,但互联网金融是颠覆式。他认为十年内60%以上的信用卡都将被取代,金融机构网点的前台将会走向四化:小型化、社区化、智能化、标准化。面对这一趋势,有些报道甚至宣称"中国300万营销员将面临失业",给金融保险业的员工带来了非常不安的心理。那么,中国平安如何将儒家"仁、义、礼、智、信、廉"的思想运用到互联网金融的战略布局中,也是值得深思的问题。

六、关键要点

1.关键点

围绕儒家"仁、义、礼、智、信、廉"思想在中国平安公司企业文化中的应用所产生的启示,通过案例分析理解以儒家"仁、义、礼、智、信、廉"思想作为战略工具的作用,掌握构建企业文化的过程,并以辩证的观点对待文化执行过程中的冲突。同时思考如何使儒家"仁、义、礼、智、信、廉"思想运用到中国的大多数企业,以解决其企业凝聚力不高,效率低下的问题。

2.关键知识点

企业文化理论、儒家思想。

3.能力点

分析与归纳能力、辩证思维能力和解决问题的能力。

七、建议课堂计划

本案例可以作为专门的案例讨论课来进行,通过采取小组讨论的方式分析本案例,以完成本案例的教学目标。以下是按照教学课程时间、课堂讲授思路以及板书建议提供的课堂计划建议,仅供参考。

1.教学课程时间

整个案例讨论课的课程时间控制在两个课时(每个课时45分钟)。

2.课堂讲授思路

(1)课前教学准备

根据课程教学班级学生的专业结构和知识背景,对课程教学班级进行分组,每组人数控制在5~8人,要求各小组成员做好分工与合作,教师可考虑提出案例思考题,请参与者在课前完成阅读和初步思考。

(2)课中讨论阶段

首先,简要的课堂前言,明确课堂教学主题(3~5分钟),主要介绍案例大致背景、案例大致内容、案例涉及问题等内容。

其次,开展分组讨论(60分钟),根据课堂教学的学生容量进行合理分组。先各小组展开组内讨论,即给予各小组一定的自由讨论时间(20分钟),让小组成员对案例存在现象和问题进行分析讨论,并针对问题提出解决思路和方法,整合小组总体看法。然后,小组间讨论(20分钟),各小组选取一名代表,代表本小组简明扼要地阐述本小组对案例的分析和对问题的解决思路,还可以将案例中一些较难的问题或者值得深入研究的内容提出来,以供全体学生作进一步探讨、交流和完善。

最后,进行归纳总结(10~15分钟),在学生案例讨论或思路分享结束后进行,教师应该就各小组分析问题的思路和解决问题的方案进行总结。结束总结语:首先,应该是对各小组的结果进行点评,提出结果存在的优缺点;其次,要提出自身对案例的看法,并提出对案例难题的思路分析和解决方案,进一步引导学生思路,以供借鉴;最后,提出一些课堂上未能解决的问题,供学生课后继续思考,留待进一步探讨。

3.板书建议

在课堂教学过程中,建议采用图画式板书与提纲式板书相结合的授课方式。图画式板书直观、生动、形象,事物的内在关联显现得淋漓尽致,能有效地激发参与者的学习兴趣,促进抽象思维能力的发展;提纲式板书字句简洁,条理清楚,重点突出,教学思路清晰。

八、参考文献

[1]赵守兵,刘俊.中国平安保险:企业文化与团队管理[M].深圳:海天出版社,2009.

[2]吴照云.中国管理思想史[M].北京:高等教育出版社,2010.

[3]胡海波.中国管理学原理[M].北京:经济管理出版社,2013.

[4]赵守兵.平安保险传奇:中国平安成长路径解密[M].深圳:海天出版社,2007.

[5]刘俊,孙学军.中国平安PK中国人寿[M].深圳:海天出版社,2008.

[6]定雄武.企业文化[M].北京:经济管理出版社,2012.

[7]时世海.走近孔子感悟人生[M].北京:北京工业大学出版社,2011.

九、附　录

儒家"仁"思想节选

[1]子曰:"克己复礼为仁。一日克己复礼,天下归仁焉。为仁由己,而由人乎哉?"(《论语·颜渊篇第十二》)

[2]孔子对曰:"……仁者,人也,亲亲为大;义者,宜也,尊贤为大……"(《孔子家语·哀公问政第十七》)

[3]子曰:"……夫仁者,己欲立而立人,己欲达而达人。能近取譬,可谓仁之方也已。"(《论语·雍也第六》)

[4]子曰:"为政以德,譬如北辰,居其所而众星共之。"(《论语·为政第二》)

[5]子曰:"我未见好仁者,恶不仁者。好仁者,无以尚之;恶不仁者,其为仁矣,不使不仁者加乎其身。"(《论语·里仁第四》)

[6]子曰:"躬自厚而薄责于人,则远怨矣。"(《论语·卫灵公第十五》)

[7]子曰:"笃信好学,守死善道。危邦不入,乱邦不居。天下有道则见,无道则隐。邦

有道,贫且贱焉,耻也;邦无道,富且贵焉,耻也。"(《论语·泰伯第八》)

[8]子曰:"先进于礼乐,野人也;后进于礼乐,君子也。如用之,则吾从先进。"(《论语·先进第十一》)

[9]子曰:"君子矜而不争,群而不党。"(《论语·卫灵公第十五》)

[10]孔子曰:"……有其德而无其言,君子耻之;有其言而无其行,君子耻之;既得之,而又失之,君子耻之;地有余民不足,君子耻之;众寡均而人功倍己焉,君子耻之。"(《孔子家语·好生第十》)

[11]子曰:"知者乐水,仁者乐山;知者动,仁者静;知者乐,仁者寿。"(《论语·雍也第六》)

[12]司马牛问君子。子曰:"君子不忧不惧。"问"不忧不惧,斯谓之君子已乎?"子曰:"内省不疚,夫何忧何惧?"(《论语·颜渊第十二》)

[13]孔子曰:"凡为天下国家有九经,曰修身也,尊贤也,亲亲也,敬大臣也,体群臣也,子庶民也,来百工也,柔远人也,怀诸侯也。夫修身则道立,尊贤则不惑,亲亲则诸父兄弟不怨,敬大臣则不眩,体群臣则士之报礼重,子庶民则百姓劝,来百工则财用足,柔远人则四方归之,怀诸侯则天下畏之。"(《孔子家语·哀公问政第十七》)

[14]孔子曰:"……是以君子不可以不修身。思修身,不可以不事亲;思事亲,不可以不知人;思知人,不可以不知天……"(《孔子家语·哀公问政第十七》)

华为公司：创造中庸式的灰度管理*

> 案例推荐辞

　　将企业经营下去不难，难的是把企业更好地发展起来，如何克服重重困难，长久生存下去。1987年，一家名为华为的公司成立了，作为公司总裁的任正非却一点也高兴不起来，如何将企业更好地经营下去就成了他思考的主要问题。于是，深受中国古代思想影响的任正非巧妙地运用"中庸"之道，结合企业自身特点，提出了一套自己的管理理念。这种管理理念就是灰度管理，在如此特色的管理理念的指导下，华为的成长有目共睹，灰度管理逐渐被大家所关注。本章案例也对灰度管理进行了较详细的介绍。

　　企业要与时俱进，变革就免不了。纵观古今中外，历史上无数的变革都伴随着流血甚至牺牲，不成功的变革比成功的更多，特别是触动人的利益，进行利益再分配时，很容易出现大的动荡，造成组织分裂等。华为在二次创业时期，为了使公司与国际管理接轨，进行了一系列变革。在变革中，任正非就提出了灰度思想的独特观点。这种管理思维突破了矛盾事物的简单二分，表明矛盾着的事物并非一定是非黑即白、是非立辨，而是可以介于黑白之间的各个不同状态。因此，在这种中正不偏、把握中度、权宜应变等"中庸"思想以及以妥协和宽容为核心的独特管理思想的指导下，华为成功地度过一个又一个的"冬天"，经过多次变革的洗礼，如今的华为已经成为中国民营企业的标杆。

　　西方成熟的管理思想虽然得到了检验，但是由于文化的差异，不能很好地运用于中国环境下的企业中，企业在发展过程中也遇到了很多问题，"中庸"思想是中国传统思想的代表，任正非结合企业自身特点将其与西方管理思想巧妙结合，并最终取得了成功。

　　在深受中国传统思想影响的中国环境下，将"中庸"思想巧妙地运用于企业中，不仅契

---

　　* 本案例由江西财经大学工商管理学院胡海波博士和研究生范涛根据公开信息资料撰写而成。未经允许，本案例的所有部分都不能以任何方式与手段擅自复制或传播。由于企业保密的要求，在本案例中对有关名称、数据等做了必要的掩饰性处理。本案例只供课堂讨论之用，并无意暗示或说明某种管理行为是否有效。

合于企业,还有助于企业的发展。如今的社会,竞争激烈、制度严格,很多企业关注的重点都是如何使企业获利,唯利是图,却不知适当的妥协与宽容,能给企业带来更多的利益,特别是在企业变革的背景下,巧妙地运用"中庸"思想,才能使得企业更好地渡过危险期,成功地转型才能有更好的发展。

案例正文

摘要:任何一家企业的成功都是其管理哲学的成功,任何一家企业的兴衰逻辑与其领导人的思维模式密切相关。华为也毫不例外,究竟什么才是华为的企业管理哲学之根? 灰度哲学,是华为管理思想和实践的根本方法,是其哲学层面的管理方法论,是任正非和华为的价值观、经营哲学、管理理念的精神实质。灰度管理是华为总裁任正非提出的,是从"中庸"思想演变出来的新理念,而"中庸"思想是任正非管理思想的重要原则。本案例结合华为公司,对任正非提出的来源于"中庸"思想的灰度哲学进行介绍。

关键词:华为;中庸思想;灰度管理;宽容;妥协

0 引言

"人们只有走进了自由王国,才能释放出巨大的潜能,极大地提高企业的效益……任何一个人在新事物面前都是无知的,要从'必然王国'走向'自由王国',唯有学习、学习、再学习,实践、实践、再实践……一个企业的内、外发展规律是否真正认识清楚,管理是否可以做到'无为而治',这是需要我们一代又一代的优秀员工不断探索的问题。只要我们努力,就一定可以从'必然王国'走向'自由王国'。"

自 1987 年华为成立以来,作为华为公司的总裁,任正非经历了华为 20 多个年头的风起云涌,体会到危机随时可能降临。为了将华为打造成一个理想的"自由王国",使企业能健康稳定地发展,华为经历了变革和"二次创业"的洗礼,如今已成为业界的传奇。在此期间,任正非基于中国古代"中庸"的传统思想并结合华为自身的管理实践提出的"灰度管理"的概念,对华为变革的成功起着重要的作用。① 那么,这种"灰度管理"到底是什么样的管理理念呢?

---

① 黄卫伟.走出混沌[M].北京:人民邮电出版社,2002.

1 深受传统思想影响的任正非其人

任正非,出生于 1944 年 10 月 25 日,1963 年就读于重庆建筑工程学院,毕业后就业于建筑工程单位。1974 年为建设从法国引进成套技术设备的辽阳化纤总厂,应征入伍加入承担这项工程建设任务的基建工程兵,历任技术员、工程师、副所长(技术副团级),无军衔。在此期间,因作出重大贡献,1978 年出席过全国科学大会,1982 年出席中共第十二次全国代表大会。1983 年随国家整建制撤销基建工程兵而复员转业至深圳南海石油后勤服务基地,由于工作不顺利,转而在 1987 年集资 2.1 万元人民币创立华为公司,1988 年任华为公司总裁。①

在他的带领下,华为从注册资金 2 万余元的企业发展为 2002 年合同销售额 221 亿元的全国电子百强企业,资产扩张了 1000 多倍。华为产品和解决方案涵盖移动、宽带、IP、光网络、电信增值业务和终端等领域。目前,华为产品和解决方案已经应用于全球 100 多个国家,服务全球运营商 50 强中的 45 家及全球 1/3 的人口,服务全球超过 10 亿用户。2009 年华为实现合同销售额 302 亿美元,同比增长 30%,其中超过 2/3 的销售额来自国际市场。全年收入 215 亿美元,同比增长 17.5%,市场占有率接近 20%。华为已经成功跻身全球第二大设备商。任正非领导下的华为成为中国民营企业的标杆,任正非正在全力把华为打造成一个属于中国人的"IT 帝国"。②

任正非受中国传统思想的影响甚大,其管理思想渗透、融合了儒、法、道等传统哲学,充满了浓厚的辩证色彩。比如:他对各级管理者提出不同的要求,对高层管理者要求以"道"治理公司,达到"无为而治";基层管理者则应以"法"管理,就是如法家那样严格地执行规章制度,有效监控,铁面无私,身体力行;而中层管理者则实行"儒家"的"中庸"式管理,必须在务实与务虚之间找到一个平衡点。③

"中庸"之道实际上是任正非管理思想的重要原则。在公司整体运作中,任正非一直主张管理上要做到进取而不盲动,稳健而不保守,敢冒风险,又善于稳中求胜,以取得管理的最佳效果。特别是在公司大发展时期,他多次强调改良和优化才是管理进步的好方式,而不是"革命"和"全盘否定","轰轰烈烈的巨变只会撕裂公司,所以,要在撕裂和不撕裂中把握好度"。④ 在实际操作中,任正非一直秉承着"中庸"思想去管理华为,而作为"中庸"思想代表的"灰度管理",也就是在此时期被任正非提了出来。"灰度管理"理念实质是在"中庸"

---

① 华为公司官方网站[EB/OL]. http://pr. huawei. com/cn/executives/board-of-directors/ren-zhengfei/index. htm.
② 任正非简介[EB/OL]. 腾讯新闻. http://news. qq. com/a/20100702/001328. htm.
③ 程东升,刘丽丽. 华为经营管理智慧[M]. 北京:当代中国出版社,2005.
④ 程东升,刘丽丽. 华为经营管理智慧[M]. 北京:当代中国出版社,2005.

思想的基础上,结合华为的实际情况而创造出来的。

2　中庸思想与灰度文化

作为重要的中国传统文化,儒家思想经过千年沉淀,不可避免地渗入中国的企业管理活动中。"中庸"之道作为儒家思想的核心,已经成为中国人为人处事的基本原则和方法,它塑造了中国人的性格,形成了一种中国特色的思维模式。①

2010年1月14日,作为最有思想力的企业家之一的华为技术有限公司总裁任正非在2009年全球市场工作会议的讲话中提出了有关"灰度管理"的概念。他提出,一个领导人重要的素质是方向、节奏,他的水平就是合适的灰度。而坚定不移的正确方向来自灰度、妥协与宽容。② 可以说,"灰度"起源于华为,是华为一路走来积淀下来的管理思想的精髓。③那么,这种"灰度"的文化到底是什么呢?

所谓灰度,与非白即黑、非此即彼的思维方式相对应,指的是一种非白非黑、非此非彼的一种模糊的状态。灰度是经过一段时间内各种要素相互影响,最终达成的一种均衡稳定的结果。灰度文化指的正是在现代中国企业中存在的一种以妥协、折中为特征的,以追求和谐稳定的最终状态为目标的,具有高度灵活性和人性化色彩的柔性管理文化。企业的管理者把握好灰度,做好适度的授权和让渡,便可事半功倍,提高管理效率;企业员工把握好灰度,做好适度的妥协和宽容,便可化解矛盾,缔造和谐的人际关系;企业的发展把握好灰度,便可在复杂的市场环境下,规避风险,稳中求胜。④

灰度文化的产生与儒家思想推崇的"中庸"之道有密不可分的关系,可以说灰度管理就是来源于"中庸"之道。孔子在《论语·雍也》中提出"中庸"一词。他说:"中庸之为德也,其至矣乎! 民鲜久矣!""中庸"之道主张"致中和",追求既不太过,又无不及,即恰到好处。《论语·子路》中说:"不得中行而与之,必也狂狷乎! 狂者进取,狷者有所不为也。""狂者"激进、偏激,易逾"中和";"狷者"退缩,少勇而不及"中"。因此,"中庸"之道既反对冒险激进,也反对倒退落后。这与现代企业中存在的灰度文化不谋而合,或者说灰度文化的产生正是基于这种文化思想的影响。⑤

任正非的"灰度"思维,核心点就是:妥协与宽容。虽然来源于"中庸"思想,但又不同于"中庸"思想的妥协,是在"中庸"思想基础上的升华,或者说是结合华为实际的"取其精华,弃其糟粕"。中国传统文化中的"中庸"之道讲求的是做事不偏不倚,取折中之法,即所谓

---

① 蔡依恒.中国式灰度文化与管理对策[J].中国商贸,2013(29):65—66.
② 项凯标.中庸之道在管理中的应用[J].企业文化,2011(2):18—19.
③ 陈智刚,博锋.灰度·管理[M].北京:科学出版社,2011.
④ 蔡依恒.中国式灰度文化与管理对策[J].中国商贸,2013(29):65—66.
⑤ 蔡依恒.中国式灰度文化与管理对策[J].中国商贸,2013(29):65—66.

"不求有功,但求无过"的立身之道。而任正非所讲的"妥协"其实是非常务实、通权达变的丛林智慧,凡是人性丛林里的智者,都懂得恰当时机接受别人妥协,或向别人提出妥协,妥协是理想职业化的必要途径,每个人在这样复杂的情势中,要保持足够的宽容、妥协或灰度。任正非讲求的这种"妥协"也并不是完全放弃原则,而是以退为进,通过适当的交换来确保目标的实现,他认为:"为了达到主要的目标,可以在次要的目标上做适当的让步。明智的妥协是一种让步的艺术,妥协也是一种美德,而掌握这种高超的艺术,是管理者的必备素质。"①那么,与"中庸"之道有关却又完全不同的这种"灰度"到底是如何运用于企业中的呢?

3 时中:清晰的方向来自灰度

"中庸"思想的内在核心在于"时中",具体做法是把握中度。孔子非常重视"时","道千乘之国,敬事而信,节用而爱人,使民以时"。同时孔子主张把"中"与"时"结合起来。《礼记·中庸》中提到了"君子之中庸也,君子而时中"。意思是说君子之所以能够坚持"中庸",关键在于君子能够"时中"。"中庸"并不是一物均分为二的这种观点,不是两端的中间,而是要达到适合于事物实际情况的中正,把握事物的中度。②

这一点在灰度思想里也有所体现,任正非认为:"一个清晰的方向,是在混沌中产生的,是从灰色中脱颖而出。方向是随时间与空间而变的,它常常又会变得不清晰,并不是非白即黑、非此即彼。合理地掌握合适的灰度,是使各种影响发展的要素,在一段时间和谐,这种和谐的过程叫妥协,这种和谐的结果叫灰度。"③因此,清晰的方向来自灰度。

"灰度"主要包含两大核心精神——开放和宽容。开放是"灰度"最基本的态度。只有开放,才能适应瞬息多变的市场环境,在变化中始终保持创新精神,保持正确的企业前进方向,才能在市场竞争中立于不败之地;宽容是灰度在管理实践中的应用原则和手段,管理者的宽容,为企业带来的是和谐的发展环境,只有宽容,才能有效地处理好企业内外种种错综复杂的关系。④

3.1 灰度·企业方向

企业的发展方向是在实践中摸索产生的,因此可以说,企业的发展方向源自混沌的状态,是在灰色中诞生的,并且,企业方向还会随着企业自身的发展、行业环境的变化而发生变化,它并不是非黑即白、非此即彼,而是黑白相混的灰色。所以,在管理中把握合适的灰度,才能准确地掌握企业的发展方向。企业管理者只有认清企业方向的朦胧性,才能有弹

① 余胜海.任正非"灰度管理"的智慧[J].企业管理,2012(9):14—15.
② 袁帅,郭静."中庸"之道在当代企业管理中的应用[J].出国与就业:就业版,2011(6):72—73.
③ 任正非.管理的灰度[J].商界评论,2010(4):48—50.
④ 陈智刚,博锋.灰度·管理[M].北京:科学出版社,2011.

性地规划企业战略,才能随着市场变化以及企业自身发展的需要,灵活掌控和管理企业。20 世纪 90 年代以来,国内通信产业飞速发展,华为的管理者意识到市场有变,原有的经营方向必须要做出调整。于是,华为开始试探性地开展交换机的研发,并取得了成功。到了1993 年,华为又开始进入光网络产品的研究与开发。而后,华为的研发方向又随着市场的发展和企业事业的增长而横向拓展,逐步涵盖了通信领域的各个行业。①

在华为的这一系列动作的背后可以看到,华为的管理者并非死抱着做"低端交换机的贩卖者"的企业发展方向,而是始终随着市场的变化适时而动。而现如今,我们知道,华为以"做一个世界的、领衔的电信设备供应商"为发展目标,但是当我们回顾华为创业之初,谁也不会认为华为在当时就能喊出这样一个"口号"。华为的成功,要归功于华为管理者懂得企业发展方向应该是朦胧、多变的。他们使用了灰色的方向管理方式,不断地使企业方向更适合市场的发展需要,更贴合企业自身的实力。②

3.2 开放·企业创新

创新是时下最流行的字眼,也是企业进步的主要推动力。企业想要实现创新,关键所在就是要拥有一种开放的精神。可以说,开放造就了创新,企业的管理者要以开放的眼光去关注企业,企业才能有创新的可能。早在华为处在"冬天期"的危机压迫下,任正非就提出了走创新之路。任正非认为,"创新是华为的不竭动力,企业的发展离不开技术的创新和进步,只有创新才能创造优势",并且,任正非坚信,在这个行业只有技术领先才能生存。因此,华为在产品研发方面一直坚持走自主研发的道路。华为的数据通信产品全部采用统一的 VRP 通用操作平台和 iManager Quidview™网管系统,并保持持续的 ASIC 系列芯片的开发投入,在电信级可靠性和丰富业务支撑方面均处于领先水平。除此之外,华为更注重其管理创新,在华为发展期间,任正非就已经意识到华为必须要提升自身核心竞争力,他体会到:没有管理,人才、技术和资金就形不成合力;没有管理,企业就没有方向。③

"有创新就有风险,但绝不能因为有风险,就不敢创新。回想起来,如果华为不是敢于创新,而是跟在别人后面,就会长期处于二三流企业的水平,就无法与跨国公司竞争,也无法获得活下去的权利。一个因循守旧的企业是不可能获得快速发展的。"任正非如是说。④

3.3 授权·权力下放

授权属于高层次的管理智慧,也是一种很"灰"的管理智慧。说授权"灰",是因为授权是一种放大管理者时间的杠杆,是一种"奸猾出效率"的管理方式。将权力下放,让别人去

---

① 陈智刚,博锋.灰度·管理[M].北京:科学出版社,2011.
② 陈智刚,博锋.灰度·管理[M].北京:科学出版社,2011.
③ 李劲,陈小马.珠三角企业突围之道[M].广州:广东经济出版社,2013.
④ 孔祥露.非一般的华为[M].深圳:海天出版社,2008.

从事琐碎的工作,管理者才能够抽身,将精力投入更有价值的工作中去。①

任正非认为,管理企业的最高境界是"无为而治"。一些国际知名的大公司,老板整天打高尔夫球,公司却能持续健康地发展。这就是任正非希望达到的"无为而治"的管理境界,即企业不需要人为的控制,也能自行达到既定目标。通过内在控制来激发员工的工作热情,达到自我控制、自我管理。②

任正非非常看重精神的作用,在华为公司各种资料的排列组合中,他尤为看重塑魂工程。《华为公司基本法》可以理解为他用以实现"无为而治"目的的一个重要工具。2000年,华为公司就《华为人》报上的一篇短文《无为而治》,组织高级副总裁以上干部,举行以公司治理为题的作文考试。在考试前,任正非做了题为《一个职业管理者的责任和使命》的讲话,他在讲话中说道:"作为高层管理者,我们怎样治理这个公司,我认为这很重要。以前我也多次讲过,只是这篇文章(《无为而治》)给我们画龙点睛,更深刻地说明了这个问题。"任正非希望华为犹如奔流到海不复回的长江水一样,不需要领导者整天疲于奔波,能够自动地、势不可当地走向成功。③

2009年1月在销服体系奋斗颁奖大会上,任正非提出:"各级干部要敢于承担自己的岗位责任,履行授权,这样就会使我们的管理摆脱僵化的中央集权。当然,这些授权文件,随着公司的变革还会不断修改,以适应新的需求,而且这些授权仅是定性的,具体执行要有不同地方、不同实践、不同事件的授权。"④

韩非子说:"下君尽己之能,中君尽人之力,上君尽人之智。"放权不是放任、撒手不管,而是保留知情权和控制权。放权最重要的原则是权力和责任对等,敢于放权并善于放权,是一个管理者成熟的表现,是一个管理者取得成功的基础和条件。管理者的灰度,就要求管理者适当授权,在大方向、大原则不变的前提下,对其他各方意见、行为的妥协,对不同意见、不同工作风格、不同个人习惯做到兼容并包。⑤

4　尚中:妥协的力量

中庸思想的逻辑起点是尚中,具体做法是中正不偏。中正不偏主要指在处理问题时,我们要把握事物度量的正确性,不走极端。孔子主张:"不得中行而与之,必也狂狷乎! 狂者进取,狷者有所不为也。"(《论语·子路》)意思是说思想激进的人是不顾一切地坚持向前,气度狭窄的人考虑问题主观而不体恤人意。所以,孔子主张"过犹不及","狂"即"过",

---

① 陈智刚,博锋. 灰度·管理[M]. 北京:科学出版社,2011.
② 王伟立,李慧群. 华为的管理模式[M]. 深圳:海天出版社,2010.
③ 王伟立,李慧群. 华为的管理模式[M]. 深圳:海天出版社,2010.
④ 程东升,陈海燕. 任正非管理日志[M]. 北京:中信出版社,2008.
⑤ 程东升,陈海燕. 任正非管理日志[M]. 北京:中信出版社,2008.

"狷"即"不及",两种状态在相反的方向上脱离标准的两极,就会成为名副其实的两端。①

而这种不走极端,从某种意义上说就是妥协。坚持正确的方向,与妥协并不矛盾,相反,妥协是对坚定不移方向的坚持。当然,方向是不可以妥协的,原则也是不可以妥协的。但是,实现目标过程中的一切都可以妥协,只要它有利于目标的实现,为什么不能妥协一下? 当目标方向清楚了,如果此路不通,我们妥协一下,绕个弯,总比原地踏步要好。在一些人的眼中,妥协似乎是软弱和不坚定的表现,似乎只有毫不妥协,方能显示出英雄本色。但是,这种非此即彼的思维方式,实际上是认定人与人之间的关系是征服与被征服的关系,没有任何妥协的余地。②

"妥协"其实是非常务实、通权达变的丛林智慧,凡是人性丛林里的智者,都懂得恰当时机接受别人妥协,或向别人提出妥协,毕竟人要生存,靠的是理性,而不是意气。"妥协"是双方或多方在某种条件下达成的共识,在解决问题上,它不是最好的办法,但在没有更好的方法出现之前,它却是最好的方法,因为它有不少的好处。妥协并不意味着放弃原则,一味地让步。明智的妥协是一种适当的交换。为了达到主要的目标,可以在次要的目标上做适当的让步,这种妥协并不是完全放弃原则,而是以退为进,通过适当的交换来确保目标的实现。相反,不明智的妥协,就是缺乏适当的权衡,或是坚持了次要目标而放弃了主要目标,或是妥协的代价过高遭受不必要的损失。③

既然妥协就是让步,让步就需要出让、割舍利益,是需要慎重思考的大事。企业的管理者在做出妥协之前要权衡自己手中的筹码,弄清楚自己手中的筹码,才能通过出让最小的利益,达到最优的结果。2002 年,由于华为的产品与当时的国际电信设备巨头思科的产品性能相当,价格却比思科低了 20%～50%,这对思科造成极大的冲击,于是思科在 2003 年 1 月对华为提起诉讼,认为华为侵犯了思科的知识产权。受到负面影响的华为决定主动出击,一方面对思科进行有力的反击,认为思科有垄断之嫌,另一方面证明自己的设备并未侵犯思科专利。最终,法院驳回了思科申请下令禁售华为产品的请求,但也禁止华为使用少数有争议的代码、界面及文件。最终,华为和思科在协商和彼此让步的基础上,达成和解。④

明智的妥协是一种让步的艺术,妥协也是一种美德,而掌握这种高超的艺术,是管理者的必备素质。只有妥协,才能实现"双赢"和"多赢",否则必然两败俱伤。因为妥协能够消除冲突,拒绝妥协,必然是对抗的前奏。各级干部真正领悟了妥协的艺术,学会了宽容,保持开放的心态,就会真正达到灰度的境界,就能够在正确的道路上走得更远,走得更扎实。⑤

---

① 袁帅,郭静."中庸"之道在当代企业管理中的应用[J].出国与就业:就业版,2011(6):72-73.
② 陈智刚,博锋.灰度·管理[M].北京:科学出版社,2011.
③ 任正非.管理的灰度[J].商界评论,2010(4):48-50.
④ 陈智刚,博锋.灰度·管理[M].北京:科学出版社,2011.
⑤ 任正非.管理的灰度[J].商界评论,2010(4):48-50.

5 中和：杜绝完美主义

"中庸"思想的理想目标是"中和"状态,具体做到权宜应变。从"中"的层面可以理解"礼",而"礼"的实质可以称之为"和"。孔子认为:"中也者,天下之大本也;和也者,天下之达道也。"孔子强调的中庸的状态就是"致中和",所以他特别关注"和"的价值与意义。孔子"中庸"思想的权变思想在《论语·里仁》中可以得到再次验证,即"君子之于天下也,无适也,无莫也,义之与比"。孔子认为,世界上的任何事情,没有规定要怎么做与不怎么做,怎样合理,就怎样做。①

在处理任何事上,都没有完美的方法,即没有完美主义。完美是不存在的,一味地去追求完美就会给企业和员工带来无尽的烦恼与麻烦。完美主义本身的目标总是设定在极限的理想状态下,而这种情况在现实中是不存在的。因此,不现实的"高标准、严要求"会使人产生一种被苛责的感觉,这对企业的凝聚力有极大的危害。②

作为管理者,应该尽量营造宽容和轻松的氛围,特别是能容忍人才的失误,这样才有利于下属的成长。这点在华为公司也得到了体现。任正非说过:"对既没有犯过错误,也没有改进的干部可以就地免职。"任正非认为,华为的领导干部就要起模范带头作用,就要敢于承担责任,不敢承担责任的干部就不能当干部,坚决摒弃和清除明哲保身的"好好人"型干部。③

任正非在管理的改进中,坚持遵循"七反对"原则,而其中之一就是坚决反对完美主义,他认为"完美主义"是会扼杀创新的。④ 2000年,一位张姓的华为人与几个同事经过长期市场调研,提交了开发视频产品的项目报告,但直接领导过于保守,不愿冒任何风险,导致该项目被搁置,该员工最终在2001年愤而辞职,与几名同时从华为出去的人合伙创办了一家公司,专门做当年华为没有能够实施的几个项目,并取得了不错的效益。任正非认为,工作中没有改进的人特别是管理者,看似完美,实际上是没有什么进步,会阻碍公司的发展与创新。⑤

对于人才而言,才华和个性往往成正向关系——越有才华的人,个性越独特,越偏离"完美主义"的轨道。很多时候,完美主义成了人才的一种束缚,就像上面的例子那样,当人才的个性受到钳制时,人才就被"完美主义"赶走了。⑥

---

① 袁帅,郭静."中庸"之道在当代企业管理中的应用[J].出国与就业:就业版,2011(6):72-73.
② 陈智刚,博锋.灰度·管理[M].北京:科学出版社,2011.
③ 程东升,刘丽丽.华为经营管理智慧[M].北京:当代中国出版社,2005.
④ 余胜海.任正非"灰度管理"的智慧[J].企业管理,2012(9):14-15.
⑤ 程东升,刘丽丽.华为经营管理智慧[M].北京:当代中国出版社,2005.
⑥ 陈智刚,博锋.灰度·管理[M].北京:科学出版社,2011.

6 中正：对人宽容,对事因地制宜

"中庸"思想的规范原则为"中正",具体要做到"中礼、中道"。孔子"中庸"思想强调"时变",但是这种变,并不是没有标准和依据的,其规范原则就是"中正",具体需要做到"中礼、中道"。《论语·泰伯》中孔子谈到了"恭而无礼则劳,慎而无礼则葸,勇而无礼则乱,直而无礼则绞"。意思是说:过分恭敬,如果不约之以礼,就可能劳忧不安;过分直率,如果不约之以礼,就不免尖酸刻薄;过分谨慎,如果不约之以礼,就会流于胆怯懦弱;过分勇敢,如果不约之以礼,就难免盲动闯祸。孔子认为,谦恭、直率、勇敢、谨慎本来是一个人的美好品质,但是如果发挥不恰当,或者不约之以礼,就会走向反面。①

对人宽容,既是谦恭的表现,也是"灰度"思想的两大核心精神之一。人与人之间存在差异性,对于企业管理者而言,承认并尊重人的差异性,就是所谓的宽容。宽容体现出来的空间是有目的的、有计划的,管理者的宽容可以使不同性格、不同特长、不同偏好的人凝聚在组织目标和愿景的旗帜下,为企业竭尽全力。②

任正非脾气暴躁在华为是出了名的,亲朋好友和华为高层都曾被他骂得很凶。在一次工作会议上,任正非对财务总监说:"你最近长进很大,从特别差变成比较差了。"但是对于普通员工,任正非是和蔼可亲的长者,对他们反映的问题很关心。一次在电梯间,华为几个年轻的科级干部开始抱怨公司为什么不在基地设一个财务系统,害得他们老为出差报销的事奔波,累得喘不过气来。电梯到 7 层——总裁办公室所在地,一个挽着袖子的"老工人"从电梯角落里不发一言地闪了出来。大家顿时傻眼了,面面相觑,"完了"。但是就在十几天以后,员工们发现,盼望的基地财务系统建立了。宽容待人一直都是任正非所坚持的,每年都有好多有志青年离开华为,自立门户,任正非对离开的人从不设卡,而是以积极的态度支持他们。1999 年,张晓从华为辞职,创立深圳立言卓翻译有限公司,第一张大单就是华为的;章建国创立的益华时代管理咨询公司,长期为华为进行员工培训;罗涛创立深圳华荣科技有限公司,承接华为的制造业务……③

除了对人宽容的独特之处外,任正非对事也做到因地制宜,特别是对华为管理理念的因地制宜。每个地域都有其独自的特点,每个企业都有其独自的核心竞争力。企业管理不是僵化样板,而是鲜活的、有灵魂的,别人成功的模式拿过来就未必管用。西方企业在中国成功的不多,就是照搬了西方的管理而水土不服,所以,一位出色的管理者,就是要坚持因地制宜、实事求是,这样才能不断提升效率。④

---

① 袁帅,郭静."中庸"之道在当代企业管理中的应用[J].出国与就业:就业教育,2011(6):72-73.
② 陈智刚,博锋.灰度·管理[M].北京:科学出版社,2011.
③ 刘世英,彭征明.华为教父任正非[M].北京:中信出版社,2008.
④ 陈智刚,博锋.灰度·管理[M].北京:科学出版社,2011.

业界人士常说:"任正非更像是一位西方企业家,只不过对中国智慧有更深的了解。"任正非的管理很有特色,在华为既能看到中国传统智慧的痕迹,又能看到西方先进的管理方式。这种中西合璧的管理理念,既照顾到中国市场的特殊要求,又适应了国际市场的需求,是因地制宜的管理理念。①

7 结束语

华为,这个已然具备大象般庞大身躯的民营企业,在不断多元的业务拓展中,遭遇日渐膨胀的组织与企业目标方向不匹配的突出矛盾。在一系列管理变革中,作为总裁的任正非最为推崇的"灰度管理",结合"中庸"思想的精华,追求均衡经营的管理哲学,正是华为长期坚守的核心价值观,这也是华为在一次次的变革中成长的重要原因。

在企业进行任何形式、内容的变革时,平衡性是一条警戒线,破坏了相对平衡,变革的风险就会加大。因此,深刻理解开放、妥协、灰度,会成为变革所需的一个强有力的领导手段,即掌握方向、节奏、方法运用上的度,用规则和方向的确定去对付结果的不确定,通过灰色的改良使变革平稳软着陆。随着华为用"中国"的方式结合"灰色"的理念,使企业逐步迈向辉煌,取得成功,越来越多的管理者开始关注,一场最"灰"色的管理风潮即将来临!

资料1
任正非与华为大事记

1944年,任正非出生。

1977年,任正非成为军队代表,参加全国科学大会,被领导推荐入党。

1982年,大裁军期间,任正非转业(团职干部)。

1987年10月,在深圳湾一间简易房里,43岁的任正非创办华为公司,注册资本2.1万元人民币。

1988年,华为拥有员工14人。

1991年,华为拥有员工20多人。

1992年,华为开始自己生产交换机,销售额达1亿元,员工增至100多人。

1994年,华为开始数据通信产品的研发。参加亚太地区国际通信展,获极大成功。国家紧缩银根,大幅度压缩贷款比例,任正非高利贷,在员工工资一半是现金一半是白条的情况下,依然坚持技术创新。

1995年,华为员工增至800多人。成立华为北京研究所,大规模与内地厂家合作,走共同发展的道路。

---

① 刘世英,彭征明.华为教父任正非[M].北京:中信出版社,2008.

1996 年,华为年销售额 26 亿元。

1997 年,华为员工达到 5600 人,年销售额 41 亿元。

1998 年,华为开始大规模进攻海外市场。这一年,华为销售额达到 89 亿元。在抗洪救灾中,华为捐赠 4000 万元。

1999 年,华为员工达到 1.5 万人。201 校园卡获得极大成功。销售额首次突破百亿元,达 120 亿元。技术研发经费 13.9 亿元。华为开始拓展非洲市场。

2000 年 11 月,时任国务院副总理的吴邦国访问非洲,任正非跟团随访。华为产品开始打入非洲市场。销售额飙升到 220 亿元,在中国电子百强中虽居第十,利润却高居榜首。华为最年轻的副总裁李一男离开华为自立门户。福布斯中国富豪榜将任正非排在中国富豪第三位,个人财富 5.4 亿美元。

2001 年 1 月,时任中国国家副主席的胡锦涛出国访问,任正非跟团随访。同年 2 月,华为与爱默生电气签下秘密协议,将非核心业务华为电气以 7.5 亿美元卖给全球电气大王爱默生,并改名为安圣电气。年初,国际大投行高盛以财务顾问身份进入华为,评估华为总资产达 104 亿美元。9 月,华为接受财务顾问的建议,以股利 8.8 亿元实行增资,将华为新技术有限公司工会手中 11.85% 的股权并入华为技术工会名下。10 月 26 日,时任国务院总理朱镕基、副总理李岚清在信息产业部原部长吴基传等陪同下视察华为公司。当年,华为销售额增至 255 亿元人民币,利润 27 亿元,利润仍稳居行业第一。同时华为开始推行全流程管理。

2002 年 3 月,华为改变传统的一元钱买一股的做法,实行"虚拟持股权"计划。打破 1997 年以来从不降薪的纪录,第一次降薪。研究与开发的投入额达 30 亿元人民币。申请专利 2154 件,发明专利申请量居国内企业之首;申请 PCT 国际专利和国外专利 198 件,是发展中国家申请 PCT 最多的公司之一;作为"中国驰名商标",华为已在 86 个国家和地区注册商标 600 多件次、在巴黎公约成员方和 WTO 成员方内享受特别保护。

2003 年,员工达 2.2 万余人,其中 85% 具有大学本科以上的学历。8 月,华为印度研究所正式通过 CMM 五级国际认证,软件开发过程管理和质量控制方面达到中国的最高水平。所有下游产品零部件采购首次即时网上招标,采购成本一举降低了将近 30%。全球市场销售 317 亿元,海外销售达 10.5 亿美元,所占比例上升到 27%,增长约 80%,名列中国电子信息百强企业第七名,利润名列第一。

2004 年,华为再度增持 Sunday 股份,涉及资金约 400 万元,华为持有 Sunday 股份已增加到 6.27%。同时,华为首次在英国设立办事处,成为英国最大的中资企业。3 月,华为正式加盟信息产业部闪联标准工作组(IGRS)。11 月,美国《福布斯》杂志推出了美国以外全球最大私营公司 100 强排行榜,华为公司以 27 亿美元的营业收入排名第 79 位,成为唯一上榜的中国公司。12 月,到 2004 年年底为止,华为的海外市场已经拓展到了 77 个国家,其中有 14 个是发达国家,如美国、德国、英国、法国、加拿大、葡萄牙等。任正非被授予"中国最具影响力的企业家"称号,《中国企业家》杂志评论说:"华为的国际市场战略为华为和任正非赢得了名誉。"

2005 年 1 月,华为中标承建泰国 CDMA 移动通信网络项目,合同总值 72 亿泰铢(合 1.86 亿美元),泰国市场成为华为在海外的第二大市场,年销售额超过 1 亿美元。1 月 27 日,华为参与泰国国有电信公司(CAT)3G 项目电子竞标,以 1.87 亿美元的价格拿下 CAT 公司 3G 网络建设大单。2 月 15 日,在"3GSM World Congress 2005"展会上,发布了其将在全球推出的全新 UMTS 分布式 NodeB 解决方案,该解决方案可在加快网络建成速度的同时有效地将整体成本降低 30% 以上。该展会在法国戛纳举行,是欧洲最大规模的以移动通信为主题的展览会。欧洲市场成为华为重点发展的区域。华为海外市场的销售目标定为 40 亿美元,预计将占总营业额的一半,全年销售总额可能超过 70 亿美元。4 月,任正非入选美国《时代》周刊"2005 年度全球 100 名最有影响的人物"。

2006 年,全球 50 强运营商中,包括 Telefonica、法国电信(FT/Orange)、沃达丰、中国移动、英国电信(BT)、中国电信、中国联通和中国网通等在内的 31 家选择了华为作为合作伙伴。任正非居"2006 最具领导力的 50 位 CEO"榜首;居《2006 胡润强势榜》"最有社会责任感的十大民营企业家"第二位;入选"2006 年度表现最佳的十大企业家"。

2007 年,凭借 125.6 亿美元的收入,华为超过北电一举成为全球第五大电信设备经销商。当年华为获净利 6.74 亿美元,与 2006 年时的 5.12 亿美元相比增长了 32%。据世界知识产权组织(WIPO)报道,华为 2007 年 PCT 国际专利申请数达到 1365 件,位居世界第四。任正非被评为"中国 IT 十大风云人物"之一。

2008 年,世界权威的品牌价值研究机构——世界品牌价值实验室举办的"2008 世界品牌价值实验室年度大奖"评选活动中,华为凭借良好的品牌印象和品牌活力,荣获"中国最具竞争力品牌"大奖,为中国品牌群体性的崛起奏响华彩乐章。

2009 年,华为实现合同销售额 302 亿美元,同比增长 30%,其中超过 2/3 的销售额来自国际市场。

2010 年,由美国权威商业媒体 Fast Company 评出的 2010 年最具创新力公司,华为紧随 Facebook(脸书)、Amazon(亚马逊)、Apple(苹果)和 Google(谷歌),位列第五。

2011 年,任正非以个人财富 11 亿美元首次进入福布斯全球亿万富豪榜,排名全球第 1056 名,中国第 92 名。

2012 年,《财富》2012 中国最具影响力的 50 位商界领袖排行榜,任正非位居第一。同年,任正非以 30 亿美元财富位列胡润百富榜第 571 位。2012 年华为发布可持续发展报告,报告显示,到 2011 年华为员工已超过 15 万人,海外员工比例也在上升。为了对员工进行保障,华为同年投入达 58.1 亿元。

2013年,任正非再次入选美国《时代》杂志全球100位最具影响力人物。华为第三次入围世界500强,排第315名。

(资料来源:程东升,刘丽丽. 华为经营管理智慧[M]. 北京:当代中国出版社,2005;华为公司官网[EB/OL]. http://www.huawei.com/cn/.)

资料2

华为总裁任正非在2009年全球市场工作会议上的讲话

华为的核心价值观中,很重要的一条是开放与进取,这条内容在 EMT(Executive Management Team,行政管理团队)讨论中,有较长时间的争议。华为是一个有较强创新能力的公司,开放难道有这么重要吗?由于成功,我们现在越来越自信、自豪和自满,其实也在越来越自闭。我们强调开放,更多一些向别人学习,我们才会有更新的目标,才会有真正的自我审视,才会有时代的紧迫感。

一、坚定不移的正确方向来自灰度、妥协与宽容

我们常常说,一个领导人重要的素质是方向、节奏。他的水平就是合适的灰度。

一个清晰方向,是在混沌中产生的,是从灰色中脱颖而出,方向是随时间与空间而变的,它常常又会变得不清晰。并不是非白即黑、非此即彼。合理地掌握合适的灰度,是使各种影响发展的要素,在一段时间的和谐,这种和谐的过程叫妥协,这种和谐的结果叫灰度。

妥协一词似乎人人都懂,用不着深究,其实不然。妥协的内涵和底蕴比它的字面含义丰富得多,而懂得它与实践更是完全不同的两回事。我们华为的干部,大多比较年轻,血气方刚,干劲冲天,不大懂得必要的妥协,也会产生较大的阻力。我们纵观中国历史上的变法,虽然对中国社会进步产生了不灭的影响,但大多没有达到变革者的理想。我认为,面对它们所处的时代环境,他们的变革太激进、太僵化,冲破阻力的方法太苛刻。如果他们用较长时间来实践,而不是太急迫、太全面,收效也许会好一些。其实就是缺少灰度。方向是坚定不移的,但并不是一条直线,也许是不断左右摇摆的曲线,在某些时段来说,还会画一个圈,但是我们离得远一些或粗一些来看,它的方向仍是紧紧地指着前方。

我们今天提出了以正现金流、正利润流、正的人力资源效率增长,以及通过分权制衡的方式,将权力通过授权、行权、监管的方式,授给直接作战部队,也是一种变革。这次变革也许与二十年来的决策方向是有矛盾的,也将涉及许多人的机会与前途,我想我们相互之间都要有理解与宽容。

二、宽容是领导者的成功之道

为什么要对各级主管说宽容?这同领导工作的性质有关。任何工作,无非涉及两个方面:一是同物打交道,二是同人打交道。不宽容,不影响同物打交道。一个科学家,性格怪僻,但他的工作只是一个人在实验室里同仪器打交道,那么,不宽容无伤大雅。一个车间里的员工,只是同机器打交道,那么,即使他同所有人都合不来,也不妨碍他施展技艺制造出精美的产品。但是,任何管理者,都必须同人打交道。有人把管理定义为"通过别人做好工作的技能"。一旦同人打交道,宽容的重要性立即就会显示出来。人与人的差异是客观存在的,所谓宽容,本质就是容忍人与人之间的差异。不同性格、不同特长、不同偏好的人能否凝聚在组织目标和愿景的旗帜下,靠的就是管理者的宽容。

宽容别人,其实就是宽容我们自己。多一点对别人的宽容,其实,我们生命中就多了一点空间。

宽容是一种坚强,而不是软弱。宽容所体现出来的退让是有目的有计划的,主动权掌握在自己的手中。无奈和迫不得已不能算宽容。

只有勇敢的人,才懂得如何宽容,懦夫绝不会宽容,这不是他的本性。宽容是一种美德。

只有宽容才会团结大多数人与你一起认知方向,只有妥协才会使坚定不移的正确方向减少对抗,只有如此才能达到你的正确目的。

三、没有妥协就没有灰度

坚持正确的方向,与妥协并不矛盾,相反,妥协是对坚定不移方向的坚持。

当然,方向是不可以妥协的,原则也是不可以妥协的。但是,实现目标过程中的一切都可以妥协,只要它有利于目标的实现,为什么不能妥协一下?当目标方向清楚了,如果此路不通,我们妥协一下,绕个弯,总比原地踏步要好,干吗要一头撞到南墙上?在一些人的眼中,妥协似乎是软弱和不坚定的表现,似乎只有毫不妥协,方能显示出英雄本色。但是,这种非此即彼的思维方式,实际上是认定人与人之间的关系是征服与被征服的关系,没有任何妥协的余地。

"妥协"是双方或多方在某种条件下达成的共识,在解决问题上,它不是最好的办法,但在没有更好的方法出现之前,它却是最好的方法,因为它有不少的好处。

妥协并不意味着放弃原则,一味地让步。明智的妥协是一种适当的交换。为了达到主要的目标,可以在次要的目标上做适当的让步。这种妥协并不是完全放弃原则,而是以退为进,通过适当的交换来确保目标的实现。相反,不明智的妥协,就是缺乏适当的权衡,或是坚持了次要目标而放弃了主要目标,或是妥协的代价过高遭受不必要的损失。明智的妥协是一种让步的艺术,妥协也是一种美德,而掌握这种高超的艺术,是管理者的必备素质。

只有妥协,才能实现"双赢"和"多赢",否则必然两败俱伤。因为妥协能够消除冲突,拒绝妥协,必然是对抗的前奏;我们的各级干部真正领悟了妥协的艺术,学会了宽容,保持开放的心态,就会真正达到灰度的境界,就能够在正确的道路上走得更远,走得更扎实。

▶ 案例使用说明———————————————————————————

一、教学目的与用途

1. 适用课程:管理学原理、中国管理学原理、中国管理思想史等工商管理类课程。

2. 适用对象:本案例主要适用于 MBA 或全日制工商管理类研究生教学,适合对中国古代管理思想具有一定了解的学生和管理者学习。

3. 教学目的:本案例以华为公司创造的源于"中庸"思想的"灰度管理"理念并较好地运用于企业为主线,通过对案例的具体描述与分析,使学生理解和掌握以下三个方面内容,达到提升学生运用中国管理学原理和思想进行分析问题、解决问题和思辨能力的目的:

(1)了解儒家思想的"中庸"思想相关内容;

(2)了解"灰度管理"理念与"中庸"思想的异同;

(3)根据中国古代管理思想与西方管理思想的异同,思考企业如何较好地运用中国古代管理思想来管理企业,并探讨可行的建议。

二、启发思考题

1. 什么是"中庸"思想? 华为为什么会采用"中庸"思想?

2. 什么是"灰度管理"? "中庸"思想与"灰度管理"的异同有哪些?

3. "灰度"思想如何给企业指明方向? 华为是如何运用的?

4. 为什么企业要妥协?

5. 对"完美主义赶走人才"提几条对策。

6. 如何将"灰度"思想更好地运用到企业中?

三、分析思路

本案例首先简单介绍创造灰度思想的华为公司领导人任正非,使学生对"灰度"思想的背景有大致的了解;然后,对源于"中庸"思想的华为"灰度管理"思想进行介绍,并与"中庸"思想进行对比,使学生在了解"中庸"管理思想的同时,理解"灰度管理"的特点;最后,通过"中庸"思想与"灰度管理"的类比介绍灰度哲学的内容,并通过华为一些做法的举例进行说明,让学生思考如何将中国古代管理思想更好地运用到企业当中去。案例分析思路如图 1所示。

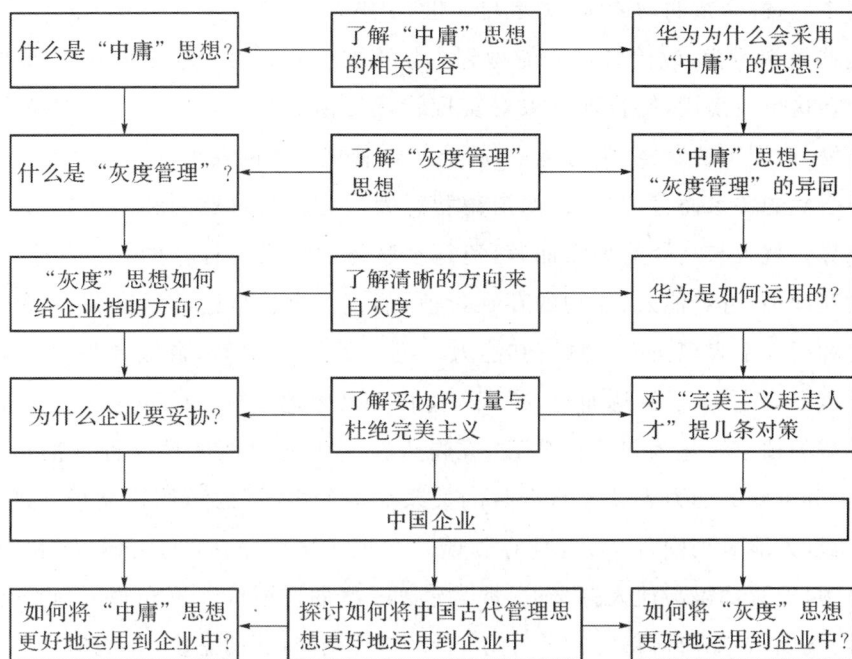

图1 案例分析思路

四、理论依据与案例分析

根据上述案例分析思路，结合启发思考题中有关问题，在此总结本案例的理论依据并分析案例主要内容，仅供参考。

1.什么是"中庸"思想？华为为什么会采用"中庸"思想？

【理论依据】

儒家思想中有一个重要的概念为"中庸"，"中庸"之道是最高超的道德智慧，是极其高明的思想，体现了道德智慧的精神特质。它既以一系列博大精深的道德范畴为表征，如"道""仁""德"等，又表现在人们日常、世俗的生活之中，表现为适当地处理人与自然、人与社会、人与人之间关系的一种方法、态度和境界，是关于人与自然的和谐、人与社会的和谐、人与人的和谐、人的身心和谐的思想。

"中庸"的观念认为凡事都有一个标准，也就是一个限度，超过这个限度和达不到这个限度都是一样的。对此，《论语》中的原典表述是"过犹不及"（《论语·先进》）。这是一种相当高的境界，"中庸之为德也，其至矣乎！民鲜久矣"（《论语·雍也》）。"中庸"是界定政治管理职能限度的准绳。孔子在回答子张问政时所说的"尊五美，屏四恶"，可以算作比较完善的解释。这里的"尊五美"即指"君子惠而不费，劳而不怨，欲而不贪，泰而不骄，肆而不猛"。反过来说，也就是要防止偏倚和走极端，亦即"屏四恶"。四恶者，"不教而杀谓之虐；

121

不戒视成谓之暴;慢令致期谓之贼;犹之与人也,出纳之吝,谓之有司"(《论语·尧曰》)。只有排除了这些极端行为,政治管理才能做到尽量不要使管理对象感到强制或被迫,而是使其乐为所用。这也就是说,使管理对象对实现管理目标具有主动性。主动性越大,完成管理目标越容易,过程中的摩擦、阻力越小,越能符合管理艺术的要求。

就人与自然的关系而言,"中庸"的道德智慧表现为人与自然的和谐相处,最终臻至天人合一的境界。就人与社会的关系而言,道德智慧体现为人与社会的和谐共生,是个体与周围世界的互动中,肯定他人、他物的存在价值,能领悟出与自己的适度关系,并能恰如其分地在态度和行为上表现出来的意识和能力。正所谓"知人者智,自知者明""己所不欲,勿施于人""己欲立而立人,己欲达而达人"。人能恰如其分地理解自己和他人的关系,并将自己对道德智慧的领悟转化为道德的实践,在待人接物中充分地展现这种领悟性的道德智慧,是一种十分重要的能力。就人与自身的关系而言,"中庸"的道德智慧是处理好人与自身的关系,要求人能做到内外一致,身心和谐。在现实生活中,我们应该以"和为贵"为准则。在工作中,大家都得与他人打交道,常常感到一些朋友或伙伴不合脾气,也有一些朋友很对口味,同气质,要如何对待呢?最好应该采用"一视同仁"的态度,才能对自己的事业有益,不能全凭自己的好恶。要学会团结一切可以团结的力量,为了得到各种人的帮助,这或者也是中庸的智慧吧!另外,我们在处理事务时,也不要"胡子眉毛一把抓",应该谦虚谨慎,戒骄戒躁,做事情不可贪多求快,否则事情做完后,才发现什么也没能干好。

【案例分析】

华为采用"中庸"思想对企业进行管理与其领导人有着密切的关系。作为华为的总裁,任正非受中国传统思想的影响甚大,其管理思想渗透、融合了儒、法、道等传统哲学,充满了浓厚的辩证色彩。比如,他对各级管理者提出不同的要求,对高层管理者要求以"道"治理公司,达到"无为而治";基层管理者则应以"法"管理,就是如法家那样严格地执行规章制度,有效监控,铁面无私,身体力行;而中层管理者则实行"儒家"的"中庸"式管理,必须在务实与务虚之间找到一个平衡点。

"中庸"之道实际上是任正非管理思想的重要原则。在公司整体运作中,任正非一直主张管理上要做到进取而不盲动,稳健而不保守,敢冒风险,又善于稳中求胜,以取得管理的最佳效果。特别是在公司大发展时期,他多次强调改良和优化才是管理进步的好方式,而不是"革命"和"全盘否定","轰轰烈烈的巨变只会撕裂公司,所以,要在撕裂和不撕裂中把握好度"。

"灰度"思想来源于"中庸"之道,"灰度管理"的提出是建立在华为背景之下的,一是华为正处在一个变革时期,所以要求管理者要有"灰度管理"的理念,不要走变革的极端;二是这些变革也是华为"二次创业",为了实现和国际管理接轨而进行的,有变革就一定有业务整合调整、利益重新分配等问题,为了消除变革带来的影响,就必须使用灰色管理的方式和态度处理矛盾,相互协调,并获得最好的平衡点;三是在此之前,大部分管理者已经适应了这种"精确管理"模式,所以他们面对变革需要有新的思维。学习"灰度管理"的背景如图 2 所示。"中庸"之道符合华为当前的变革与发展要求,因此在"中庸"思想的指导下,产生了"灰度"哲学。

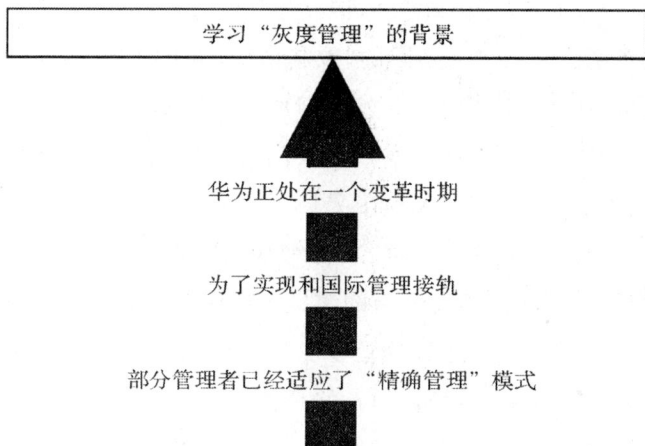

图 2　学习"灰度管理"的背景

2.什么是"灰度管理"?"中庸"思想与"灰度管理"的异同有哪些?

【理论依据】

所谓灰度,与非白即黑、非此即彼的思维方式相对应,指的是一种非白非黑、非此非彼的一种模糊的状态。灰度是经过一段时间内各种要素相互影响,最终达成的一种均衡稳定的结果。"灰度"文化指的正是在现代中国企业中存在的一种以妥协、折中为特征的,以追求和谐稳定的最终状态为目标的,具有高度灵活性和人性化色彩的柔性管理文化。企业的管理者把握好灰度,做好适度的授权和让渡,便可事半功倍,提高管理效率;企业员工把握好灰度,做好适度的妥协和宽容,便可化解矛盾,缔造和谐的人际关系;企业的发展把握好灰度,便可在复杂的市场环境下,规避风险,稳中求胜。

【案例分析】

"灰度"思想来源于"中庸"思想,两者有很多相同点。灰度文化的产生与儒家思想推崇的"中庸"之道有密不可分的关系,可以说"灰度管理"就是来源于"中庸"之道。孔子在《论语·雍也》中提出"中庸"一词。他说:"中庸之为德也,其至矣乎! 民鲜久矣!""中庸"之道主张"致中和",追求既不太过,又无不及,即恰到好处。《论语·子路》中说:"不得中行而与之,必也狂狷乎! 狂者进取,狷者有所不为也。""狂者"激进,偏激,易逾"中和";"狷者"退缩,少勇而不及"中"。因此,"中庸"之道既反对冒险激进,也反对倒退落后。这与现代企业中存在的"灰度"文化不谋而合,或者说"灰度"文化的产生正是这种文化思想的影响。

不仅如此,"中庸"思想的内在核心在于"时中",具体做法是把握中度;"中庸"思想的逻辑起点是尚中,具体做法是中正不偏;"中庸"思想的理想目标是"中和"状态,具体做到权宜应变;"中庸"思想的规范原则为"中正",具体要做到中礼、中道。这些"中庸"思想的特点,全部在"灰度"哲学里面有所涉及。

而"灰度管理"虽然来源于"中庸"思想,但又不同于"中庸"思想的妥协,是在"中庸"思想基础上的升华,或者说是结合华为实际的"取其精华,弃其糟粕"。中国传统文化中的"中庸"之道讲求的是做事不偏不倚,取折中之法,即所谓不求有功,但求无过的立身之道。而任正非所讲的"妥协"其实是非常务实、通权达变的丛林智慧。凡是人性丛林里的智者,都懂得恰当时机接受别人妥协,或向别人提出妥协。妥协是理想职业化的必要途径,每个人在这样复杂的情势中,要保持足够的宽容、妥协和灰度。任正非讲求的这种"妥协"也并不是完全放弃原则,而是以退为进,通过适当的交换来确保目标的实现,他认为:"为了达到主要的目标,可以在次要的目标上做适当的让步。明智的妥协是一种让步的艺术,妥协也是一种美德,而掌握这种高超的艺术,是管理者的必备素质。"

3."灰度"思想如何给企业指明方向?华为是如何运用的?

【理论依据】

"中庸"思想的内在核心在于"时中",具体做法是把握中度。孔子非常重视"时","道千乘之国,敬事而信,节用而爱人,使民以时",同时孔子主张把"中"与"时"结合起来。《礼记·中庸》中提到了"君子之中庸也,君子而时中"。意思是说君子之所以能够坚持"中庸",关键在于君子能够"时中"。"中庸"并不是一物均分为二的这种观点,不是两端的中间,而是要达到适合于事物实际情况的中正,把握事物的中度。

一个清晰的方向,是在混沌中产生的,是从灰色中脱颖而出。方向是随时间与空间而变的,它常常又会变得不清晰,并不是非白即黑、非此即彼。合理地掌握合适的灰度,是使各种影响发展的要素,在一段时间和谐,这种和谐的过程叫妥协,这种和谐的结果叫灰度。

【案例分析】

掌握灰度就是要灵活地为企业的发展方向留出可变的空间、留出变化的余地,不把方向定死。在复杂的市场环境中,企业的生存环境瞬息万变,只有灵活,留出可变的灰色区域,才能随时随地地适应市场,谋求更好的发展。随着时间的改变,企业需要面临种种新变化,企业的战略方向需要不断地进行调整。但不管如何调整,前提是存在可调控的空间。因此,在企业方向不清晰的情况下,灰度思想能给企业指明方向。

"灰度管理"创造于华为,运用于华为,也给企业指明了方向,华为掌握"灰度"原则包含以下五个方面:

(1)企业核心价值观是确定的,坚持不动摇。只有确定不变的东西之后,才能确定什么可以变。以华为为例,华为提出"成为世界一流的设备供应商"这一理念是不变的,其余任何变化都是围绕这一理念而展开的。

（2）把握螺旋式上升的变化趋势。掌握灰度要允许企业的"倒退"，企业的发展往往是螺旋式上升的，企业管理者需要有更大的眼界，允许有停滞、倒退的情况，停滞、倒退固然说明企业的运作出现了问题，但从长远看，这正是为企业的持久发展进行缓冲和积淀。

（3）灰度具备冒险和超常规两种元素。灰度包含一种冒险精神，冒险的实质是对创新与超常规的鼓励和纵容。创新是有极大风险的，而管理者要具备承担这种风险的气质，真正成功的企业往往都有一段冒险成功的历史。

（4）企业的管理要有弹性，要具备快速反应能力。真正掌控灰度的管理者无不善于把握各种稍纵即逝的机会，对内外环境的变化敏感，能够抓住主要问题进行灵活应对，准确决策，迅速行动。

（5）将"变化"视为常态。企业追求灰度的目的在于变为"可变"。当一个组织永远处于一种可变的状态中时，无论是来自外部环境还是企业内部的变化，都无法对企业构成冲击，从而实现企业平稳而长远的发展。

4. 为什么企业要妥协？

【理论依据】

"中庸"的观念认为凡事都有一个标准，也就是一个限度，超过这个限度和达不到这个限度是一样的。对此，《论语》中的原典表述是"过犹不及"（《论语·先进》）。这是一种相当高的境界，"中庸之为德也，其至矣乎！民鲜久矣"（《论语·雍也》）。中庸是界定政治管理职能限度的准绳。孔子在回答子张问政时所说的"尊五美，屏四恶"，可以算作比较完善的解释。这里的"尊五美"即指"君子惠而不费，劳而不怨，欲而不贪，泰而不骄，威而不猛"。反过来说，也就是要防止偏倚和走极端，亦即"屏四恶"。四恶者，"不教而杀谓之虐；不戒视成谓之暴；慢令致期谓之贼；犹之与人也，出纳之吝，谓之有司"（《论语·尧曰》）。只有排除了这些极端行为，政治管理才能做到不使管理对象感到是强制或被迫，而是使其乐为我用。

"中庸"思想的逻辑起点是"尚中"，具体做法是中正不偏。中正不偏主要指在处理问题时，我们要把握事物度量的正确性，不走极端。孔子主张："不得中行而与之，必也狂狷乎！狂者进取，狷者有所不为也。"（《论语·子路》）意思是说思想激进的人是不顾一切地坚持向前，气度狭窄的人考虑问题主观而不体恤人意。所以，孔子主张"过犹不及"，"狂"即"过"，"狷"即"不及"，两种状态在相反的方向上脱离标准的"两极"，就会成为名副其实的两端。

【案例分析】

坚持正确的方向，与妥协并不矛盾，相反，妥协是对坚定不移的方向的坚持。当然，方向是不可以妥协的，原则也是不可以妥协的。但是，实现目标过程中的一切都可以妥协，只要它有利于目标的实现，为什么不能妥协一下？当目标方向清楚了，如果此路不通，我们妥协一下，绕个弯，总比原地踏步要好。在一些人的眼中，妥协似乎是软弱和不坚定的表现，似乎只有毫不妥协,方能显示出英雄本色。但是,这种非此即彼的思维方式,实际上是认定人与人之间的关系是征服与被征服的关系,没有任何妥协的余地。

"妥协"是双方或多方在某种条件下达成的共识,在解决问题上,它不是最好的办法,但在没有更好的方法出现之前,它却是最好的方法,因为它有不少的好处。妥协并不意味着放弃原则,一味地让步。明智的妥协是一种适当的交换,为了达到主要的目标,可以在次要的目标上做适当的让步。这种妥协并不是完全放弃原则,而是以退为进,通过适当的交换来确保目标的实现。相反,不明智的妥协,就是缺乏适当的权衡,或是坚持了次要目标而放弃了主要目标,或是妥协的代价过高遭受不必要的损失。

5.对"完美主义赶走人才"提几条对策。

【理论依据】

"中庸"思想的理想目标是"中和"状态,具体做到权宜应变。从"中"的层面可以理解"礼",而"礼"的实质可以称之为"和"。孔子认为:"中也者,天下之达本也;和也者,天下之达道也。"孔子强调的中庸的状态就是"致中和",所以他特别关注"和"的价值与意义。孔子"中庸"思想的权变思想在《论语·里仁》中可以得到再次验证,即"君子之于天下也,无适也,无莫也,义之与比"。孔子认为,世界上的任何事情,没有规定要怎么做与不怎么做,怎样合理,就怎样做。

【案例分析】

"灰度"思想认为:完美是不存在的,一味地去追求完美就会给企业和员工带来无尽的烦恼与麻烦,完美主义本身的目标总是设定在极限的理想状态下,而这种情况在现实中是不存在的。因此,不现实的"高标准,严要求"会使人产生一种被苛责的感觉,这对企业的凝聚力有极大的危害。根据灰度管理的思维,针对管理者可以提出以下几条意见:

(1)允许员工失败

一次失败可能使员工丧失了信心,没有了斗志,如果管理者能宽容他们,并适时地鼓励或者表扬一下,让他们明白自己的心血没有白费,他们肯定会重新恢复自信,找回自我。那么,下一次他们很有可能就不再是失败者,而是成功者。在工作中采取一种"容许失败"的态度,使员工敢于正视自己的"失败",其实是管理者的另类激励。

(2)不要过于看重完美的结果,要肯定员工努力的过程

管理者要宽容一点,强调所做努力中的积极方面,并让他们以积极的"吃一堑,长一智"的态度对待失败,鼓励他们继续前进。当员工处于困境或失败中时,管理者的褒奖会比平时管用一万倍。它可以让员工感到温暖和鼓励,对管理者感激不已,从而更加忠诚地为企业服务。

(3)在任务失败时奖励表现出色的员工

从某种意义上讲,企业的工作任务总有失败、完不成的时候,而任务失败时,也总会有

一些表现不错的员工,对这些员工的表现是否奖励,将直接影响到他们以后工作的积极性。如果领导者因为企业的任务失败而不去考虑对员工的奖励,那么只会对员工产生打击的结果。

6.如何将"灰度"思想更好地运用到企业中?

【理论依据】

"中庸"思想的内在核心在于"时中",具体做法是把握中度;"中庸"思想的逻辑起点是"尚中",具体做法是中正不偏;"中庸"思想的理想目标是"中和"状态,具体做到权宜应变;"中庸"思想的规范原则为"中正",具体要做到中礼、中道。

所谓灰度,与非白即黑、非此即彼的思维方式相对应,指的是一种非白非黑、非此非彼的模糊的状态。灰度是经过一段时间内各种要素相互影响,最终达成的一种均衡稳定的结果。灰度文化指的正是在现代中国企业中存在的一种以妥协、折中为特征的,以追求和谐稳定的最终状态为目标的,具有高度灵活性和人性化色彩的柔性管理文化。

【案例分析】

有如下几点关系要企业家处理好,否则就不是真正的灰度管理。

(1)制度管理与人本管理的平衡

人本管理与制度管理的区别就在于人本管理重视的是"人",而制度管理重视的是一些"条条框框"。无规矩不成方圆,制度的管理可以省去许多推诿现象,减少企业的运营成本,提升效率。但是,过于严格的制度管理容易导致个性的压抑、创新力的下降和员工满意度的降低。因此公司要在制度管理和人本管理上寻找一种平衡。

人本管理的核心是管理者对人的尊重、信任和激励,以人为出发点,尊重每个个体的需求,充分给个体发展的机会和条件。其实,"以人为本"与"中庸"之道有着密切的联系,如果不以人为本的话,那么高效的团队、和谐的整体就无从谈起。随着员工的知识与经验的积累,企业管理应该逐步地将过于强硬的制度管理转向人本管理。

(2)企业盈利与社会责任的平衡

一个现代化的企业应该承担两个重要的责任,一是为股东创造价值的责任,二是为社会创造效益的责任,两者是缺一不可的。企业的首要责任是把企业做大、做强,为股东创造价值,这是根本。但在创造价值的同时也应该履行自己相应的社会责任,如加强员工福利、加强环境保护,与政府、其他企业处理好关系,共同发展,共享利益等。如果一个企业只顾自己的发展而不顾及其应该承担的社会责任,其发展一定是要进入一个"死胡同"的,因为企业的发展是离不开社会的整体发展的。企业要明白,社会责任不一定就会加重企业成本。其实在当前的中国,由于过去在做企业的时候没有考虑人工、自然资源、环境等成本因素而获得了某种程度的发展,今天强调社会责任无非回到原本就应该做的道路上去,或者说是把过去走错了的路纠正回来而已。主动承担一些社会责任其实是好事,因为过去那种不顾生态环境、人类利益的做法是不可持续的"竭泽而渔"的做法,只有更多地关注社会责任才可能形成一个良性的发展生态圈。

（3）个体与团队之间的平衡

企业管理效率提升的核心是依靠团队建设,高效团队的标志是平衡和团结。"家和万事兴",就是用来描述一支高效的团队的。

个体发展与团队合作是一个共赢的模式,但个体和团队之间会存在差异、矛盾、冲突。一个优秀的团队领导就应该是一个"中庸"之道的优秀执行者,会通过不同激励、工作分配,通过协调、妥协、让渡,在保证大原则和大方向的前提下完成组织的目标。企业管理者应该把握好这一对矛盾。处理好了,会使企业欣欣向荣;一旦处理不好,则会使企业腹背受敌。

企业应该尊重和关注个体,特别是一些优秀员工,但是,企业的持续发展绝对不能够依赖某一个或几个英雄式的人物,企业的持续发展更多的是依靠团队工作来完成。在必要的时候,宁愿牺牲短暂的利益,也要保持团队的威力,团队最终才是企业发展的支撑。

（4）快速发展与稳健发展的平衡

现代企业面临着强大的市场竞争压力,大家都在逆水行舟,不进则退。但是过于快速的发展会带来一系列的问题,如企业文化的沉淀问题、中层干部的培养问题、产品线的扩张与质量保证的问题等。这些问题都需要管理者在"快速发展"与"稳健发展"两者之间的相互"拿捏"中得到解决。

五、背景信息

灰色背景下的华为管理方法论

作为一家受人尊敬的企业,除了完全符合卓越绩效准则外,华为必然还要技高一筹。下面,按照卓越绩效企业的管理整合框架,笔者对灰色背景下的华为管理方法论进行一次发现、分析和探索之旅。

1. 领导力:轮值 CEO、领导力素质模型

华为的高层治理极具"灰度"特色,既借鉴了国外大型跨国公司的治理经验,又融入了西方民主政治的智慧。华为实行董事会领导下的轮值 CEO 制度,轮值 CEO 在轮值期间作为公司经营管理以及危机管理的最高责任人。轮值 CEO 由三名副董事长轮流担任,轮值期为 6 个月,依次循环。8 年的实践证明,轮值既是培养接班人的实战方式,又能避免个人长期执政带来的"左倾"或"右倾"的极端化,亦可防止"山头主义"。

对领导力素质的要求,其一,思维模式上,领导者最可贵的思维品质是"灰度"思维——在黑白之间寻求平衡,不是"非白即黑"的两极思维,也不是"白加黑"的并存思维。任正非说:"灰度是常态,黑与白是哲学上的假设,所以,我们反对在公司管理上走极端,提倡系统

性思维。"其二,知识结构上,华为多年来一直倡导高中级干部要有"宽文化背景",即各门类知识大杂烩,什么都懂一点。其三,品格上,既强调严于律己,又注重宽以待人,即坚持自我批判和宽容相结合。

2. 文化:广谱型、铁三角

华为的文化体系是混沌的、多元的、灰色的。十几年前,任正非经过迪拜,写过一篇文章:《资源是会枯竭的,唯有文化才能生生不息》。华为文化有什么特色呢? 八个字和三句话:非马非驴,亦中亦西;以理想主义为旗帜,以实用主义为纲领,以拿来主义为原则。古今中外,皆为我用,兼容并蓄,有扬有弃。任正非的思想中没有什么不变的图腾,华为是那种"食五谷杂粮,壮自身肌肉"的广谱型文化物种。

华为的成功是核心价值观的胜利,亦是辩证法的胜利。2010 年 12 月,任正非曾给欧洲某大客户的高管们上课,授课的题目就是"以客户为中心,以奋斗者为本,长期坚持艰苦奋斗"。他说:"这就是华为超越竞争对手的全部秘密,这就是华为由胜利走向更大胜利的'三个根本保障'。""以客户为中心,以奋斗者为本,长期坚持艰苦奋斗"的核心价值观是一种"铁三角"的辩证思维。这三个方面,有内在联系,而且相互支撑,是一种拉力(以客户为中心)、推力(长期坚持艰苦奋斗)与动力(以奋斗者为本)有机结合的动态均衡。

3. 战略:竞争与合作、专注与均衡、扩张与精细化

形势判断上,"战"与"和"是一对辩证关系,都是为了更好地生存。华为早期崇尚"狼道"与"狼狈文化",强调进攻性,但当内外环境都发生变化时,任正非基于灰度思维,又倡导对内对外的妥协精神。这种合作—竞争的战略,使得华为与几大竞争对手之间基本达成了动态的战略平衡,"共同瓜分世界"至少成为一种不稳定的共识。

战略定位上,战略聚焦和均衡发展是华为的战略优势所在。纵览华为的二十多年,似乎只做一件事:通信制造。华为数十年心无旁骛,不越雷池半步,不向多元化和投机低头。同时,华为善用"压强原理":要集中所有资源形成局部突破,逐渐取得技术的领先和占领战略制高点。目前,华为的战略非常均衡,既关注经营,又关注管理;既关注企业外部,同时也关注企业内部。

战略执行上,扩张和精细化管理并不矛盾,要把两者有效结合起来。华为在前期 10 年左右的发展阶段,将企业的重点定位于经营扩张,集中资源于"微笑曲线"的两端——研发和市场。1997 年以后,华为转换了战略重点,以强化内部为重头戏,通过引进世界一流企业的管理体系,在管理上与全球化企业接轨,通过管理的效率来促进经营效益的提高。

4. 组织和人力资源:人性假设、绩效责任、激励原则

华为承认人性的灰度并加以因势利导、趋利避害。一方面,华为"求同",即基于华为核心价值观的认同和统一。比如,"以奋斗者为本"是建立在对人性认知的基础上的:既奋斗,又共享;主观为自己,客观为公司、为国家。另一方面,华为正视"存异",即认可、保护和欣

赏人性的差异性。千人千面,既然无法参透,倒不如认可、容忍,乃至于欣赏。

在管理者的职责上,华为倡导"高层要有使命感,中层要有危机感,基层要有饥饿感"。其一,"高层要有使命感"。他们不能以物质利益为驱动力,而必须有强烈的内在动机——事业心、使命感和责任意识。其二,"中层要有危机感"。作为主管,凝聚不了队伍,完不成任务,斗志衰退,或自私自利,将被调职或降职。其三,"基层要有饥饿感"。对奖金、股票、晋级和成功的渴望,构成了团队中每个个体的"狼性"精神。

"灰度"哲学指导下的激励原则是,让员工食利,但不让他们成为完全的食利者,更不能形成食利阶层;让员工艰苦奋斗,但又不让奋斗者吃亏。一方面,华为坚持"利益共享",与员工分享发展成果。创立初期,华为就设计了"银手铐"激励制度:工者有其股。另一方面,华为恪守"以奋斗者为本",不让资本束缚了公司发展。任何人,只要离开公司,不再为公司奋斗了,就必须放弃手中的股权。而且,华为一直不上市,因为在任正非看来,公司上市之日,就是企业奋斗精神委顿之时,戴金的翅膀是飞不起来的。

(资料来源:王晨光.华为之道:灰度哲学下的管理逻辑[J].管理学家:实践版,2014(2):86—90.)

六、关键要点

1.关键点

(1)了解灰度管理思想运用的原因和背景:任正非为何运用灰度管理思想管理企业,灰度管理思想的提出有何背景。

(2)掌握灰度管理思想内涵:任正非的灰度管理思想与中庸管理思想有何异同,华为灰度管理思想的内涵是什么。

(3)把握灰度管理思想的理论应用:深入剖析灰度管理思想在华为经营管理中的价值观、经营哲学、管理理念,并探讨灰度管理思想如何运用于企业实践。

2.关键知识点

(1)中庸思想:中庸思想体现了人与自然、人与社会和谐共生的关系,在企业运营中,本案例主要探讨管理者如何实现企业运营的和谐共生。

(2)灰度管理:灰度是经过一段时间内各种要素相互影响,最终达成的一种均衡稳定的结果,本案例主要探讨企业如何规避矛盾,达成妥协的过程。

3.能力点

(1)通过对案例进行学习与分析,养成分析与综合能力。

(2)通过不同案例维度的对比,形成批判性思维能力。

(3)通过案例理论的推演,形成解决实际问题的能力。

七、建议课堂计划

本案例可供独立的案例讨论课使用。以下是按照时间进度提供的课堂计划建议,仅供参考。整个案例课的课堂时间控制在 90 分钟。

1. 课前计划

发放案例正文和相关补充材料,提供"启发思考题"给学生,请学生在课前完成阅读和初步思考,并了解"中庸"思想与"灰度管理"思想的相关内容。

2. 课堂计划

(1)课堂前言:教师简要介绍案例主题(5 分钟)。

(2)案例故事回顾:与学生进行互动,对阅读案例后产生的疑问进行讨论与解答,将案例故事全貌做一回顾,使学生"热身"案例事件要点,为下一步讨论打好基础(10~15 分钟)。

(3)案例分析与讨论:按照"启发思考题"的顺序逐个提出问题并进行理论的讲解和引导分析;提问可以以小组出代表、随机点名或两者结合的方式来调动全体学生参与(55~60 分钟)。

(4)案例总结:教师对讨论进行归纳总结,并进一步启发大家如何将灰度思想合理地运用到企业当中去(10 分钟)。

3. 课后计划

请学生自选企业,分小组撰写自选企业采用中国古代管理思想遇到的境况的报告,成功或困境均可,并提出分析思路(6000 字左右)。

八、参考文献

[1]苏东水,彭贺.中国管理学[M].上海:复旦大学出版社,2006.

[2]吴照云.中国管理思想史[M].北京:高等教育出版社,2010.

[3]胡海波.中国管理学原理[M].北京:经济管理出版社,2013.

[4]陈智刚,博锋.灰度·管理[M].北京:科学出版社,2011.

[5]项凯标.中庸之道在管理中的应用[J].企业文化,2011(2):18—19.

[6]程东升,刘丽丽.华为经营管理智慧[M].北京:当代中国出版社,2005.

[7]余胜海.任正非"灰度管理"的智慧[J].企业管理,2012(9):14—15.

[8]袁帅,郭静."中庸"之道在当代企业管理中的应用[J].出国与就业:就业版,2011(6):72—73.

方太集团：仁义思想缔造企业文化精粹*

▶ 案例推荐辞

2008年以前的茅忠群，是一个崇尚用西方的管理理论来管理公司的企业家。他是一个热爱学习的管理者，系统地学习了西方的管理学思想，并利用西方先进的管理方法对方太进行了改造，使得方太从一个传统家族企业变成一个管理方法严谨、生产工艺高端专业化的现代企业。

从2009年起，在逐渐深入在企业内运用西方管理工具时，茅忠群发现了问题。种种原因下，茅忠群在方太开始推行国学精粹之"仁义"思想来管理企业。首先，他把方太所有的制度都拿出来对照了一遍，按照"仁义"思想进行修改，保留合理的，摒弃和修改不符合"仁义"思想的制度。随后，方太的每一项管理措施都围绕着"仁义"为指导的中心思想制定，比如：广泛征集员工意见后合理安排生产布局，开展各项活动丰富员工业余生活，实施"全员身股制"等五大员工全覆盖保障体系。此外，方太还格外注重对国学的教育。茅忠群亲自带领员工研习中国传统文化，为每位员工购置《三字经》《弟子规》和《千字文》等传统文化读物，甚至建了一所占地200平方米的"孔子堂"，作为学习儒家文化的基地。茅忠群的国学教育不仅仅局限于企业员工，他还向社会宣扬国学，从2010年起，方太每年都举办国学推广综合性项目"青竹简国学计划"。

本案例通过对茅忠群的"中学明道，西学优术"的治企之法的介绍，描述了围绕着"仁义"的企业文化，茅忠群创造了一个独一无二的方太。此外，本案例还就管理者如何使用"仁义"思想治理企业提供了一个很好的范式。通过学习该案例，我们能从古代圣人思想和当代管理者的经验中总结理论和实践意义，使读者更好地熟悉和掌握"仁义"思想在当代企

---

* 本案例由江西财经大学工商管理学院胡海波博士和研究生李劼根据公开信息资料撰写而成。未经允许，本案例的所有部分都不能以任何方式与手段擅自复制或传播。由于企业保密的要求，在本案例中对有关名称、数据等做了必要的掩饰性处理。本案例只供课堂讨论之用，并无意暗示或说明某种管理行为是否有效。

业管理中的运用。

通过对案例中"仁义"思想的学习,读者还可以进一步拓展思考如何系统学习中国传统国学精粹,从而更好地做到取其精华,古为今用。最终,以期培养读者运用中国管理原理和思想分析企业管理之道的思维,提高运用中国管理原理开展实践管理的能力。

▶ 案例正文

摘要:本案例选取宁波方太厨具有限公司(以下简称"方太"),分析儒家"仁义"思想如何被运用于方太的企业管理中。本案例首先阐述了方太把儒家"仁义"思想注入企业本体,随后,主要从两方面入手阐述方太公司如何在公司内部运用以"仁义"思想为主导的企业文化。第一方面是在人本管理方面,方太提出各项措施以保障员工各项福利待遇,主要有和谐共生"家文化"、全员身股"仁"为先、合理分配"义"为辅三点;第二方面,本文阐述了方太在"仁义"的企业文化指导下,注重对传统教育的宣传,主要有针对员工的国学教育和在社会宣扬国学两点。本案例选取了有代表性的事件和例子,充分反映了"仁义"思想在方太的文化管理和人力资源管理中的应用。

关键词:方太公司;仁义思想;企业文化;案例分析

0 引言

方太总裁茅忠群是一个热爱学习的管理者,他于 2000 年到中欧国际工商学院读了EMBA,系统地学习了西方的管理学思想,并利用西方先进的管理方法对方太进行了改造,使得方太从一个传统家族企业变成了一个管理严谨的现代企业,走上了高端专业化路线。但是茅忠群并未止步于此,他陷入了深深的思考:"西方企业的管理方法虽然好,但如果一直按照西方模式来管理,我们岂不永远都是他们的学生? 如何超越他们? 难道中国企业永远只能跟在西方企业后面学习吗?"①

灵光一闪,茅忠群突然想到了日本的管理模式,它把西方管理和本土文化管理完美结合,造就了日本经济的腾飞。因此他认为,作为有五千年文化的大国,中国将来一定也是这个发展方向——本土文化结合西方管理文化,否则就不可能形成自己的独特优势。确定了

---

① "高端"定位需要产品精品化来支撑——茅忠群的生意经[EB/OL]. 中国网. (2009-09-28). http://www. china. com. cn/economic/txt/2009-09/28/content_18620634. htm.

这个方向后,茅忠群决定去学习中国的传统文化,补上这一课。[①] 于是,茅忠群开始一边管理企业,一边穿梭于各大院校的国学班,寻找传统文化与现代企业管理结合的灵感。

从2008年起,茅忠群在学习了国学的基础上,开始在方太推行"国学精粹"管理企业。他所指的国学精粹是以儒家思想为主,兼收各家精华。国学范围很广,流派众多,以儒家思想为主,他认为儒家思想是中国数千年来的主流,之所以被历史选择,也被中国人广泛接受,并非偶然。[②]

1 儒学仁义铸就方太文化

"中国高端厨电专家与领导者"方太集团认为,中国企业的管理模式应该有独属于自己的特色,除了有与其他优秀企业共通的东西,还应该有适合中国人、中国企业自己的哲学和规范。茅忠群认为,现阶段中国企业大多处于缺乏信仰、价值观的状态,"上有政策,下有对策",员工首先想到的是发现制度的漏洞,钻制度的空子,不像西方人会恪守制度,因此导致制度很难落地。"没有价值观,光靠制度,管理很难落地。但如果只有价值观,没有制度,价值观就在空中飘,必须是两者相结合,才能真正有效。"在这种背景下,茅忠群采取"中学明道,西学优术"来管理企业,制度是载体,文化是核心,在实行制度管理时,不要忘了尊重员工,让员工实现自我价值。茅忠群开创了现代儒家管理模式,他希望最终能建立一个以自律为主、制度为辅的中国企业管理模式。他还认为,管理企业就像是两条腿走路,一条腿是制度管理,被西方所强调,另一条腿是价值观、信仰、教育,即儒家文化的仁义精神。[③]

如何把制度与儒家的仁义文化相结合?一般企业制定制度的思路是把员工放在对立面,避免甚至惩罚他们"不听话"的行为,但这显然不符合"仁义"思想。方太的思路是首先替员工着想,想员工为什么会犯错,然后公平、公正、合理地处理问题。[④] 茅忠群引用《论语》来举例:"道之以政,齐之以刑,民免而无耻;道之以德,齐之以礼,有耻且格。"意思是用政令和刑法来统治老百姓,老百姓行为规规矩矩的,是因为害怕受到处罚;而用道德和礼法来约束和管理老百姓的话,老百姓会从内心建立起羞耻感,自然就规规矩矩。茅忠群认为,政令法规的约束虽有效,但难以达到自我约束,管理成本自然高昂。而道德的引导和礼法的约束可真正深入人心。他坚信,与西方管理学中制度先行的模式相比,儒学中育德行礼

---

① 王海杰.茅忠群:我们为什么要实行全员身股制[J].商业评论,2012(8).

② 柴永强.国学精粹缔造"中国高端厨电专家与领导者"[EB/OL].(2011-01-05).http://www.china.com.cn/news/tech/2011-01/05/content_21675875.htm.

③ 陶嘉.方太:兼收并蓄的国学精粹管理模式[EB/OL].(2010-10-15).http://www.ceconline.com/strategy/ma/8800058276/01/.

④ 李妙娴.茅忠群:方太"中学明道"的企业文化[J].新营销,2013(10):42—45.

的精髓有着不可估量的领导力。①

"只是让儒学停留在企业文化层面,那依然是虚,只有真正融入管理,并形成可以延续和实施的制度,才能成为管理模式。"为了把儒家价值观贯彻到方太的每一条制度中,茅忠群把方太所有的制度都拿出来对照了一遍,进行修改。例如,制度中有把员工的错误分为ABC三类错误的条款,类似上班迟到、缺勤属于C类级别的罚款处罚,而更为严重的行为则将按处以警告和开除等另外两个级别处理。"你会发现所有企业都在执行这样的制度,但是上班迟到、缺勤这样的行为却屡禁不绝,这就需要领导人开拓管理思维",茅忠群认为,采用严格制度并非有境界的管理,因为孔子早就说过,"放于利而行,多怨""不教而杀,谓之虐"。企业虽然采用罚款的方式,但管理并不能对人性产生触动。"而所谓人性化管理,才是我所追求的",茅忠群发现"道之以德"远胜过采用"道之以政",因为当员工对其过错"有耻且格",员工就不会违反制度。② 因此,后来茅忠群把罚款改为增加一次教育。"员工犯了错就让主管找他谈话,这样他就不好意思了。"儒家文化说,要让人有羞耻感,有了羞耻感就不会做违例的事情。制度做出改进之后,企业管理效果显现出来,2009年犯C类错误的数量比2008年下降了一半。制度让人有畏惧感,价值观让人有羞耻感,两者相结合才能产生好的效果。茅忠群说:"制度要很好地反映价值观,不能对立,如果对立,就证明我没有忠实于我的价值观。"可以说,以儒家思想为核心的传统文化教育使管理变得简单了。方太的管理者们现在只负责管60分以下的事情,60分以上的事情则通过企业文化和国学教育来影响和渗透。③

吸收了儒家思想之后,管理者对方太的制度进行了全方位的修订。以何为依据进行修订呢? 茅忠群进而说:"在儒家的体系里,符合仁义要求的制度才是好的制度。""仁"就是"仁者爱人",这个制度本身是设身处地为员工着想的;"义者宜也",这个制度要公平、公正、合理。围绕着"仁义"思想,茅忠群的儒学管理实践进入了深水区。④

2 重视人本管理,盖好文化高楼

日益激烈的市场竞争使得企业之间的竞争变成了人才的竞争,拥有一批高素质人才才能在激烈的市场竞争中立于不败之地。无论一个企业将自己的商业模式宣讲得多么精妙华丽,没有能将之付诸实践的人才,也会止于纸上谈兵。然而,招人才难,守人才更难,一个

① 陶嘉. 方太:兼收并蓄的国学精粹管理模式[EB/OL]. (2010-10-15). http://www. ceconline. com/strategy/ma/8800058276/01/.
② 茅忠群. 企业管理的儒道之间[J]. 国学,2013(8):56.
③ 曹世中. 茅忠群与"方太现象"——方太集团总裁茅忠群"国学管理"实践系列报道之五[J]. 新财经,2010(9):80—83.
④ 李妙娴. 茅忠群:方太"中学明道"的企业文化[J]. 新营销,2013(10):42—45.

不能提供归属感的企业,是留不住既有能力又有"野心"的人才的。在方太这个另类的家族式企业中,没有一个家族成员,核心员工全是来自于韩国三星、美国可口可乐、德国西门子、联想、华为等世界级企业的职业"打工仔"。让茅忠群自豪的是,他不仅能招到人才,还能保证非常高的高管留任率。①

秉承仁义的思想,茅忠群认为,要吸引人才、留住人才、凝聚人才,首先要尊重人、关心人、培养人。尊重员工,意味着员工不仅是工作的伙伴,还是生活中的朋友,彼此之间在人格上是平等的,也意味着工作本身不是强迫员工必须服从,而是在双方协商自愿的基础上,选择更利于员工成长的工作项目。这样,管理者与员工不再是单纯的命令发布者和被动接受者、实施者,而是事业上的伙伴,公司也就成了员工追求自我价值的一个平台。茅忠群进而说:"人是生产力中最活跃、最革命的因素,只有引导员工全身心地投入企业的各项管理,才能使员工潜在的智慧和创造力得到真正释放。"②

2.1　和谐共生"家文化"

在重视人本管理方面,方太以"仁义"思想为指导提出的"家文化"备受推崇。

为了员工能有家的感觉,构建和谐的方太企业文化氛围,茅忠群在新产业园区的设计和建设时就做了精心规划和安排,除了合理安排园区的生产布局,他也没有忘记在园区里设置和建设员工的活动休憩场所。方太投资6000多万元建设的厨电研发中心,建设之初向员工广泛征集意见,让员工对自己未来的工作环境进行设计。方太行政办公大楼旁是一个能容纳600多人的员工大礼堂,里边的设施如同一家高档影院,现已成为开展业余文化活动和表彰优秀员工的场所。在员工餐厅旁,建有方太的高管公寓,里边的设施和服务是按四星级宾馆设计的。茅忠群这样做,就是要让高管们能安心在公司工作,他们的工作很累,需要得到很好的休息和照顾。茅忠群不但为公司高管修建了四星级的公寓,还为员工建起了俱乐部、歌舞厅、台球室、健身房、篮球场、图书馆和电教室等,极大地丰富了员工的工余生活。方太在北京分公司的办公楼层,是方太出资1000多万元购买的,分公司总经理严剑辉当时觉得价位合适,向茅总提出购买建议,茅忠群没有实地查看就批准了。③

方太的新产业园区规划得井井有条,宽阔的马路和巨大的厂房之间,有各种花木和碧绿的草坪。员工从宿舍到食堂,从车间到办公室的路上,都建有玻璃顶走廊,方太人亲切地称之为"无雨走廊"。这是在建设园区时就设计好的,南方多雨,"无雨走廊"是为了让员工上下班和业余活动时不淋雨而特意设计的。雨廊两侧是方太的文化宣传园地,更细微的

① 张若夫.方太:儒学治企,全员身股[EB/OL].(2012-09-27).http://www.sj998.com/zt/2012symsfh/2012/0927/413544.html.

② 吕福新.企业家理念领导——茅氏父子如何经营方太公司[M].北京:经济管理出版社,2003:337-338.

③ 曹世中.茅忠群与"方太现象"——方太集团总裁茅忠群"国学管理"实践系列报道之五[J].新财经,2010(9):80-83.

是,在雨廊边上还设置了吸烟处,在工厂里做这样细致的环境设计,在企业里还是非常少见的。①

在方太,体现"家文化"的事情还有很多。如茅忠群的父亲(方太集团董事长)、母亲(方太集团监事长)到公司办公,中午用餐时会与大家一样,到员工餐厅排队就餐,从不给自己另开小灶。方太不但是一家较早建立党委的民营企业,职工业余文化生活也搞得丰富多彩。每年一次的春节联欢会,两年一届的员工运动会,已经连续举办了十几年,成为企业联络员工情感的重要平台。②

2.2　全员身股"仁"为先

"仁"即"仁义之心",意为"仁爱",在茅忠群实践的"儒家管理模式"中,首推"仁爱"。他将孔子原语中的"修身、齐家、治国、平天下"转化为"修身、齐家、立业、建功"的管理理念,语表有所不同,语意却相通。让员工在思想上深知使命与责任,提升自身道德感,从而具有主观能动性、实践性和独立性。③

2010年,方太总部做了一件令外界吃惊的事情——在公司实行"全员身股制"——只要员工任职满两年,方太根据他们的职位、贡献大小,都可获得一定量的公司股权,享有年底分红的权利。据了解,当时方太每年有1亿多元的净利润,而方太承诺拿出5%的利润,即500万元给员工。④ 从2011年下半年开始,公司每年分红两次,分红的时间分别定在端午节和孔子诞辰日(9月28日)。享有"身份股"的职工不需要投资入股,员工依据自己持有"身份股"的多少参与分红。企业将根据岗位和贡献大小,来确定每位员工"身份股"份数的多少,最少的占1股,最多的股数保密,红利按照所在部门年度利润的5%来确定。⑤

在大多数公司里,股权激励只是针对骨干员工和管理层等少数人的激励方案,全员享有分红权并不常见,在制造型企业里就更为罕见了。为什么方太大胆地做出了让全体员工分享公司利润的决策呢? 这就要提到方太的"仁义"为本的企业文化了。

最初管理层讨论在公司里推行股权激励方案时,很自然首先想到骨干层持股。假如没有导入儒家思想,按照一般企业的做法,就是让"小众、骨干、高层"享有身股,这种激励方式也是全世界通行的做法。但是在管理中引入儒家思想以后,管理层就开始自问:"这样做是否符合'仁义'二字的要求,有没有为员工着想? 既然大家都是方太大家庭的一员,为什么高层有基层没有? 难道基层员工没有付出吗?"通过对"仁义"二字的反复深入讨论,管理层

① 李妙娴. 茅忠群:方太"中学明道"的企业文化[J]. 新营销,2013(10):42—45.

② 曹世中. 茅忠群:"国学精粹"塑方太——方太集团总裁茅忠群"国学管理"实践系列报道之一[J]. 新财经,2010(5):22—27.

③ 方太的"儒家管理模式"[EB/OL]. 万维家电网. (2012-08-08). http://kitchen. ea3w. com/133/1334077. html.

④ 李妙娴. 茅忠群:方太"中学明道"的企业文化[J]. 新营销,2013(10):42—45.

⑤ 方太职工喜获"身份股"分红 工龄满两年以上者均可享受[EB/OL]. 浙商网. (2011-06-08). http://biz.zjol. com. cn/05biz/system/2011/06/08/017579979. shtml.

最终决定全员持有身股,让大家都能分享到公司的利润增长成果。①

方太集团总裁茅忠群表示:"企业正是从这一角度,提出了令全体方太人交口称赞的'五个全员覆盖'——五大社会保险全员覆盖,住房公积金全员覆盖,身股制全员覆盖,带薪年休假全员覆盖,工作补贴全员覆盖。"②

2.3 合理分配"义"为辅

在推行全员身股制的同时,我们还注意到,虽然全员身股制针对总部所有员工实行,但是分红股权也根据员工的职位、贡献度进行合理分配。这也是其"仁义"思想的具体体现。"义,就是必须合礼合仪,仁者爱人,义者循礼。在为员工考虑的同时,要合礼合仪。比如,从员工利益出发,我们的薪水比同行业其他企业高一些,但也一定有个上限,比如20%。这样一方面体现儒家思想的'仁义',另一方面确实也考虑整个企业的竞争力,包括股东利益等方方面面利益的平衡。"茅忠群说:"而在为员工考虑时,也要考虑不同层级的员工的利益,高层有高层的利益,中层有中层的利益,不可能绝对平均,但要让大部分人觉得是公平的。"总之,方太的国学管理,体现在所有的价值观都能落在实处,"充分反映仁义价值观的制度建立和普及之后,得到公司员工承认,这才能开花结果"。③

并且,方太还对这些薪酬福利采取保密制度。按理说,薪酬福利经过了反复研究讨论,充分体现了仁和义。如果大家心态都很好的话,制度很公平,价值观都很好,为什么不公开呢?其实必须承认,有时候人性的某些弱点是改变不了的,儒家思想再如何教育也改变不了。"当然,薪酬是否公开也要看进程,"茅忠群表示,"在制度设计上,方太不仅立足长远,也立足当下。"④

3 传播企业文化,注重传统教育

在传播企业文化的道路上,方太一直都没有停下脚步,除了在公司内部传播企业文化,方太还走出公司,向社会公众传播方太的企业文化,传播中国传统思想。

3.1 员工培训:传统教育先行

中国大多数企业家并不缺少自己的价值观,走进企业,老板都能一本正经地跟你说自己的企业文化,但很多时候是老板的一厢情愿。背后没有长效机制,文化就变成饭后谈资,员工并不买账。

---

① 王海杰. 茅忠群:我们为什么要实行全员身股制[J]. 商业评论,2012(8).

② 方太职工喜获"身份股"分红 工龄满两年以上者均可享受[EB/OL]. 浙商网,(2011-06-08). http://biz. zjol. com. cn/05biz/system/2011/06/08/017579979. shtml.

③ 陶嘉. 方太:兼收并蓄的国学精粹管理模式[EB/OL]. (2010-10-15). http://www. ceconline. com/strategy/ma/8800058276/01/.

④ 方太总裁茅忠群:以儒家文化治理企业[EB/OL]. (2010-08-16). http://finance. qq. com/a/20100816/006174_3. htm.

如何不让企业文化流于纸张之上,把孔子的仁义思想传达给一万名员工?茅忠群深知在当下浮躁的社会环境中,这是一门漫长的课程。因此,从2008年起,他亲自主导方太员工的道德行为教育。①

重视教育是儒家的一大传统,茅忠群也没有忽视教育的力量。"不教而杀谓之虐,没有教育过,就随便拿一个制度处罚员工是不可取的,所以要教育先行。"茅忠群解释说,儒家文化里理解的教育和我们现在理解的教育有很大差别,企业的教育主要是知识技能方面的,叫作培训,而儒家的教育则是为人处世方面的。茅忠群提倡教育为主,就像《三字经》里讲的"守孝悌,次见闻"。②

方太为公司每位员工制定了两套计划:一套教育计划,一套培训计划。培训计划针对知识技能、领导力等方面,教育计划就是以儒家思想的价值观念为内容,而且对于每个员工都要求参与学习并学满规定的课时。方太为了使儒学教育更有效,还会找一些非常有帮助的教材和教学方法供大家参考。③

方太把儒家的基本精神"仁、义、礼、智、信"写进企业价值观,为每位员工购置了《三字经》《弟子规》和《千字文》等传统文化读物,这些读品看似简单,却是合乎"仁义"的行为指南。在每天上班前15分钟,茅忠群还让所有员工一起诵读,但并不强制。"这样会打消员工的积极性,让他们产生抵触心理,"茅忠群解释道。④

在方太公司慈溪杭州湾新落成的总部,茅忠群还建了一所占地200平方米的儒家讲堂——"孔子堂",这一度成为中国企业界的轰动性事件。而这也清楚表明茅忠群要用儒家文化来管理企业。方太的"孔子堂"里有一尊2米高的孔子铜像。"不是用来膜拜的,而是让研习者感受中国文化,"茅忠群说,"而且上课也不实行强制制度,公司也不设定考试、业绩挂钩等方式,适当时候,会邀请有专业资质的讲师来,包括我在内,也是学生。"⑤

方太孔子堂是茅忠群亲自在企业内建立的一个儒学课室,目前主要用于儒学的相关教育,包括内部的儒学宣讲与学习交流、外聘国学导师现场授课等。问及在企业内建立孔子堂的缘由,"要推行一种文化和思想,需要一个场地,这是建立孔子堂的初衷",茅忠群给出的答案直截了当。从2008年推行儒学管理至今,茅忠群已经亲自为员工专场讲述儒学理论近十次。⑥

---

① 李妙娴. 茅忠群:方太"中学明道"的企业文化[J]. 新营销,2013(10):42—45.

② 陶嘉. 方太:兼收并蓄的国学精粹管理模式[EB/OL]. (2010-10-15). http://www. ceconline. com/strategy/ma/8800058276/01/.

③ "高端"定位需要产品精品化来支撑——茅忠群的生意经[EB/OL]. 中国网. (2009-09-28). http://finance. china. com. cn/roll/20090928/115146. shtml.

④ 柴永强. 国学精粹缔造"中国高端厨电专家与领导者"[EB/OL]. (2011-01-05). http://www. china. com. cn/news/tech/2011-01/05/content_21675875. htm.

⑤ 李妙娴. 茅忠群:方太"中学明道"的企业文化[J]. 新营销,2013(10):42—45.

⑥ 方太的"儒家管理模式"[EB/OL]. 万维家电网. (2012-08-08). http://kitchen. ea3w. com/133/1334077. html.

"此前我们对员工实行每年50课时的专业技能培训计划,现在又推出'员工教育计划'。我认为思想层面的学习不应该称之为培训,而是教育。这个教育计划的课时不可低于专业培训课时,所以现在每年追加50课时的儒学教育计划,并且是教育为先。"方太大部分的儒学课程在孔子堂进行,当人数超出堂内座席时则移至公司内部的大型报告厅。孔子堂不是一言堂,内容上首推儒学,亦涵盖国学的多门学类;也不是一个导师的单一宣讲,更鼓舞学员互动交流。①

除了"孔子堂"等显性的做法外,2009年开始,方太还成立了儒家管理模式推进小组,茅忠群出任组长,用流程化的做法,把儒家思想打造成一种管理模式、一种管理制度去实施。"我利用一切机会向员工讲'义'和'利'应该是相互平衡、相互统一的,君子爱财,取之有道。"茅忠群说。②

茅忠群把"国学精粹"引入方太的管理后,给总部员工立下了一个新规矩:每天上班前,全体员工站在办公室一起诵读《弟子规》。这样做不是很刻板吗?茅忠群不这样认为:"一开始大家可能不适应,但时间长了,每天读的东西就记住了,会对人的行为产生潜移默化的作用。"当有记者采访方太的制造系统副总刘志培,读《弟子规》有什么收获时,他说:"有时我晚上回家也读,慢慢我的儿子也读上了,有些段落甚至记得比我还清楚。读了《弟子规》,我儿子过去的一些行为,现在也发生了很多变化。看来,潜移默化的作用还是蛮大的。"③

茅忠群带领公司员工天天诵读《弟子规》,并没有把它当成一个简单的形式,他是希望通过这种方式,让自己的员工在方太这个企业里,成为知仁义、识廉耻、懂报恩的人。建设企业文化,不同的企业有不同的做法,茅忠群要用中国传统文化,构建方太的和谐氛围和人文精神,这样的实践,是企业员工之福,这样的愿景,也是未来的方太之福。④

从推行儒学管理的想法诞生那刻开始,如何执行的策略亦已成竹在胸。茅忠群认为"仁爱"的前提就是不能给员工施加压力,而是要让员工从内心深处乐于接受。因为道德思想的教育模式不可与科学技能的教育模式等同,所以不灌输,不强制执行,不考核,不要求员工写学习心得,旨在"潜移默化"中推进,形成个人的修养与行为习惯。⑤

茅忠群认为,通过在公司推行儒家文化,能大大降低制度建设的成本,即不需要大量推

---

① 柴永强. 国学精粹缔造"中国高端厨电专家与领导者"[EB/OL]. (2011-01-05). http://www.china.com.cn/news/tech/2011-01/05/content_21675875.htm.

② 陶嘉. 方太:兼收并蓄的国学精粹管理模式[EB/OL]. (2010-10-15). http://www.ceconline.com/strategy/ma/8800058276/01/.

③ 曹世中. 茅忠群:"国学精粹"塑方太——方太集团总裁茅忠群"国学管理"实践系列报道之一[J]. 新财经,2010(5):22—27.

④ 曹世中. 茅忠群与"方太现象"——方太集团总裁茅忠群"国学管理"实践系列报道之五[J]. 新财经,2010(9):80—83.

⑤ 陶嘉. 方太:兼收并蓄的国学精粹管理模式[EB/OL]. (2010-10-15). http://www.ceconline.com/strategy/ma/8800058276/01/.

行制度而是通过教化达成员工行为一致和企业文化建设的目的。当然,儒家文化也并不意味着忽略制度建设,他认为儒家的五常——"仁、义、礼、智、信"中的"礼"就是制度,但儒家的制度与一般的制度有很大区别,儒家对制度有前提要求,即要符合"仁义"的要求。也即儒家的制度要求以合情合理为前提,否则就是坏制度,执行起来也会很难。①

3.2 国学教育:以惠及社会为目的

在方太,茅忠群在向员工普及儒学文化时,还发生过一件有趣的事情。方太的生产工人很多,在学了《弟子规》之后,大家对孝悌的理解都深入了。很多人会经常性地给家里人打电话,和父母的联络更加紧密。甚至有个别员工提出要辞职,理由是长期离家对父母照顾不够。"部门负责人就来跟我说,'我们推行儒家思想到底对不对啊,我所在部门的骨干要辞职,回家去照顾家人了。'我说,我们企业就是培养人的地方,员工走了我们可以继续培养其他人,而社会上多了一个信仰儒家思想的人,说明我们的教育起到效果了。"茅忠群笑着说。②

这说明在学习国学并在公司内部推行时,茅忠群的视野并不仅仅局限于方太。他的目标是通过这种教育,使得社会上信仰儒家思想的人越来越多,从而使得社会上越来越多的人有道德。为此,方太还从 2010 年开始,联合《南方周末》报社发起并主办了一项长期的国学推广综合性项目——"方太青竹简国学计划"。③

"方太青竹简国学计划"是一个每年持续进行的跨年度公益活动,每年的主题也不尽相同,2010 年为"旧知·新枝",2011 年为"故知·新姿",2012 年为"国学之美无处不在",2013 年为"国学的力量"。

"方太青竹简国学计划"的目标在于推动中华国学经典教育,利用《南方周末》的独特新闻平台,撇清目前社会上对于"国学"概念的混论滥用,宣传真正科学系统的"国学"自修形式和内容。同时褒扬那些身体力行传播国学文化的个人和组织,支持他们的国学实践,为青年一代确立文化认同感和民族自信心,用国学文化来促进和谐的社会生活。④

整个项目自始至终坚持"分层次、全系统、易亲近的国学自修平台"这一定位,希望能通过多种手段来让中国民众找到自己喜闻乐见而又力所能及的国学自修渠道。为此,每年的青竹简活动贯穿全年,包括"高校国学周""我陪孩子读经典""国学特刊""微说国学""在线讲堂""孔子堂教室""相约论语 100 大学生夏令营""民间国学推广项目评选""网络征文大

---

① "高端"定位需要产品精品化来支撑——茅忠群的生意经［EB/OL］. 中国网. (2009-09-28). http://finance. china. com. cn/roll/20090928/115146. shtml.
② 陶嘉. 方太:兼收并蓄的国学精粹管理模式［EB/OL］. (2010-10-15). http://www. ceconline. com/strategy/ ma/8800058276/01/.
③ 青竹简历程［EB/OL］.方太官网. http://www. qingzhujian. com/Module/course. html#center.
④ 青竹简活动简介［EB/OL］.方太官网. http://www. qingzhujian. com/Module/intro. html.

赛""年度国学论坛"等主题活动。为了更好地帮助参与者对活动的理解,"青竹简"每年都会特别邀请国内多位国学领域的学者在官方网站上开展"国学导师网上荐书"板块,每月为爱好者们推荐易学易懂的国学读物。①

4 结束语

"道常无为而无不为。侯王若能守之,万物将自化。"这句来自《道德经》的话既是方太领导者茅忠群的处事之道,也是方太的为企之道。② 正如茅忠群所说:"可以治理国家的思想,肯定是可以管理企业的。经济发达国家都有符合自己国情和文化特征的管理模式,美国、日本都有自己的管理模式,中国要成为发达国家,一定也要有自己的管理模式。我觉得儒学完全可以与实践管理相结合,中学明道,西学优术,且要中西合璧。"③

"仁义"是上天授予人类亘古不变的本性,放之四海而皆准,穿越时空而不变,过去几千年证明其是正确的,未来几千年它将依然正确。秉承着这样的企业文化,承载着华夏民族自五千年前起始的成功哲学,方太集团作为中国高端厨电专家与领导者,集"中国高端厨电第一品牌""中国消费者第一理想品牌"等众多殊荣于一身。这些成就让人们更为热衷于国学,让更多企业开始注重建设真正意义上的企业文化。中国的企业管理需要两条腿,一条腿是西方的制度管理,另外一条腿就是传统文化和价值观。当然我们也需要适当地改造西方的制度,把它变成儒家思想下的制度,这样中国式管理就成立了。我们有理由相信,在中西合璧的中国现代儒家管理道路上,方太成功地迈出了第一步,并朝着更加辉煌的未来大步前进。④

资料1

宁波方太厨具有限公司简介

宁波方太厨具有限公司(以下简称"方太")创建于1996年,由茅理翔、茅忠群父子共同创立,方太创建以来始终专注于高端嵌入式厨房电器的研发和制造,致力于为追求高品质生活的人们提供具有设计领先、人性化厨房科技和可靠品质的高端嵌入式厨房电器产品,倡导健康环保的生活方式,让千万家庭享受更加幸福的居家生活。方太业务涉及厨房电器、热水器、集成厨房以及海外事业四大领域,目前拥有"FOTILE 方太""MIBOI 米博"

---

① 青竹简历程[EB/OL].方太官网. http://www.qingzhujian.com/Module/course. html＃center.
② 高峰.以儒治企打造百年方太[J].国家电网,2013(8):112.
③ 柴永强. 国学精粹缔造"中国高端厨电专家与领导者"[EB/OL]. (2011-01-05). http://www. china. com. cn/news/tech/2011-01/05/content_21675875. htm.
④ 曹世中. 茅忠群与"方太现象"——方太集团总裁茅忠群"国学管理"实践系列报道之五[J].新财经,2010(9):80-83.

"BORCCI 方太柏厨"三大高端品牌。

1996 年 1 月 18 日,宁波方太厨具有限公司成立,并斥资 2000 万元建立第一条吸油烟机生产线,年产 30 万台。

2000 年 7 月,方太正式进入集成厨房行业,建立集成厨房生产线。

2000 年,公司进入灶具领域。

2001 年 5 月,公司投资 3000 万元建成的年产 30 万台中高档灶具的生产基地即方太第四期工程顺利完工并正式投入使用。

2001 年,公司投资 1000 万元建立第一条消毒柜生产线,年产 15 万台。

2003 年 7 月 15 日,占地 158 亩的方太外环工业园动工建设。外环工业园成为了方太集成厨房和燃气产品的生产基地。

2005 年 7 月 15 日,方太滨海工业园破土动工;9 月 6 日,方太滨海工业园举行奠基仪式。方太滨海工业园成为承载方太第二个十年宏伟目标的重要基地。

2008 年,方太整体迁入占地 400 多亩的杭州湾新区方太滨海工业园,方太在这里继续为成为"高端厨电领导者"的品牌定位而努力。

2010 年,方太与特劳特(中国)战略定位咨询公司展开合作,方太高端定位战略更加清晰,更加聚焦于高端,为方太未来发展指明了方向。

2012 年 1 月 9 日,"FOTILE STYLE"方太顶级厨电馆在上海桃江路 8 号开幕,总面积近 3000 平方米,集合产品科技、企业文化、生活方式为一体的综合型厨电体验馆,向世界表达中国家庭的高品质生活方式和生活态度。

方太始终专注于高端厨电领域,坚持"专业、高端、负责"的战略性定位,向着成为一家受人尊敬的世界一流企业的愿景迈进。公司不断致力于为追求高品质生活的人们,提供设计领先和品质卓越的高端嵌入式厨电、集成厨房产品,提供高品质的厨房产品,倡导健康环保生活方式,让千万家庭享受幸福生活,业已成为高端厨电领导者。

方太始终坚持"专业、高端、负责"的战略性定位,品牌实力不断提升。在第三方进行的"中国消费者理想品牌大调查"中,方太获得 2008 年、2010 年"中国消费者第一理想品牌"称号,蝉联 2009 年、2010 年、2011 年三届"中国公司人品牌调查"厨电占有率第一名,权威调查机构的品牌调研结果显示,方太的品牌价值达到 101.4 亿元,同时在品牌第一提及、购买首选率、品牌认知度等关键指标上,均在行业内遥遥领先,在高端市场的占有率超过40%。2011 年,方太荣膺厨电行业的首个"全国质量奖",并一举拿下"浙江省政府质量奖"。与此同时,方太集团以独特的创新模式、优越的品牌价值赢得"2011 CCTV 中国年度品牌"殊荣。2012 年,方太百尺竿头,更进一步,又接连荣获了 2012 国家"工业品牌培育示范企业"称号、2012 最佳企业品牌形象奖、工信部 BPI"抽油烟机"和"燃气灶"行业第一品牌称号、2012 宁波品牌百强。2013 年,获国家工信部"工业品牌培育示范企业"称号等荣誉,稳居高端厨电领导者地位。2014 年,获得"万科集团年度 A 级供应商"荣誉。

(资料来源:方太官网[EB/OL]. http://www.fotile.com/fangtaijianjie.php.)

资料 2

方太的口号

方太使命:让家的感觉更好。方太通过不断地开发健康、舒适、环保、节能、安全、方便的厨房等家用产品,不断为人类提供更新更好的厨房和家居文化与生活方式,让千万家庭享受更加幸福的生活,让"顾客"家的感觉更好。

方太愿景:成为受人尊敬的世界一流企业。

(1)高端品牌的典范:建设中国高端家电领域第一个国人创造的高端厨房电器第一品牌,中国高端集成厨房第一品牌,中国高端热水器第一品牌,国际厨房电器著名品牌。

(2)卓越管理的典范:规范的治理机制,卓越的经营管理,一流的经营绩效,杰出的员工队伍,成为中国企业的标杆和典范。

(3)优秀雇主的典范:尊重、信任并关爱每位员工,确保员工感到被重视和尊重;员工的薪酬与绩效有效挂钩,不断激励员工实现出色业绩;让每一位方太人都能得到成长和发展,并在这个平台上实现自己的人生价值和梦想。

(4)承担责任的典范:积极承担社会责任,包括法律责任、发展责任、道义责任。法律责任包括产品责任、员工责任、环境责任、税收责任等法定责任;发展责任包括促进企业科学发展、和谐发展,努力建设和谐企业;道义责任包括遵守社会公德和商业道德规范,让相关方共赢,积极从事慈善公益事业。

方太核心价值观:人品、企品、产品三品合一。我们坚信:作为一家追求卓越的企业,我们不仅仅要为顾客提供世界一流的产品和服务,还要积极承担社会责任,做一个优秀的企业公民,同时,我们也要让自己成为德才兼备的有用之才,与企业共同成长。这三者的相辅相成,缺一不可。

(1)人品:我们坚信合格的方太人一定具备包括传统美德、职业道德、职业精神以及职业能力在内的四大品质。

(2)企品:包括社会责任、卓越管理、一流业绩。社会责任是企业存在的理由和价值所在,卓越管理是实践社会责任的方法和过程,一流业绩则是必然的结果。

(3)产品:包括领先设计、卓越品质、超值服务。

方太管理原则 25 条:

(1)以顾客与市场为关注焦点;

(2)发挥个人领导能力;

(3)管理重在执行;

(4)关注细节;

(5)管理要不断追求合理化、不断寻求平衡点;

(6)用原则进行领导和管理;

(7)制度要好、执行要严;

(8)基于事实的管理;

(9)用系统的观点与方法进行管理;

(10)持续改善、不断创新;

(11)灵活性与快速反应;

(12)重在结果与创造价值;

(13)诚信为本;

(14)实施预算管理,加强成本控制;

(15)承担责任,没有任何借口;

(16)组织和个人的学习与发展;

(17)简单有效;

(18)双重领导的组织原则;

(19)投诉原则;

(20)沟通、沟通、再沟通:80%的管理问题与矛盾源于缺乏良性的沟通;

(21)关注未来,追求企业可持续发展;

(22)建立组织外部的合作伙伴关系;

(23)关注员工成长;

(24)关注自我成长;

(25)社会责任与公民义务。

(资料来源:方太官网[EB/OL]. http://www.fotile.com/fangtaijianjie.php.)

资料 3

方太的管理模式

方太的管理模式是儒家提倡的五常——"仁、义、礼、智、信"。

方太集团认为,"仁"是企业运行的重要道德规范,要求每一位方太人都能够从同事、客户、合作伙伴、公司的角度去思考问题。"因为只有这样,大家才能共赢",形成了全行业堪为楷模的渠道销售体系;成就了千家万户消费者易用、好用、爱用的方太系列产品。

作为道德规范,"义"是仁的绝佳的补充和完善。每位员工待人接物处事一定要做到合理,合宜,公平,公正。

当企业发展到一定规模,内耗问题无疑会逐步加重。方太通过企业文化中的"礼"基因来解决这一问题。包括"五个全员覆盖"在内，全面预算管理系统、CRM 客户关系管理系统、全员绩效管理系统、IQM 全面品质管理系统、PDM 产品数据管理系统、QCC 提案改善管理系统，一系列数十套创新的管理规范和运营模式、流程、系统，成为方太全速运转的有力保障。

作为"中国高端厨电专家与领导者"，方太在"智"这一领域无疑具有极大优势，通过优秀的员工、严密的管理结构、先进的流程制度，方太凝聚于产品之上的创新智慧无处不在。方太拥有行业内首个国家级企业技术中心，以及全球最大、最先进的厨电实验室，包括两个国家级实验室。自成立至今，方太创新开发了数十项具有全国乃至全球领先水平的产品，截至 2014 年，方太已获得国家专利数量近 500 项，其中发明专利近 70 项，在行业遥遥领先。凭借顶尖的研发实力，方太主导制定了吸油烟机的国家标准与国际标准，更以出色的工业设计实力，斩获了行业最多的 iF 及 reddot 大奖……每一个五年跨步而来，期间无数的专利与新品无不体现着方太人血液中流淌的智慧与创领精神。

信者始为人。一个诚信的人，他的职业发展一定事半功倍、如鱼得水。同样，一个诚信的企业，才能在激烈无序的市场竞争中立足根本，赢得尊敬。可以说，正是凭借着"信"，方太才能够成就其飞速发展与长足进步。

近几年来，方太根据"仁、义、礼、智、信"的管理模式倡导至诚关怀服务理念，始终视消费者为至亲、家人、朋友，天下一家。除了提供厨电产品 5 年质保、互联网分布式呼叫中心、1200 余家服务网点等硬件服务，方太还在全国各地举办至诚关怀服务城市主题讲座，邀请心理学家与家庭用户分享减压、亲子关系方面的心得。此外，方太专门开展对消费者持续关怀工作，每年挑选一些市场，访问老顾客，发短信问候，每月邀请专家讲解一些与家庭生活相关的知识。

（资料来源：柴永强. 国学精粹缔造"中国高端厨电专家与领导者"［EB/OL］.（2011-01-05）. http://www.china.com.cn/news/tech/2011-01/05/content_21675875.htm.）

▓ 案例使用说明

一、教学目的与用途

1. 适用课程：管理学原理、中国管理学原理、中国管理思想史等工商管理类课程。

2. 适用对象：本案例主要适用于全日制工商管理类本科生、MBA 或全日制工商管理类硕士研究生教学，适合具有一定管理理论知识基础的学生和管理者学习。

3.教学目的:本案例主要通过描述方太集团如何从传统文化入手打造其特有企业文化并在企业内贯彻实施,展现方太集团独特的中国管理之道,揭示中国管理原理在方太集团的管理过程中的作用。通过对这些经营哲学的介绍,展现茅忠群对传统思想的敬仰,揭示了"仁爱"思想在企业管理过程中的作用,使得学生理解、掌握和思考以下三方面的内容:

(1)对"仁义"思想有更深入的认识;

(2)茅忠群是如何实施"仁义"思想的;

(3)培养运用中国管理原理和思想分析企业管理之道的思维,提高运用中国管理原理开展实践管理的能力。

二、启发思考题

1.方太为什么要运用"仁义"思想来管理企业?

2."仁义"思想既然也提到了与身边的人和谐相处、互利共生,那其与西方的利益相关者理论有何异同? 试比较。

3.试根据案例分析方太在企业管理的哪些方面运用了"仁义"思想。

4.方太在宣传国学方面的做法,从西方的企业利益角度看可谓"得不偿失",为什么还要继续做?

5.方太在企业内实行"仁义"思想,试分析总裁茅忠群在其中发挥的作用。

6.方太采取"中学明道,西学优术"的方法来管理企业,如何看待方太这种"中西合璧"的管理理念? 方太的成功对其他企业有借鉴意义吗?

三、分析思路

本案例具有多方面的启发性,基于自己的教学目的与用途,可以灵活使用本案例。基于本案例主要内容以及涉的相关中国管理学理论和思想,在此提出案例分析思路,仅供参考。

本案例首先从茅忠群使用儒家思想治理企业的原因入手,使学生理解中国传统思想也可以被合理地用来管理企业;然后通过分析方太如何在企业内运用"仁义"思想,使得学生充分理解"仁义"思想的实施手段和方法;最后,通过探讨茅忠群运用"仁义"的中国传统管理思想取得成功的深层次原因,分析寻找对其他企业的借鉴意义。案例分析思路如图1所示。

四、理论依据与案例分析

根据上述案例分析思路,结合启发思考题中有关问题,在此总结本案例的理论依据并分析案例主要内容,仅供参考。

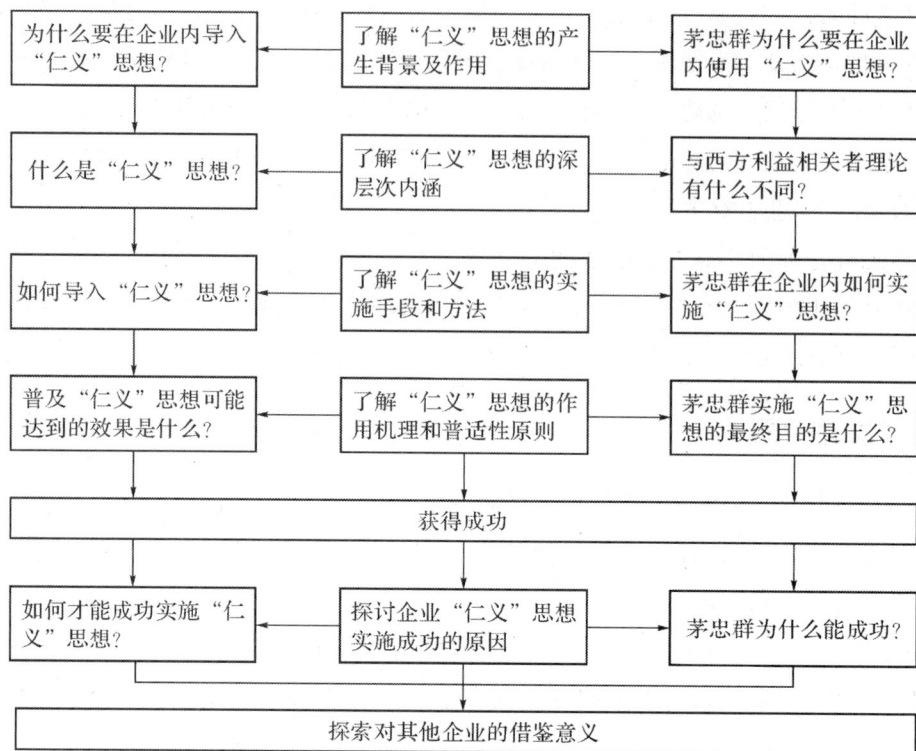

图1 案例分析思路

(一)理论依据

1.儒家思想——"仁"

"仁"的观念,最早起源于对道德之天的敬畏意识。在《左传》《国语》中,"仁"就是指一种对道德礼法敬谨的责任意识,体现为道德的仁爱精神,"仁"表现为统治者"德裕其身""德裕其民"的仁德爱民精神。在这一精神下,"仁"的实践也走出了"亲亲"的血缘囿限,而具有了"仁者爱人"的精神。孔子继承了"仁"的原始内涵,并把它进一步深化,扩展成为亲亲、爱人等"仁"之发用、"仁"之实践得以可能的根据与根源,从而形成了他的仁学思想。

"仁",是孔子思想的核心。"仁"字是"人"字旁加个"二"字,两个人相处之道即为"仁"。"仁"是人们相处、相知、相爱之道。东汉古文字学家许慎在《说文解字》中解释说:"仁,亲也,从人二。"清代文字学家段玉裁又进一步注解道:"亲者,密至也。从人二,相人偶也。人偶犹言尔我亲密之词。独则无偶,偶则相亲,故其字从人二。"

孔子在《论语》中反复论述"仁","仁"在《论语》中共出现过109次。"仁"的概念非常宽泛,如当樊迟问孔子什么是仁时,孔子回答"爱人"。孔子又说:"克己复礼为仁。"要求人们"非礼勿视,非礼勿听,非礼勿言,非礼勿动"(《论语·颜渊》)。孔子以孝悌为仁之根本。孔子说:"君子笃于亲,则民兴于仁。"仁的基本精神是"爱人""忠恕","己欲立而立人,己欲达而达人"；强调"己所不欲，勿施于人"。孔子仁者爱人的主张在一定程度上肯定了人的尊严和人的价值，顺应了当时奴隶解放的潮流。孔子用"爱人"来解释"仁"，用"忠恕"来实现"仁"。孔子的"仁"还包括忠恕之道。所谓"忠"是指"己欲立而立人，己欲达而达人"。强调君主只有"上孝于亲""下慈于民"，才谈得上臣民对君上的忠诚。居上位的君王应"守礼""正身""修己"，以身作则，这才能使臣下心悦诚服，真正做到以忠事君。所谓"恕"，就是要"己所不欲，勿施于人"（《论语·卫灵公》），孔子提倡"以直报怨，以德报德"的品德。孔子的忠恕之道，是一种推己之心以爱人的精神。"忠"者，有诚恳为人之心，"恕"者，无丝毫害人之意。在孔子的仁道中，"忠恕"占有重要的地位。

2. 儒家思想——"义"

"义"起源于一种象征"秩序"的仪礼，表达了威严与不可侵犯的区别。在《尚书》中，"义"的内在含义发生了转变。作为"仪礼"的"义"开始与"宜"字假借与互释。"义"的内涵演变为天道之"应当""应该"，具有了道德意义。到了春秋战国之际，作为新观念"礼"之内在根据的"义"，被提升为根源于天地之道的宇宙之道。"义"就是根据天道之自然所发出的人道之当行的判断与行为，"义"之判断的合理性依据，就是天道的终极真理。天道之当然的"义"，虽然是一种外在于人的应然与规范，但有德君子能在自己的具体生命中，体证出道德之天的存在。因而，行"义"对于有德君子来说，不仅成为人之为人而不得不做的事，而且还是其人格追求的目标。

"义"，原有威仪、美善、适宜之意，后来逐渐成为表示"应该"的道德准则规范的总称。晋代王弼在注释《道德经》中的"绝仁弃义，民复孝慈"时说："仁义，人之善也。"由此可见，"义"和"仁"是不能分割的，是"仁"的一个方面的内容，是"仁德"的一种表现。孟子将"义"界定为"羞恶之心"，意指人做了不应该做的事情应感到羞愧。在"义"与"利"对举的场合，"义"指社会整体利益；"利"指一己私利。所谓"义利"之辨，是指人在立身行事时，究竟是以道德为行为准则还是以私利为指导思想呢？在回答道德价值与物质利益、公利与私利关系上，孔子明确地指出："君子义以为质。"（《论语·卫灵公》）"质"即原质，犹本原、根本也，指君子在立身行事中应以道义为根本。孔子和儒家学者认为应将社会整体利益置于一己私利之上，主张"义以为上"（《论语·阳货》）、"见利思义"（《论语·宪问》）、"先义后利者荣，先利后义者辱"（《荀子·荣辱》），反对见利忘义、"不义而富且贵"（《论语·述而》）。在古人看来，"义"是调节社会利益关系和正确处理感觉欲望与理智理性的重要价值准则。

3. 利益相关者理论

1984 年，弗里曼出版了《战略管理：利益相关者管理的分析方法》一书，明确提出了利益相关者管理理论。利益相关者管理理论是指企业的经营管理者为综合平衡各个利益相关者的利益要求而进行的管理活动。与传统的股东至上主义相比较，该理论认为任何一个公司的发展都离不开各利益相关者的投入与参与，企业追求的是利益相关者的整体利益，而不仅仅是某些主体的利益。

利益相关者包括企业的股东、债权人、雇员、消费者、供应商等交易伙伴,也包括政府部门、本地居民、本地社区、媒体、环保主义等的压力集团,甚至包括自然环境、人类后代等受到企业经营活动直接或间接影响的客体。这些利益相关者与企业的生存和发展密切相关,他们有的分担了企业的经营风险,有的为企业的经营活动付出了代价,有的对企业进行监督和制约,企业的经营决策必须要考虑他们的利益和接受他们的约束。从这个意义讲,企业是一种智力和管理专业化投资的制度安排,企业的生存和发展依赖于企业对各利益相关者利益要求的回应的质量,而不仅仅取决于股东。

(二)案例分析

1. 方太为什么要运用"仁义"思想来管理企业?

方太总裁茅忠群运用西方先进的生产管理理念使得方太走上了专业化生产道路,但在实践过程中,他发现,首先,现阶段中国企业大多处于缺乏信仰、价值观的状态,不像西方人一样恪守制度,而喜欢发现制度的漏洞,钻制度的空子,导致制度很难落地;其次,西方企业的管理方法虽然好,但是一直按照西方的模式来管理,我们就永远都是他们的学生,没法超越他们。因此茅忠群想到采取"中学明道,西学优术"来管理企业。制度是载体,文化是核心,在实行制度管理时,不要忘了尊重员工,让员工实现自我价值。这样才能保证在有价值观的前提下,员工自觉遵守规章制度。

因此,茅忠群开始学习中国的传统文化。在长期坚持学习参加各种国学研修班之后,2008年,他确定采用"仁义"精神管理企业,为什么要选儒家的"仁义"精神呢?因为"仁义"精神讲求爱人爱物、遵守道德准则规范,如果能成功地普及"仁义"思想,企业内就能形成正确的价值观和信仰,这样才能保证制度的安全落地,普及实施。

方太实行"仁义"治企的原因如图2所示。

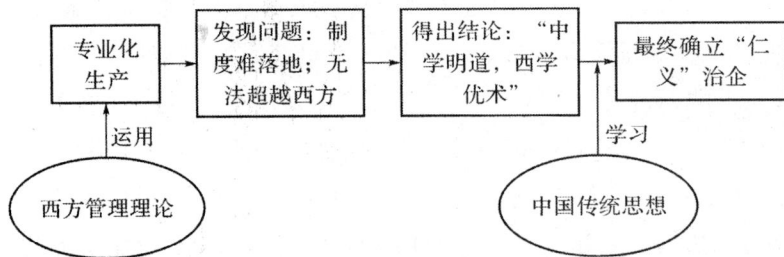

图2 方太实行"仁义"治企的原因

2. "仁义"思想既然也提到了与身边的人和谐相处、互利共生,那其与西方的利益相关者理论有何异同?试比较。

"仁义"思想是基于人性本善和中国传统"亲亲""尊尊"的秩序提出的,讲究人应主动承担某些责任义务,构建维系好与周边人物、环境的关系。而利益相关者理论是西方管理学者基于科学管理理论提出的,把企业看成一个主体,在进行某些管理行为措施时,为了维持企业的生存发展必须要处理好的一系列问题。因此,两者在产生背景、实施手段和目的结果方面都不尽相同。"仁义"思想和利益相关者理论的区别如表1所示,仅供参考。

表1 "仁义"思想和利益相关者理论的区别

	"仁义"思想	利益相关者理论
产生背景	人性本善和中国传统"亲亲""尊尊"的社会秩序	西方科学管理理论
实施手段	从内心自觉自发地完成某件事情	制度约束
目的结果	社会和谐	自身利益

3.试根据案例分析方太在企业管理的哪些方面运用了"仁义"思想。

茅忠群从2008年开始确立方太的管理模式要以儒家的"仁义"思想为主导时,就开始了大刀阔斧的改革。为了把儒家价值观贯彻到方太的每一条制度中,茅忠群把方太所有的制度都拿出来对照了一遍,进行修改。比如一般企业制定制度都以约束、惩罚为主,但方太的思路是把罚款改为增加一次教育,先替员工着想,想员工为什么会犯错,然后公平、公正合理地处理问题。

在儒家的体系里,符合仁义要求的制度才是好的制度。"仁"就是"仁者爱人",这个制度本身是设身处地为员工着想的;"义者宜也",这个制度要公平、公正、合理。围绕着"仁义"思想,茅忠群的儒学管理实践进入了深水区。

在人力资源管理方面,茅忠群秉承着"仁义"思想,在企业内实施了系列举措,极大地保障了员工福利。方太的新产业园区设计和建设广泛征求员工意见,合理安排生产布局,设置大量供员工休息和活动的场所;方太领导平易近人,与员工一同吃饭从不开小灶;方太经常开展业余文化活动,每年一届春节联欢会,两年一届员工运动会,极大地丰富了员工生活。方太在管理中引入儒家思想以后,通过对"仁义"的反复考量,实行了一项在企业管理界前所未有的举措——全员身股制,员工只要任职满两年,都可获得一定量的公司股权,享有年底分红的权利。此外,分红股权也根据员工的职位、贡献度进行合理分配。

除了在制度和人力资源管理层面,方太还格外注重"仁义"的企业文化的宣传。茅忠群认为思想教育应先于技能培训,因此他格外重视对员工的儒家传统教育。他带领员工研习中国传统文化,为每位员工购置了《三字经》《弟子规》和《千字文》等传统文化读物,甚至建了一所占地200平方米的"孔子堂",专门用来当作学习儒家文化的基地。茅忠群不仅仅局限于企业内,他还走向社会公众,传播企业文化,宣扬国学,从2010年起,方太每年都举办国学推广综合性项目"青竹简国学计划"。通过这些教育和宣传,方太打造的"仁义"的企业文化潜移默化地影响着员工。

"仁义"思想是方太特有企业文化的核心内容。围绕着"仁义"的企业文化,方太的一系列员工培训、薪酬激励等措施都在此基础上展开。这种以人本为主的企业文化制度体系,创造了独一无二的方太,也创造了中国高端厨电专家与领导者。茅忠群在方太内实施"仁义"思想的情况如表 2 所示。

表 2　茅忠群在方太内实施"仁义"思想的情况

"仁义"思想注入企业	制度设计	把方太所有的制度都拿出来,用"仁义"思想对照并进行修改
	人力资源管理	方太的新产业园区设计和建设广泛征求员工意见,合理安排生产布局,设置大量供员工休息和活动的场所
		领导平易近人,与员工一同吃饭从不开小灶
		经常开展业余文化活动,每年一届春节联欢会、两年一届员工运动会,极大地丰富了员工生活
		全员身股制等"五个全员覆盖"
	国学教育	带领员工研习中国传统文化
		为每位员工购置了《三字经》《弟子规》和《千字文》等传统文化读物
		建了一所占地 200 平方米的"孔子堂"
		从 2010 年起,每年举办"方太青竹简国学计划"

4. 方太在宣传国学方面的做法,从西方的企业利益角度看可谓"得不偿失",为什么还要继续做?

方太在企业内宣传国学教育,建立"孔子堂",员工对孝悌的理解深入,很多员工会经常性地给家里人打电话,跟父母的联络更加紧密。甚至有个别员工提出要辞职,理由是长期离家,对父母照顾不够。面向社会宣传国学教育更是花费不少,每年连续主办一项长期的国学推广综合性项目——"方太青竹简国学计划"……

方太的国学教育导致了员工流失,管理成本增加,方太的部门负责人也很疑惑,方太推行儒家思想到底对不对呢?但是茅忠群认为,企业就是培养人的地方,员工走了企业可以继续培养其他人,而社会上多了一个信仰儒家思想的人,就说明传统的教育起到效果了。

从西方只局限于企业利益的角度来看,方太这种做法的确是"得不偿失",但茅忠群的视野并不仅仅局限于方太。他的目标,是通过这种教育,使得社会上信仰儒家思想的人越来越多,从而使得社会上越来越多的人有道德。方太正是秉承着"仁义"思想的要求,主动承担社会责任,从长远目标来看,方太通过宣扬国学文化,以期促进和谐的社会生活。

5. 方太在企业内实行"仁义"思想,试分析总裁茅忠群在其中发挥的作用。

茅忠群意识到用西方的思想来管理企业有着以下问题:其一,中国人和英美等发达国家的人有着本质区别,西方管理理论在中国的运用可能会出现"水土不服"的情况;其二,我们一味地学习西方思想,只能跟在他们后面,无法超越他们。因此茅忠群借鉴日本的管理模式,希望开创"中学明道,西学优术"的中国式管理局面,在研习了中国传统文化之后,他开始用儒家思想来治理企业。

在内部实施时,茅忠群把制度以"仁义"思想作为标准进行修改,在员工薪酬、福利设计方面也完全按照"仁义"思想衡量,甚至还不惜花费重金,向员工和社会公众宣传中国传统管理智慧。

茅忠群是方太实行"仁义"思想的发起者和严格执行者。没有茅忠群,企业就无法实行儒学治企的模式,方太的管理模式也不会成功。

6.方太采取"中学明道,西学优术"的方法来管理企业,如何看待方太这种"中西合璧"的管理理念?方太的成功对其他企业有借鉴意义吗?

茅忠群认为,管理企业就像是两条腿走路,一条腿是西方制度管理,另一条腿是儒家文化的仁义精神。西方的管理制度是载体,中国文化是核心,结合两者,才能建立一个以自律为主、制度为辅的中国企业管理模式。

因此,对于其他企业来说,要建立一个这样的中国式管理模式,不仅需要一个崇尚传统管理思想的管理者作为表率,还需要制定一套以儒学为核心的企业制度。在企业内贯彻落实这种制度并上升为企业文化,最终让这种制度内化为员工的价值观,这样员工才能自觉遵守规章制度,那么,中国式管理也就成功了。

五、背景信息

随着近年来国学热潮的兴起,越来越多的学者研究国学,也带动起许多企业家把国学运用于管理实践中。本案例讲述了方太总裁茅忠群从2008年开始在方太公司内推行儒学"仁义"思想,并以"仁义"思想为核心打造方太特有的企业文化。在推行"仁义"思想的这些年间,方太成功地打造了儒学治企的中国式管理模式。

六、关键要点

(一)分析内容的关键要点

1.在企业管理中,创建一个企业制度不难,但如何把这种企业制度上升到企业文化并使得全体员工自觉遵守才是一个难题。在对案例进行分析时,着重分析方太这种文化给企业带来的影响才是问题关键所在。

2.如何创造性地运用传统儒家思想,并结合制度实施也是案例分析关键点。

(二)分析方法的关键要点

1.对儒家的"仁义"思想的内在含义深入解剖,并分析方太如何把"仁义"渗透于企业管理。

2.把方太的企业管理经验作为切入点,深入分析传统思想在公司内的运作机制,通过案例分析,把这种实践上升到企业如何能成功运用传统管理思想的理论。

七、建议课堂计划

本案例可以作为专门的案例讨论课来进行,通过采取小组讨论的方式分析本案例,以完成本案例的教学目标。以下是按照教学课程时间进度提供的课堂安排建议,仅供参考。整个案例课的课堂时间控制在 90 分钟。

1. 课前计划

发放案例正文和相关补充资料,提供"启发思考题"给学生,请学生在课前完成阅读和初步思考,并了解"仁义"的相关理论知识。

2. 课堂计划

(1)课堂前言:教师简要介绍案例主题(5 分钟)。

(2)案例故事回顾:将案例故事全貌做一回顾,使学生"热身"案例事件要点,为下一步讨论打好基础(10~15 分钟)。

(3)案例分析与讨论:按照"启发思考题"的顺序逐个提出问题并进行理论的讲解和引导分析;提问可以以小组出代表、随机点名或者两者结合的方式来调动全体学生参与;第 1~5 题每题掌握在 8~9 分钟,第 6 题掌握在 15 分钟左右(55~60 分钟)。

(4)案例总结:教师对讨论进行归纳总结,并进一步启发大家从文化差异视角对中国式管理进行课后探讨(10 分钟)。

3. 课后计划

请学生自选企业,分小组撰写自选企业运用传统思想进行管理的报告,并提出分析思路(6000 字左右)。

八、参考文献

[1]吴照云.中国管理思想史[M].北京:高等教育出版社,2010.

[2]胡海波.中国管理学原理[M].北京:经济管理出版社,2013.

[3]吕福新.企业家理念领导——茅氏父子如何经营方太公司[M].北京:经济管理出版社,2003.

[4]曹世中.茅忠群:"国学精粹"塑方太——方泰集团总裁茅忠群"国学管理"实践系列报道之一[J].新财经,2010(5):22—27.

[5]李妙娴.茅忠群:方太"中学明道"的企业文化[J].新营销,2013(10):43—45.

[6]高丽梅.儒家"仁义"思想的形成及其意义[D].西安:陕西师范大学,2003.

[7]张文昌,于维英.东西方管理思想史[M].北京:清华大学出版社,2007.

[8]葛荣晋.中国管理哲学通论[M].北京:中国人民大学出版社,2012.

九、附　录

古文注解

1.克己复礼为仁。(《论语·颜渊》)

注解:克制自己的私欲,回复到礼,这就是仁。

2.非礼勿视,非礼勿听,非礼勿言,非礼勿动。(《论语·颜渊》)

注解:不符合礼制规定的,不能看、不能听、不能说、不能动。

3.君子笃于亲,则民兴于仁。(《论语·泰伯》)

注解:君王对自己的亲眷忠厚深情,则普通人民就会因此走上仁德。

4.己欲立而立人,己欲达而达人。(《论语·雍也》)

注解:自己决定对人建立仁爱之心,别人才会对你仁爱,自己决定对人豁达(宽容),别人才会对你豁达(宽容)。

5.己所不欲,勿施于人(《论语·卫灵公》)

注解:如果自己不喜欢或做不到,就不要强加于别人。

6.以直报怨,以德报德(《论语·宪问》)

注解:用正直来报答怨恨,用感激、恩德来报答恩德。

7.绝仁弃义,民复孝慈。(《道德经》)

注解:放弃世俗倡导的仁义,回复到人的本性,才能使人们保持淳朴的本色,体现出孝敬、和善的美德。

8.君子义以为质。(《论语·卫灵公》)

注解:君子把义作为做人的本质。

9.义以为上。(《论语·阳货》)

注解:义是最可贵的。

10.见利思义。(《论语·宪问》)

注解:看到货财,要想到道义。

11.先义后利者荣,先利后义者辱。(《荀子·荣辱》)

注解:先考虑道义而后考虑利益的人就会得到光荣,先考虑利益而后考虑道义的人就会受到耻辱。

12.不义而富且贵。(《论语·述而》)

注解:不守道义,却有钱有势。

日本软件银行：英雄所见不谋而合，孙孙兵法不战而胜*

▶ 案例推荐辞

　　《孙子兵法》总共十三篇，虽然篇幅不长，但其作为世界上第一部军事哲学书不仅思想深远，而且可以应用到军事以外的领域，例如经济、管理领域。此外，《孙子兵法》不仅在国内受到热捧，还受到其他国家青睐。日本自从 20 世纪 60 年代经济高度成长以来，开始将《孙子兵法》的研究引入商业竞争当中。其中有许多日本企业家在管理企业的过程中运用《孙子兵法》中的思想，孙正义就是其中的一位。孙正义可谓是一位杰出的日本企业家，他带领软件银行无限延伸事业触角。虽然孙正义高中、大学都是在美国接受的教育，但支持其奋勇前冲的思想不是美式的经营理论而是孙子思想。

　　从管理历史来看，西方的管理理论是随着西方经济的现代化而成熟起来并影响全球的。随着中国经济在世界的影响越来越大，时代正在呼唤有中国特色的管理学派的建构。《孙子兵法》是中国战略智慧的经典之作，它深刻的理论思维、卓越的战略思想、独特的表述形式对于人们理解战略的真谛具有无可替代的指导意义。

　　对日本软件银行进行案例分析，不仅可以拓宽《孙子兵法》在企业运用的地域、文化范围，而且可以推动中国传统文化的传播。《孙子兵法》思想用来为近现代企业管理服务始于日本企业界。在日本，《孙子兵法》应用普及化并形成了兵法经营理论体系，这为想用《孙子兵法》指导企业经营实践的企业家提供了丰富的理论土壤。一直以来，从企业管理领域研究《孙子兵法》的不多，而本案例个别地方进行定性分析，试图为其他企业运用《孙子兵法》管理企业提供借鉴。此外，本案例分析的对象是日本的企业，这充分证明了《孙子兵法》不

---

　　* 本案例由江西财经大学工商管理学院胡海波博士与研究生林普英根据公开信息资料撰写而成。未经允许，本案例的所有部分都不能以任何方式与手段擅自复制或传播。由于企业保密的要求，在本案例中对有关名称、数据等做了必要的掩饰性处理。本案例只供课堂讨论之用，并无意暗示或说明某种管理行为是否有效。

仅可以运用于商场，而且在充分结合企业的特性与现状分析的前提下，"放之四海而皆准"。

《孙子兵法》思想博大精深，无处不包含着管理哲学的理论和谋略思想，无处不闪烁着企业管理的智慧光芒。深入研究、潜心挖掘，必然会促使现代企业管理更快地向前发展，很好地把《孙子兵法》管理哲学思想运用于现代企业管理中必然会使经营管理领域发生一次深刻的变革，形成具有中国特色的新型管理理论。

案例正文

摘要：本案例以日本软件银行集团（以下简称日本软银）的董事长孙正义为焦点，描述其如何以《孙子兵法》为基础，结合自身的智慧以及经验形成了独特的"孙孙兵法"并在此后的企业经营当中不断地实践。"孙孙兵法"共25个字，"道天地将法"代表着理念，"顶情略七斗"代表着愿景，"一流攻守群"代表着战略，"智信仁勇严"代表着将德，"风林火山海"代表着战术。这是新版的"孙孙兵法"，新版在原来的基础上按照重要程度进行了重新排序，并且将第四句"顶道略七斗"的"道"换成了"情"。这里面除了"顶情略七斗"和"一流攻守群"以及最后一个"海"字是孙正义原创的，其他的都是《孙子兵法》里的内容。孙正义把"孙孙兵法"作为自己企业经营过程当中的指导思想，在实践当中检验"孙孙兵法"并加以修改。

关键词：日本软银；孙孙兵法；不战而胜；案例分析

0 引言

孙子与兰契斯特都是相当优秀的兵法家，有趣的是，他们的想法非常相近。简而言之，就是不打失败的仗，战而应胜。战争并非赌博，它是科学且有理可循的。这两大兵法的真正精神，正是"不战而胜"。《孙子兵法》与《兰契斯特法则》讲的都是理论，且与我这些年来的一些想法不谋而合，让我有一种深得我心的感觉。举例来说，我从年轻时就告诉自己，一旦决定要做，就要成为那个领域的第一；基本上，孙子与兰契斯特也信奉第一主义。简单地说，这就是战争法则。

——孙正义①

从孙正义的回忆当中可以看出，他有着绝对的自负与自信，他将自己与孙子以及兰契

---

① 泷田诚一郎.孙正义——挑战世界首富的网络巨子[M].长春:吉林人民出版社,2000:112－113.

斯特这样历史上有名的兵法家相提并论。也正是这种绝对的自负与自信造就了这个网络巨子。令人惊讶的是，尽管高中、大学都在美国接受教育，但支持孙正义奋勇前冲的思想却不是美式的经营理论，而是孙子思想。① 孙正义在与病魔缠斗时，以《孙子兵法》为基础，再加上自己的看法，创造出了一套"孙氏双乘兵法"。这套独特的"孙氏双乘兵法"亦称"孙孙兵法"，共 25 字。孙正义致力于新事业时，在遇到试练时以及在考虑长期的愿景时，他总是自问是否符合这 25 个字。一方面用这 25 个字作为自己经营企业的指导思想，另一方面又在实践当中检验这 25 个字。②

1　病中拾得经营秘诀——"孙孙兵法"

1981 年，23 岁的孙正义创立了日本软件银行，资本额 1000 万日元。不到半年，软件银行便与 42 家个人电脑专卖店和 94 家软件厂商进行交易，成为日本第一的软件流通公司。③

事业开始蒸蒸日上，但是不幸的事情也随之而来。1982 年的春天，公司举行的健康检查，证实孙正义罹患严重的慢性 B 型肝炎。④ 在随后的几年里，孙正义一边接受治疗一边博览群书，其中让他最为印象深刻的就是介绍有关《孙子兵法》与《兰契斯特法则》的书。孙正义觉得《孙子兵法》的思想与自己的想法不谋而合，这可谓是英雄所见略同。从军事跨越到商业，毕竟是有一定的区别的，于是孙正义结合"孙子兵法"的智慧，独创了"孙孙兵法"。这套兵法名字的由来是，孙正义自己也姓孙，将"孙子"的"孙"与自己的"孙"相乘，便是"孙孙兵法"。其内容如下：

一流攻守群：身为领导者，应该攻守俱佳，群策群力，努力不懈。

道天地将法：确保在商业竞争中制胜的五大条件。

智信仁勇严：领导者应该具备智、信、仁、勇、严。

顶道略七斗：站在最高处环视四周的变化，尽可能搜集情报，研拟战略，只要有七成的胜算，立刻采取行动。

风林火山海：和对手对决，可以采取"风林火山"的方式，但是要想尽可能地减少伤亡和损失，"海"是最理想的一种方式。⑤

《孙子兵法》的最高境界是"不战而胜之"，这是兵法的源头。融合了《孙子兵法》精华思想的"孙孙兵法"作为孙正义的思想武器和经营法宝，自然也极为重视"不战而屈人之兵"的

①　孙正义和《孙子兵法》[J].电子产品世界,1998(12):71.
②　泷田诚一郎.孙正义——挑战世界首富的网络巨子[M].长春:吉林人民出版社,2000:113.
③　泷田诚一郎.孙正义——挑战世界首富的网络巨子[M].长春:吉林人民出版社,2000:封面.
④　泷田诚一郎.孙正义——挑战世界首富的网络巨子[M].长春:吉林人民出版社,2000:95.
⑤　泷田诚一郎.孙正义——挑战世界首富的网络巨子[M].长春:吉林人民出版社,2000:111—112.

策略运用，并贯彻到了软银公司的运营过程当中。①

当孙正义在致力于新事业时，在遇到试练时以及在考虑长期的愿景时，他总是一遍又一遍自问是否符合这25个字。孙正义将"孙孙兵法"运用到企业的运行中，在实践中检验其有效性并根据实际情况进行修订。2010年孙正义提出了新版的"孙孙兵法"："道天地将法"代表着理念，"顶情略七斗"代表着愿景，"一流攻守群"代表着战略，"智信仁勇严"代表着将德，"风林火山海"代表着战术。新版的"孙孙兵法"在原来的基础上按照重要程度进行了重新排序，并且将原版第四句的"道"换成了"情"。这里面除了"顶情略七斗"和"一流攻守群"以及最后一个"海"字是孙正义原创的，其他的都是《孙子兵法》里的内容。②

2 道天地将法

此句是《孙子兵法·始计篇》里的话，讲的是获胜的条件。③ 其主要意思是做事不仅不能违背"道"，更应该获得天时、地利与人和，并积极建立或严守完备的法律规范。在孙正义看来，商业博弈与帝王之争一样，是一场长期而殊死的战争，而决定是否获得最终成功的前提条件，就看是否符合"道、天、地、将、法"的条件：使众人万众一心，为"道"而战；使整个事业的发展顺应"天时"，符合"地利"，拥有"人和"；同时制订一套严格的纪律施以管理，加强约束力。④

2.1 道：确立一个崇高的信念

所谓"道"，是指人道，即不得逾越大义名分。中国兵法家孙子曰："道者，令民与上同意也，故可以与之死，可以与之生，而不畏危。"在兵法家孙子看来，打仗的根本是"道"，打仗本身不是目的，它只是为了追求和实现某一个远大理想和信念（天下和平、结束兵荒马乱的混战）的手段，这才是战争的实质。⑤

那么对于孙正义来说，他从美国返回日本创业，固然是为了证明自己的能力，实现自己的抱负，但是当他用了一年多的时间来选择自己的事业方向，并创办软银公司之时，他的目的仅仅是为了赢得他人的喝彩吗？他创办企业追求的"道"是什么呢？孙正义曾说过："我想让每一个人的生活方式发生改变。我想改变社会的基础设施，我想通过我们的数字信息革命让人们的心灵和生活发生质的改变。"从孙正义的话中可以看出，"推进数字化信息革命，提供基础设施，使得人们生活得更加幸福"就是孙正义创办日本软银的初衷和理想。为

① 招毅慧.孙正义——梦想与激情[M].北京：中国经济出版社,2009：180.
② 井上笃夫.远见——孙正义眼中的新未来[M].南京：凤凰出版社,2011：169－173.
③ 井上笃夫.远见——孙正义眼中的新未来[M].南京：凤凰出版社,2011：175.
④ 招毅慧.孙正义——梦想与激情[M].北京：中国经济出版社,2009：183－184.
⑤ 招毅慧.孙正义——梦想与激情[M].北京：中国经济出版社,2009：184.

了这个理想,孙正义在多次困境中不屈不挠。①

2.2　天地将:天时、地利、人和缺一不可

战场上打仗,要取得胜利,天时、地利、人和是不可或缺的条件。商场犹如战场,所以这三个要素对于决出孰胜孰负同样重要。在《孙子兵法》中,所谓讲究时机,就是要讲究事态的变化,同时要懂得如何运用。并且,随着时间的推移,要懂得如何去改变和应付,一味地等是下下策。孙子非常重视"地利",他认为"地利"是克敌制胜的重要条件,所以他主张如果不具备"地利"条件,"攻城之法"为迫不得已之举。运用到商业活动中,即需要根据当地具体情况具体分析,采取适当的应对之策。②

软银公司的创立可以说是得益于孙正义对"天时""地利"这两个要素的准确把握。虽然在孙正义创业的时候,日本的企业界被三菱、松下等传统企业统治,孙正义也仅仅是一个赤手空拳的年轻后生,但是他却认为松下幸之助的运气不佳,因为他出生在信息大爆炸之前。孙正义认为自己出生在一个农业革命、工业革命、信息革命的绝好时机,仅此一点,就该好好利用这一天时振翅高飞。③

孙正义从全世界的发展潮流入手,得出了个人计算机即将在全世界、全日本广泛普及的结论,并决定将与计算机有关的产业作为主攻方向。时势造就英雄,在这一点上孙正义要比与他同龄的绝大多数人更高瞻远瞩。软银创立于20世纪80年代,当时的日本大环境比起战前和战后20年,已经有了很大的变化,日本经济逐渐步入了国际经济发展轨道。软银正当其时,它矗立在两个时代的交接处,一边是工业时代,一边是信息化时代。孙正义清楚地看到了日本工业时代的繁荣,但是同时他也窥探到了未来的信息化时代的无限可能。于是他根据计算机潮流的不同发展阶段伺机而动,分别在展示、媒体、网络、互联网等领域打开局面。④

在兵法家孙子看来,天时、地利固然重要,但是如果没有"人和"这个要素,也很难获得最后的胜利。这就是"将"所要发挥的作用。孙子眼中的"将"是指自身要具备大将之才,并在此基础上要有足够支持自己的良将。⑤

在软银的发展过程中,如何寻找到自己需要的人才,如何和聪明人一起合作共赢,需要具备高超的人际关系处理艺术。孙正义在他的奋斗路上,不仅有能人干将全力相助,更有当今世界上最有权势的强者一路提携,这是他走向成功之路的不可忽视的条件。这些合作者或忠心以对,如陆弘亮;或独具慧眼并宽容大量,如佐佐木正;或霸气和才气兼备,如比

---

① 招毅慧.孙正义——梦想与激情[M].北京:中国经济出版社,2009:184-185.
② 招毅慧.孙正义——梦想与激情[M].北京:中国经济出版社,2009:185.
③ 井上笃夫.远见——孙正义眼中的新未来[M].南京:凤凰出版社,2011:177.
④ 招毅慧.孙正义——梦想与激情[M].北京:中国经济出版社,2009:185-186.
⑤ 井上笃夫.远见——孙正义眼中的新未来[M].南京:凤凰出版社,2011:178.

尔·盖茨、罗伯特·默多克等,这些人为软银在不同的发展阶段提供了非常宝贵的支持。[①]

2.3 法:建立完善的规章制度

在《孙子兵法》中,所谓"法",是指军队的编制体制、管理方式和保障体系。它强调的是力量组合的合理性和整体运行的有效性。在孙子看来,有很多因素都影响着战争的胜负,但是,如果参加作战的军队没有严格的法律规范加以约束,那么无论是哪一场战争都不可能获得胜利。可见,在孙子的军事思想中,"法"占据了非常重要的地位。用现代的观点来解析,"法"就是"体制",它反映各种力量通过什么样的组合方式、管理方式和保障方式形成一个有机的整体。从这一意义上来说,"法"是保证统帅决策能否贯彻落实的重要环节。在现代企业运营中,一套完善的规章制度同样也是确保企业顺利发展的重要保障。孙正义无疑深谙此中道理。[②]

孙正义认为"法"就是建立法论、体系以及规则。如果不以这样的形式就不能建立大组织,靠歪打正着不是经营企业的长久之计。[③]

在软银发展到了相当规模之后,孙正义在管理上开始了他的改革,在他住院治疗的过程中,为了能更好地"遥控"软银的发展,他在公司内部推行了无纸化办公,所有事务都可以通过网络加以分析,这样他即便在病床上也能对企业的发展了如指掌。孙正义也是日本较早引进股票期权的企业家,他早早就意识到不断变化发展的外部环境必然影响到企业经营中的"人"的因素,把握好这个因素,企业才能得以长久发展,这一点认识也比同时代的日本企业家要先进得多。[④]

3 顶情略七斗

这是孙正义独创的经营兵法,讲的是领导者应有的智慧,即分析什么时候该采取行动的智慧。在采取攻势时,首先站在山顶环视四周的变化,才不会"只见树木不见森林"。掌握整体环境之后,再彻底搜集情报,拟定战略。等战略拟定后,只要有七成的胜算,便毅然投入战斗;若只有五六成的胜算,则不求战。[⑤]

3.1 顶:高瞻远瞩,掌控全局

"顶",即顶峰,指站在山顶俯瞰地面,掌控全局,有高瞻远瞩之意。孙正义认为应该站在未来的高度来判断企业应该具备怎样的愿景,应该往哪里走。[⑥]

---

① 招毅慧.孙正义——梦想与激情[M].北京:中国经济出版社,2009:186-187.
② 招毅慧.孙正义——梦想与激情[M].北京:中国经济出版社,2009:187.
③ 井上笃夫.远见——孙正义眼中的新未来[M].南京:凤凰出版社,2011:178.
④ 招毅慧.孙正义——梦想与激情[M].北京:中国经济出版社,2009:187.
⑤ 招毅慧.孙正义——梦想与激情[M].北京:中国经济出版社,2009:191-192.
⑥ 井上笃夫.远见——孙正义眼中的新未来[M].南京:凤凰出版社,2011:179.

1994年5月,软银将美国Phoenix公司收入囊中,这是软银第一次并购美国公司。孙正义热切渴望通过这桩收购案掌控到最周详、最前沿的信息,以便能把握个人计算机的消费潮流,成为站在潮流之巅的第一人。Phoenix的主要业务是为全世界一百几十家个人计算机硬件大公司制作操作指南。当时全世界的个人计算机的上市量达到了几千万台,如果每一台都附带Phoenix制作的操作指南,这可是一个不小的市场。事实上,这一块的销售额占据了该公司7626万美元总销售额的47%,也就是近3600万美元。但是孙正义的真正目的并不在此,他看中的是Phoenix具有的能向世界各地提供软银服务的渠道,软银的新软件借助于这样一个国际性的渠道,必然能很快送到几千万用户手中,有可能引发消费大热潮。孙正义更大的目标还在于微软。通过制作微软软件产品的操作指南,软银就能在第一时间了解微软正在开发的最尖端产品的信息,做到最先判断出个人计算机的将来发展趋势,掌握全局,并及时采取相应的措施。①

3.2 情:彻底掌握重要信息

"情",指掌握了整体,再集中精力彻底分析得到的信息。孙正义从美国回到日本决定创业的时候,他首先成立了Unison World公司来专门进行市场调查,而调查的目的是为了挑选出适合自己一生投入的事业。孙正义花了一年半的时间针对自己感兴趣的40项事业拜访各式各样的人、阅读许多书籍以及资料,每一项事业的书面文件叠起来都有三四十厘米高。正是孙正义这种主动出击,对选项进行透彻思考的态度让他选择了一个非常具有潜力的事业。②

3.3 略:确定长远战略

"略",指搜集到情报之后,拟定长远战略。说到确立战略,有人会说先从看得到的地方入手,即主张先从战术上入手。然而,战术是根据变化的情况而做出的具体对策,如不能确定要进军的事业领域、目的,不计算好战争的利害得失,战术本身就不复存在。回顾孙正义对软银事业的每一次布局,无不是从"略"的角度出发,尔后再依据实际情况制订具体的战术策略,策略有可能失误,但是整体方向却一直没有动摇过,比如孙正义在杂志出版业上的投入,对互联网的投资,无不如此。③

3.4 七:具有七成把握就出手

"七",指战略付诸实行的时机是"七成胜算"的时候,这是孙正义自创的。胜败的比率为五比五时,就贸然发起战斗,这是愚蠢的。如果以为九成取胜要比七成可靠性大,更是大错特错。这是因为取胜的比率平衡为九成时,在数字化信息产业就意味着一切都迟了。④

① 招毅慧.孙正义——梦想与激情[M].北京:中国经济出版社,2009:192.
② 泷田诚一郎.孙正义——挑战世界首富的网络巨子[M].长春:吉林人民出版社,2000:31.
③ 招毅慧.孙正义——梦想与激情[M].北京:中国经济出版社,2009:193.
④ 井上笃夫.远见——孙正义眼中的新未来[M].南京:凤凰出版社,2011:181.

追求九成的获胜概率,从道理上讲无可非议,但是一旦披挂上阵,战斗已经结束了。即便在局部战场上捞到点什么,绝大部分的战场已经插上了别人的旗帜,所谓"兵闻拙速"(《孙子兵法·作战篇》)。所以应以七成为一个尺度,只要各种条件准备到了七成,就应迅速行动。同时,事业的风险也要控制在三成以下,对于新开发的项目,失败的概率同样要控制在三成以下。相较于明基董事长李焜耀的"有四成把握就出手"的策略,孙正义显然保守了些,但不要忘了,在日本人的思考模式中,有七成把握就出手已算是很大胆了。到目前为止,孙正义的一切行动都是以这个基准来判断的,当然,即使有七成的胜算,一旦实际去做,失败的概率还是有三成。不过,既然孙正义不是用五五比,而是用七比三的胜算去发展事业,而目前公司仍在持续成长,那么就可以说这种策略是成功的。①

3.5 斗:立即采取行动的智慧

即便已经看到了七成的获胜概率,如果不能立即采取行动,那么先前所做的所有准备有可能就成为了东流之水。所以,"顶情略七斗"的"斗"强调的是立即行动的智慧。孙正义认为,智慧如果不能用于战争并获得胜利的话,那么它也只不过是纸上谈兵。应当承认,正是因为孙正义按七胜三败的比率开展经营,他才能在数字化信息产业这一变化极快的行业中,发展到了今天这一步,并取得了巨大成功。②

4 一流攻守群

"孙孙兵法"中的"一流攻守群"也是孙正义独创的经营兵法。它所描述的是身为一个企业领导者所应该具备的素质与能力,即应以成为"天下第一"为目标,洞察时势潮流,考虑攻守均衡。既要力求事半功倍的效果,又要分散风险,准备几种事业发展方案。③

4.1 一:追求第一,寻找蓝海

"一",是孙正义最基本的经营思想,即做任何事业,都要追求顶尖,如果一开始就知道没办法拿到第一,就绝不出手。孙正义认为,除第一名以外,均等于失败。这也是为什么孙正义在选择第一个行业的时候,会选择数字信息化这个新兴的产业。而在具体领域上,会绕开个人电脑硬件制造和操作系统软件,先进军应用软件流通业。孙正义要尽量避开已颇具实力的微软、英特尔等公司,尽量不与这些大鳄们为敌,并获得他们的大力支持以及更多的合作机会。可以看出,孙正义的"第一",并不是在一片激烈厮杀的红海中拼个你死我活,而是另辟捷径,提前进入当时还没有人涉足的"蓝海",从而牢牢建立自己的竞争优势。④

---

① 招毅慧.孙正义——梦想与激情[M].北京:中国经济出版社,2009:193—194.
② 招毅慧.孙正义——梦想与激情[M].北京:中国经济出版社,2009:194—195.
③ 招毅慧.孙正义——梦想与激情[M].北京:中国经济出版社,2009:181.
④ 招毅慧.孙正义——梦想与激情[M].北京:中国经济出版社,2009:181.

4.2 流:顺应时势,开展事业

为了获得"第一"的优势,孙正义非常注重对"流"的把握,即从根本上不能逆时代的潮流而动,必须随时代潮流的变化而及时变化。识时务者为俊杰,真正成大事的人,更懂得如何顺势而为,而不是逆天而行。孙正义认为不仅不可以参与行将消失的产业而要选择将来会成为主流的行业,并且要第一个察觉发展趋势并及时调整营业情况。这就是孙正义为什么要选择与计算机有关的事业的原因。①

4.3 攻守:善于进攻,不忘防守

经营企业,犹如在战场上与敌军对垒,不仅要在进攻上指挥有度,还要善于防守。有时候,好的防守能为己方争取到最小的伤亡,最大的胜利成果。所以,无论是在战场上还是商场上,"攻守"强调的都是攻守平衡。②

孙正义认为领导者一定要有不输于任何人的攻击力,在营业、技术开发、收购以及开创新事业方面都要攻,这是最好的防守。而"守"则是要保证必要的资金,其次,法令一定要遵守。③

早期,软银的发展势头颇有势不可当的意味,但是,过于迅猛的攻势也让对手感到了深深的畏惧,进而联合起来,群起而攻之,致使软银遭遇到了广告无法刊登、进货无门的窘境,最终迫使孙正义不得不自创杂志。后来,孙正义逐渐参透了攻防的奥妙,有意识地收敛锋芒,转向与联盟合作。这就衍生了他非常重要的一个经营思想——群。④

4.4 群:多元经营,分散风险

"群",指的是企业达到一定规模之后,不能继续依赖于某一项产品或专注于唯一擅长的领域,而应进行多元化经营。虽然单凭特定的商品可以迅速建立事业,只要公司将经营资源集中在这项商品上就可以提升经营效率。但是,过于依赖特定商品,一旦市场成熟后,公司的成长也会随之停滞。就短期而言,它也许可以提升经营效率,就长期而言,企业的经营基础却显得相当脆弱。因此,想要建立企业长期经营的基础,最重要的是必须设法拥有一个企业群。特别在软件业界,软件开发公司的生存竞争相当激烈,许多公司都是在推出畅销商品后,不久就从竞争舞台上消失踪影。而拥有数以万计商品的软件银行,便能够稳定地拓展事业版图。然而,如果一味地依赖软件流通的话,一旦科技随着时代演变产生急剧变化,公司的经营就会面临瓶颈。所以孙正义进入出版业,并购金士顿公司以及从事卫星播送事业,都是源于这个考量。⑤

---

① 井上笃夫.远见——孙正义眼中的新未来[M].南京:凤凰出版社,2011:185—186.
② 招毅慧.孙正义——梦想与激情[M].北京:中国经济出版社,2009:182.
③ 井上笃夫.远见——孙正义眼中的新未来[M].南京:凤凰出版社,2011:187—188.
④ 招毅慧.孙正义——梦想与激情[M].北京:中国经济出版社,2009:182—183.
⑤ 泷田诚一郎.孙正义——挑战世界首富的网络巨子[M].长春:吉林人民出版社,2000:114—115.

"群"还有一层意思,即在用人上面,要讲求"群策群力"的策略。个人单打独斗的时代已经结束,必须团队共同团结合作。虽然日本软银有时候会由孙正义出面来推动一些事情,但是公司骨干与年轻员工与日俱增,并且他们能够独立完成任务。正是基于这些考虑,孙正义采取了"群"的战略,开展多项业务,并使其互相支撑,即使一个项目出了问题,其他项目也能保持稳定,确保企业整体不会垮掉,这样也就分散了经营风险。①

5 智信仁勇严

《孙子兵法》里说道:"将者,智信仁勇严也。"意思是要评判一个优秀的将领,就要看他是否具备"智""信""仁""勇""严"五个方面的素质。孙正义认为这是作为一个领导者应该具备的具体素质,这个领导者不是普通的领导者而是成为继承孙正义事业的人。②

孙正义认为领导者在工作当中要求取这五项条件均衡发展,这就需要异于常人的智慧。一旦过度聪明,可能置信义与仁爱而不顾。相反地,过于重视信义和仁爱,又可能忽视威严。若奋勇向前,保持威严,又会引来不近人情的批评。因此,想要提升到更高的境界,一定要讲求平衡。一方面维持平衡发展,一方面以更高的境界为努力目标。提升自己的能力是一件相当困难的事,但这是永远的人生课题。③

5.1 智:工于应对,敢于决策

"智",就是智谋、智慧、智力。孙子把"智"作为一个优秀将领的首要素质提出来,是因为在他看来,战争比的是实力、智慧。很多时候"智"的因素直接决定着一场战争的走势。在孙正义看来,在现代商战中,要做到永不落败,管理者必须是一个充满智慧的人,具体说来,就是一个专业的人才,一个敢于决策的人才,一个勇于创新的人才。归结起来,主要体现在以下几个方面:

(1)能够根据不同的对手,制订不同的策略;

(2)能对瞬息万变的竞争形势,及时地加以判断和应对;

(3)拥有远见卓识,体现在比别人看得远,能准确预测和善于把握历史发展的机遇;

(4)在面对竞争对手时,表现出必要的冷静和克制;

(5)在对待一些重大关键的问题时,做到观点新颖、决策果断。④

5.2 信:富有志向,并施信于人

"信",即赏罚有信,诚实不欺,是优秀将领、优秀管理者确立威信的关键。他不仅要做到充满自信,还要施信于人。自信,就是要求管理者要具备坚定的信念、执着的追求和言行

---

① 招毅慧.孙正义——梦想与激情[M].北京:中国经济出版社,2009:183.
② 井上笃夫.远见——孙正义眼中的新未来[M].南京:凤凰出版社,2011:90.
③ 泷田诚一郎.孙正义——挑战世界首富的网络巨子[M].长春:吉林人民出版社,2000:116.
④ 招毅慧.孙正义——梦想与激情[M].北京:中国经济出版社,2009:188.

一致的品质。缺乏坚定信念的管理者,绝不可能成为下属的主心骨。优秀管理者的信念,表现为一种对事业的全身心投入,表现为一种克服困难的坚韧不拔的毅力,表现为一种常人所不具备的"战略定力",这种"战略定力"能够避开前进道路上无数个诱人的陷阱。这种"信念",使管理者具有一种内在气质和一种人格魅力,而"信义"正是这种气质与魅力的自然体现。施信于人,无论是用在治军上还是企业内部管理上,"信"都指用人不疑,疑人不用;做到"赏,不以远己而不赏;罚,不以亲信而不罚"。也就是说,下属做出了成绩,不能因为当事人平日不和自己来往,或者曾经犯过错误,或者是自己不喜欢的人而不赏;下属犯了错误,也不能因为当事人是自己亲近信任的人就不罚。①

5.3 仁:仁爱者无敌

"仁",根据《说文解字·人部》解释,就是两个以上的人相互间友爱。这是"仁"的本意。中国儒家追求的道德目标之一就是"仁"。孔子的学生樊迟曾问老师:"什么是仁?"孔子回答:"爱人。"意思是说,"仁"就是要以爱心处理人与事。《孙子兵法》中的"仁"体现出了其所具有的儒家思想。在中国的传统观念里,一名优秀的将领,不是嗜血的魔王,而是仁义的君子。当然,此"仁"并非妇人之仁,而是指管理者必须具有儒家气质,仁者之风,要懂得体恤下属,以己推人,以"仁"对待下属。同样,在孙正义看来,管理者的"仁"十分重要。有了"仁",才能够得"道"、有"信",才能够施"仁爱之心",领"仁义之师",才能通过自己的道德影响力获得下属心悦诚服的信任。所以,"仁"是一位优秀管理者所应具备的"亲和力",这种能力能够在上下级之间形成一种自然沟通和自然包容的默契,形成一种牢不可破的内在凝聚力,所谓"仁者无敌",仁爱的人,没有做不成的事情。②

5.4 勇:勇者不惧

"勇",就是要有勇敢精神,要有胆量。"勇者不惧",勇敢是杰出的人应该具备的品质。两军相逢勇者胜,在战场上,如果做不到"勇",影响的可能不仅仅是自己,而是整支军队,甚至是一场战争的胜负。所以"勇"也是所有上战场的将领所必备的能力。不过,在孙正义看来,"勇"不仅仅指敢打敢拼的精神,而是有其更高的要求。主要表现在三个方面:一是具有创新精神和开拓胆识,敢想敢干,想常人所不敢想,干常人所不敢干,要有一种敢于捅破天的大丈夫精神;二是敢于冒险,不惧困难,越挫越奋,当然这种冒险,不是莽撞,而是勇敢坚毅,是建立在"敏锐洞察"和"大局在握"基础上的一种冒险,即所谓的"智勇双全";③三是要有退却的勇气,不应顾及面子在该选择退却的时候不退却。④

---

① 招毅慧.孙正义——梦想与激情[M].北京:中国经济出版社,2009:188—189.
② 招毅慧.孙正义——梦想与激情[M].北京:中国经济出版社,2009:189.
③ 招毅慧.孙正义——梦想与激情[M].北京:中国经济出版社,2009:190.
④ 井上笃夫.远见——孙正义眼中的新未来[M].南京:凤凰出版社,2011:193.

5.5　严：严于律己

"严"，即要军纪严明、严于律己、严格要求、赏罚分明。常言道，"没有规矩，不成方圆"，任何组织都必须制定相应的管理章程，以维持正常的秩序。军队是组织严密的集团，所以纪律与秩序是军队的基本特征。"严"同样也是身为管理者的必备品质，既要体现在"执法严明"和"威严庄重"上，更要在行为方式上做到"一丝不苟"，追求"更高标准"以及"无懈可击"的处事结果，尤其是要坚持"不为感情所动"的原则。"严"与"仁"有着相辅相成的作用。"严"针对的是原则性问题，是一种外在的约束力；而"仁"侧重的是人性化的管理，是一种内在感召力。"严"作为"仁"的补充，不是"不仁"，而是为了追求"大仁"而必须选择的非常手段，它体现在形式上，而不是本意上。①

6　风林火山海

"风林火山"的概念出自于《孙子兵法·军争篇》，原文为"故其疾如风，其徐如林，侵掠如火，不动如山，难知如阴，动如雷震"。其中，其疾如风：军队的行动要反应迅速，犹如疾风掠过，以迅雷不及掩耳之势战胜敌方；其徐如林：当军队缓慢行军时，犹如静止的森林，肃穆、严整，不惊动敌人，不打草惊蛇；侵掠如火：当进攻敌人时，要如同燎原的烈火，以锐不可当的攻势结束战斗，取得完全的胜利；不动如山：当军队驻守时，要如同山岳一样，严阵以待，随时做好投入战斗的准备；难知如阴：当军队隐蔽时，要像阴云遮天不见日月星辰一样；动如雷震：当军队行动起来，犹如雷霆万钧，勇猛迅捷，使敌无从退避。作为军队，就要有军队的样子，贯彻兵法上的这几个治军要求，才能体现"内强能力，外树形象"的准则。②

"风林火山"是日本战国时代名将武田信玄的名言，武田信玄是日本比较早领悟了《孙子兵法》精髓的人。他在读过《孙子兵法》后，从中挑选出"风林火山"作为他个人的旗印。③

到了现代，孙正义在商业领域活用《孙子兵法》，他在"风林火山"的基础上，又加上了一个内涵深刻的"海"字，即要拥有海一样的包容力，追求不战而屈人之兵。"海"可以吞噬挑起战争的火种，制造和平，终止所有的战斗，这才是真正的胜利。④

孙正义真正将"风林火山海"落实到实际行动中，是在称霸日本网上拍卖市场的时候。当该市场尚处于黎明期时，在美国占有绝对优势地位的eBay，与雅虎日本展开了激烈竞争，结果是eBay撤出了日本市场。然而，eBay卷土重来的潜在威胁一直存在。在这种情况下，雅虎日本于2007年12月宣布与美国eBay达成合作，加强彼此之间在市场进入上的合作等。该合作在某种意义上实现了eBay再次进军日本市场的愿望。不过，在日本的网

---

① 招毅慧.孙正义——梦想与激情[M].北京：中国经济出版社，2009：190－191.
② 招毅慧.孙正义——梦想与激情[M].北京：中国经济出版社，2009：195.
③ 泷田诚一郎.孙正义——挑战世界首富的网络巨子[M].长春：吉林人民出版社，2000：119－120.
④ 招毅慧.孙正义——梦想与激情[M].北京：中国经济出版社，2009：196.

上拍卖行业,除了 eBay 之外,再也不会出现第二家能够挑战雅虎日本的企业,这就是"风林火山海"当中"海"的含义体现。①

此外,当日本软银处于小规模发展时期,面对各种竞争压力,被迫在"风林火山"的旗印下采取突破性的战术。但是,当公司在 1994 年成功上市,融到了超过 1 亿美元的资金后,实力大涨。孙正义通过多起并购,不战而胜。而孙正义所采取的并购策略,可以理解为"海"的战略。②

7 结束语

在这个英雄辈出的时代,"时势"让多少有为之士叱咤风云、声名大噪,但是能像比尔·盖茨那样称得上"世界级"的英雄却是凤毛麟角,不可多得,被人们誉为"日本的比尔·盖茨"的孙正义可以算得上一位。孙正义不仅仅是生意场上的英雄,也是当今世界飞速发展的数字化信息革命时代的英雄,他是这一革命时代的杰出旗手之一。孙正义的成功除了他天生的能力和不懈的努力起了决定性作用之外,熟读《孙子兵法》亦功不可没,而在经营企业的过程当中对其自创"孙孙兵法"的熟练运用更是起到了关键的作用。

孙正义在 19 岁的时候为自己拟定了"人生 50 年计划",当他创立了日本软银时,他也为公司拟好了一套"300 年大计"。为了挖掘和培养接班人,日本软银建立了"软银学院",自此孙正义的"软银集团 DNA 设计"就正式启动了。在第一次开学典礼上,孙正义用砥砺自身的"孙孙兵法"作为他的特别讲义,他希望"软银学院"培养出来的"领导者"能够负责建设"300 年持续成长的组织"。③

资料 1

孙正义与日本软件银行集团大事记(1957—2008)

1957 年 8 月 11 日,孙正义出生于日本佐贺县鸟栖市。

1974 年 2 月,孙正义赴美国留学。

1980 年,孙正义从美国回到日本。

1981 年,孙正义注册成立软件银行公司(简称"软银")。

1994 年,软银在东京股市上市,募资 1.4 亿美元。

1995 年,孙正义在美国加州注册成立软银风险投资公司,决定倾力投资互联网。

1995 年,孙正义以 21 亿美元买下美国齐夫·戴维斯出版公司剩余股权。

① 井上笃夫. 远见——孙正义眼中的新未来[M]. 南京:凤凰出版社,2011:122.
② 招毅慧. 孙正义——梦想与激情[M]. 北京:中国经济出版社,2009:197.
③ 井上笃夫. 远见——孙正义眼中的新未来[M]. 南京:凤凰出版社,2011:198.

1995年,孙正义向UT斯达康投资了3000万美元,占公司的30%股份。同年11月,向雅虎投资200万美元,占公司5%的股份。

1996年春,孙正义向雅虎追加1亿美元的资金。两个月后,雅虎上市,软银在雅虎的投资得到高达84亿美元的回报。

1998年7月,软银以4亿美元投资美国著名的E-Trade线上券商。

1999年7月,基金规模为5000万美元的软库中华基金公司在香港注册成立,投资了新浪、网易、8848、当当网上书店、携程旅行网等20多家企业。

2000年

年初,孙正义向阿里巴巴投资了2000万美元,阿里巴巴开始向海外扩张,并在3月份将公司搬到华星科技大厦,着手规范化、制度化建设。

6月26日,软银宣布,在未来几个月,将向网络公司投入19亿美元,宣布决定的当天,软银的股价飙升91%,每股达3930日元。

12月,孙正义在北京宣布,今后几年内他将在中国投资200家互联网企业,总投资额将达到或超过10亿美元。

2001年

1月,孙正义集中精力于宽带业务,重用网络天才简井多圭志,配备100名员工配合其研发全新的宽带技术。

2月,软银亚洲基础设施基金(Softbank Asia Infrastructure Fund,SAIF)在中国成立,成为了软银进军中国市场的第3支力量,并投资了陈天桥的盛大网络。

4月,日本雅虎公司开展宽带业务。

9月,宽带正式开通商用服务。

2003年

年初,孙正义向阿里巴巴注入8200万美元资金,支持阿里巴巴开发出能与eBay抗衡的C2C网站,也就是后来的淘宝网。

5月9日,财务报告显示软银亏损920亿日元。

5月,软银中国投资了江南春的分众传媒公司。

2004年

3月,Yahoo! BB突破了400万条线路。

5月,软银收购了日本第三大固网运营商日本电信,成为日本电信市场中的领军企业之一。

2005年,雅虎中国公司与阿里巴巴合并,软银将持有的淘宝股份转让给雅虎,套现36亿美元。

2006年4月,软银以155亿美元的价格收购英国沃达丰(Vodafone)日本子公司

97.68%的股份,并组建软银移动。

2007年5月24日,美国《福布斯》杂志公布了当年"30位日本富豪榜",孙正义再度成为日本首富,总资产约人民币437.7亿元。

2008年

4月24日,软银联合中国移动通信及英国沃达丰集团,三家共同成立了开发基于手机技术及服务的合资公司"Joint Innovation Lab"。

4月30日,软银向千橡互动(OPI)投资了约100亿日元(约合人民币6.75亿元),软银得到了千橡互动约14%的股份。

5月15日,软银与阿里巴巴成立合资公司,软银向合资公司首次投入2000万美元的日元等值现金,获得公司65%股权。

7月11日,软银在日本发布了iPhone 3G的价格及资费计划。

8月2日,孙正义参加了阿里巴巴主办的第二届APEC工商咨询理事会亚太中小企业峰会,并在会上表示今后他将加大对中国的投资。

(资料来源:招毅慧.孙正义——梦想与激情[M].北京:中国经济出版社,2009.)

资料2

日本经济发展的阶段介绍

日本的经济发展,大致可以划分为这样两个阶段:

第一个阶段:战后20年间,"日本制造"是此时期日本经济的最大特征。20世纪60年代,日本在全球制造业的地位空前上升,特别是日本政府出台了一系列扶持政策,有力地促使了资源从生产力相对低下的部门转移到生产力更高的部门,并通过引进国外技术加快了发展的脚步。

第二个阶段:迈入20世纪70、80年代之后,日立、索尼、松下、NEC等一批创新型制造企业,实行自行研发自行生产,追求质量和生产效率,并因此获益匪浅。这一时期也是日本企业发展历史上的一个经济繁荣的昌盛时期。

(资料来源:招毅慧.孙正义——梦想与激情[M].北京:中国经济出版社,2009.)

▶ 案例使用说明

一、教学目的与用途

1. 适用课程:管理学原理、中国管理学原理、中国管理思想史等工商管理类课程。

2.适用对象：本案例主要为 MBA 或全日制工商管理类研究生开发，适合具有一定工作经验的学生和管理者学习，也可用于具有一定管理理论知识的企业高管进行深入学习。

3.教学目的：本案例从日本软件银行董事长孙正义的视角，揭示其是如何运用自身智慧与《孙子兵法》的结合体"孙孙兵法"打天下的。通过对案例的深入分析，使学生理解、掌握和思考以下三个方面内容，达到提升学生运用理论知识并结合企业实践进行分析问题、解决问题和批判性思辨能力的目的：

(1)了解并且熟悉《孙子兵法》；

(2)学习孙正义基于自身智慧与经验并结合《孙子兵法》而创立适合日本软件银行的"孙孙兵法"的能力；

(3)掌握在企业建设性推广《孙子兵法》的技巧。

二、启发思考题

1."孙孙兵法"主要体现了《孙子兵法》中的什么思想？

2.孙正义运用"孙孙兵法"打天下的过程当中，有哪些地方体现了不战而胜？

3.孙正义 1990 年版的"孙孙兵法"与 2000 年版的"孙孙兵法"在排序上存在差异，试分析并归纳其中原因。

4."孙孙兵法"的 5 句话中有哪些思想与现代企业管理思想相符合？

5.结合本案例试分析在企业运用"孙孙兵法"，领导人孙正义起主导作用的利弊。

6.结合本案例，试分析其他企业应该如何利用《孙子兵法》管理企业。

三、分析思路

本案例具有多方面的启发性，基于自己的教学目的与用途，可以灵活使用本案例。基于本案例主要内容以及涉及的相关中国管理理论和思想，在此提出案例分析思路，仅供参考。

本案例首先从分析《孙子兵法》的内涵入手，使学生理解《孙子兵法》的核心思想并对比孙正义的经营思想来了解孙正义创立"孙孙兵法"的背景；然后通过分析孙正义为什么对"孙孙兵法"进行修改来了解企业的管理思想并不是一成不变的而是随着环境变化的；最后通过探讨"孙孙兵法"在企业的运用过程中与一些现代企业管理思想相符合，但同时也存在差异性，总结出其他企业应该如何使用《孙子兵法》来管理企业。案例分析思路如图 1 所示。

四、理论依据与案例分析

根据上述案例分析思路，结合启发思考题中有关问题，在此总结本案例的理论依据并

```
┌─────────────────────────┐          ┌─────────────────────────┐
│"孙孙兵法"主要体现了《孙子兵 │─────────→│了解并且熟悉《孙子兵法》    │
│法》的什么思想?            │          │                         │
└─────────────────────────┘          └─────────────────────────┘
           │
           ↓                                   ┌─────────────────────────┐
┌─────────────────────────┐          ⎧       │了解并且熟悉《孙子兵法》    │
│运用《孙子兵法》的过程中哪些地 │──────── ⎨       └─────────────────────────┘
│方体现了不战而胜?         │          ⎩       ┌─────────────────────────┐
└─────────────────────────┘                  │了解孙正义经营企业的方法   │
           │                                  └─────────────────────────┘
           ↓
┌─────────────────────────┐          ┌─────────────────────────┐
│为什么调整《孙子兵法》的排序? │─────────→│在实践中检验真理          │
└─────────────────────────┘          └─────────────────────────┘
           │
           ↓
┌─────────────────────────┐          ┌─────────────────────────┐
│《孙子兵法》与现代管理思想有哪 │─────────→│对比中西方管理思想的相同点 │
│些相同之处?               │          └─────────────────────────┘
└─────────────────────────┘
           │
           ↓
┌─────────────────────────┐          ┌─────────────────────────┐
│运用《孙子兵法》领导人是关键的 │─────────→│运用《孙子兵法》该注意的问题 │
│利弊分析                  │          └─────────────────────────┘
└─────────────────────────┘
           │
           ↓
┌─────────────────────────┐          ┌─────────────────────────┐
│其他企业该如何使用《孙子兵法》 │─────────→│推广《孙子兵法》          │
│管理企业?                │          └─────────────────────────┘
└─────────────────────────┘
```

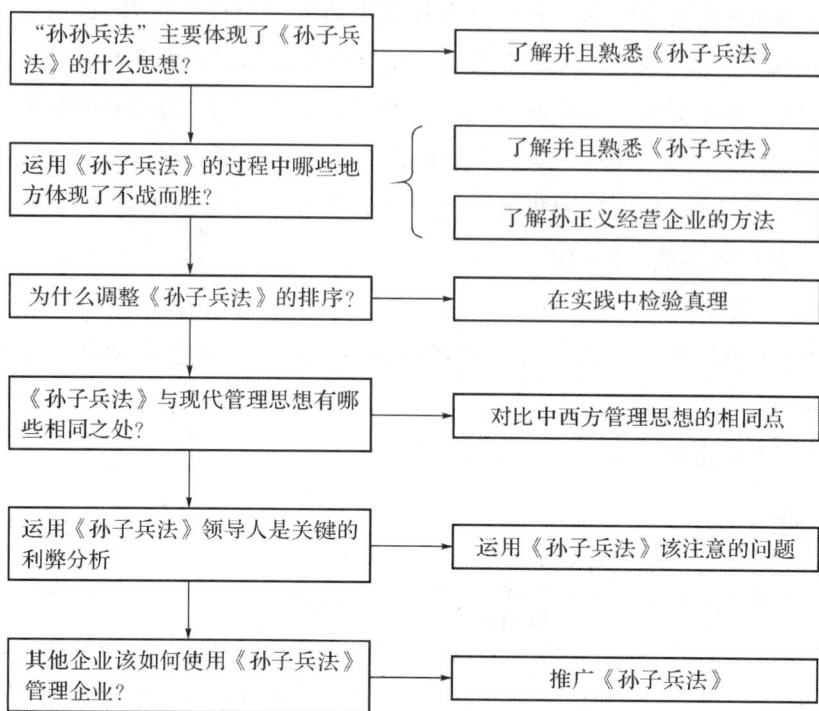

图 1　案例分析思路

分析案例主要内容,仅供参考。

(一)理论依据

1."是故百战百胜,非善之善者也;不战而屈人之兵,善之善者也。故上兵伐谋,其次伐交,其次伐兵,其下攻城。"

"不战而屈人之兵",此乃战场、商场战略之至高境界。商场犹如战场,是各企业激烈竞争角逐的领域。但市场中的彼此竞争,并不排斥彼此的关联。经济竞争是要制胜对方,并非是要毁掉对方。在争夺市场的竞争中,要重视运用孙子"不战而胜"的战略思想。即不使用大量消耗自己财力、物力、人力和时间方面的硬打方式,以免两败俱伤,而是采取谋攻的方式,依据具体情况,灵活使用各种巧妙的策略。①

2."孙孙兵法"

孙正义对于《孙子兵法》的理解可谓是一个系统性的、整体性的理解,并且将从《孙子兵法》中学习到的理论知识创新性地应用到企业经营管理当中。他独创了一套"孙孙兵法",名字的由来是自己也姓孙,将"孙子"的"孙"与自己的"孙"相乘。其兵法核心就是 25 个字,1990 年时的版本是"一流攻守群,道天地将法,智信仁勇严,顶道略七斗,风林山火海",之

---

① 虞先泽.孙子兵法经营智慧[M].北京:中国铁道出版社,2007:24—28.

后的升级版是"道天地将法，顶情略七斗，一流攻守群，智信仁勇严，风林山火海"。

"道、天、地、将、法"被誉为战略规划五要素，在深谙兵法的孙正义看来，企业首先要万众一心，为"道"而战；"天地将"：天时、地利、人和缺一不可；"法"，用现代的观点来解析就是"体制"保障。孙正义认为倘若缺乏对人性的关爱，数字将仅只是数字，他界定软银集团营运的宗旨是为人类谋福利。就是这种博爱赢得了员工的认同，让员工团结在一起为公司的目标而奋斗。

"顶、情、略、七、斗"是孙正义独创的经营兵法：顶，即高瞻远瞩，掌控全局；情，即彻底掌握重要情报；略，即确定长远战略目标；七，即具有七成把握就出手；斗，即立即采取行动的智慧。这五个字，把孙子的诡道、用间、作战、谋攻等兵法融会贯通了。

"一流攻守群"，所描述的是身为一个企业领导者所应该具备的素质与能力，即应以成为"天下第一"为目标，洞察时势潮流，考虑攻守均衡。他参透了攻防的奥妙，有意识地收敛锋芒，加强联盟与合作，这就衍生了他非常重要的一个经营思想"群"。

"智、信、仁、勇、严"是孙正义评判优秀企业管理者是否具备素质的五大标准："智"为工于应对，敢于决策；"信"为富有志向，并施信于人；"仁"为仁者无敌；"勇"为勇者不惧；"严"为严于律己。

"风、林、火、山、海"是孙正义驰骋商场的座右铭，当软银遇到竞争压力，他就想到保存在日本盐山市云峰寺的"风林火山"旗，采取突破性的战术。孙正义把成功上市看成"海"的战略，一字之加，正是"孙孙兵法"的高超之处。①

（二）案例分析

1."孙孙兵法"主要体现了《孙子兵法》中的什么思想？

孙正义在病床当中博览群书的时候对《孙子兵法》印象非常深刻，他认为《孙子兵法》简而言之就是不打失败的仗，《孙子兵法》的真正精神就是"不战而胜"。孙正义结合自身的经验与智慧并在《孙子兵法》的基础上创立了"孙孙兵法"，而"孙孙兵法"正是体现了"不战而胜"这一思想。

《孙子兵法·谋攻篇》说："是故百战百胜，非善之善者也；不战而屈人之兵，善之善者也。故上兵伐谋，其次伐交，其次伐兵，其下攻城。攻城之法，为不得已……故善用兵者，屈人之兵而非战也，拔人之城而非攻也，毁人之国而非久也，必以全争天下，故兵不顿而利可全，此谋攻之法也。"可见孙子谈到战争之最高境界时主张尽量减少战争的破坏和杀戮，以能保全敌国及其人员的不战而胜为至高军事战略。孙子的这种战略思想颇受当代各国军界和政界制定战略的人士高度推崇，战争的至高战略尚且如此，商战的至高战略境界则理应如此。融合了《孙子兵法》精华思想的"孙孙兵法"作为孙正义的思想武器和经营法宝，自

① 招毅慧.孙正义——梦想与激情[M].北京：中国经济出版社，2009：181－196.

然也极为重视"不战而屈人之兵"的策略运用,并贯彻到了日本软银的运营过程当中。

2.孙正义运用"孙孙兵法"打天下的过程当中,有哪些地方体现了不战而胜?

《孙子兵法》第三篇《谋攻篇》里讲到"不战而屈人之兵,善之善者也。故上兵伐谋,其次伐交,其次伐兵,其下攻城。攻城之法,为不得已"。"孙孙兵法"融合了孙正义本身的智慧、经验和《孙子兵法》的精华思想,孙正义将"孙孙兵法"作为经营企业的武器和法宝,自然也很是重视"不战而胜"的思想,并且在往后的企业经营过程当中运用了此思想。主要体现在以下几个方面:

第一,孙正义于 2010 年将"孙孙兵法"的五句话重新进行了排序,将体现企业理念的"道天地将法"放在了第一位。年轻时候的孙正义一心好胜,将追逐第一作为人生目标,所以将"一流攻守群"放在了第一位置。随着年龄增长,经验、心智也增长,孙正义越来越觉得不应该一味地追逐第一,而应该按事情的重要程度、时间的长短对"孙孙兵法"重新做出排序。他认为"道"才是企业经营的最终目的与本质,其他都是实现"道"的手段,所以他将"道天地将法"放在了第一位。

第二,"顶情略七斗"这一句很好阐述了"不战而胜"应该怎样进行。企业要想可持续发展,必须站在一定的高度来掌控全局。要掌握全局必须要具备一定有用的信息并加以分析,制定出可执行的长远战略并在有七成的把握的时候就付诸行动。

第三,"一流攻守群"里的"一"是指追求第一,寻找蓝海。孙正义是个执着于当第一的人,但是他的"第一"并不是在一片激烈厮杀的红海里拼个你死我活,而是另辟蹊径寻找"蓝海"来建立自己的竞争优势。

第四,孙正义提出的"海"表示企业要拥有海一样的包容力,追求"不战而屈人之兵"。"海"可以吞噬挑起战争的火种,制造和平,终止所有的战斗,这才是真正的胜利。

第五,实行并购策略。1994 年孙正义为了掌控到最周详、最前沿的信息,以便能够把握个人计算机的消费潮流,成为站在潮流之巅的第一人,毅然决然地将美国 Phoenix 公司收入囊中。此外,孙正义通过多起并购达到不战而胜的目的。

3.孙正义 1990 年版的"孙孙兵法"与 2000 年版的"孙孙兵法"在排序上存在差异,试分析并归纳其中原因。

1990 年版的"孙孙兵法"与 2000 年版的"孙孙兵法"的内容如表 1 所示。

表 1　1990 年版的"孙孙兵法"与 2000 年版的"孙孙兵法"的内容

1990 年版的"孙孙兵法"	2000 年版的"孙孙兵法"
一流攻守群	道天地将法
道天地将法	顶情略七斗
智信仁勇严	一流攻守群
顶道略七斗	智信仁勇严
风林火山海	风林火山海

从表1可以看出，两个版本的不同之处除了将1990年的"顶道略七斗"中的"道"改成"情"之外，最大的不同就是排序的改变。究其原因，主要有以下几个方面：

(1)年轻时候的孙正义争第一的心很强，将此放在诸事之首，所以将"一流攻守群"放在了首位。随着心智的成熟、经验的丰富，孙正义觉得并不应该一味地追逐第一，而是应该按照重要程度来对"孙孙兵法"重新排序。中国兵法家孙子曰："道者，令民与上同意也，故可以与之死，可以与之生，而不畏危。"在兵法家孙子看来，打仗的根本是"道"，打仗本身不是目的，它只是为了追求和实现某一个远大理想和信念(天下和平、结束兵荒马乱的混战)的手段，这才是战争的实质。从这也可以看出"道"可以让大家万众一心，所以孙正义觉得应该将企业的"道"放在第一位，让公司的员工为之而共同努力。

(2)"顶情略七斗"被视为企业的愿景应该紧随其后，"一流攻守群"被视为企业的战略放在第三位，而"智信仁勇严"被视为企业的将德放在了第四位，最后是"风林山火海"被视为企业的战术放在了最后。"孙孙兵法"按照重要程度重新排序，孙正义希望"孙孙兵法"的精华能够深入企业员工的骨髓，大家在做决定的时候能够按重要顺序、时间长短确认并将此培养成习惯。

4."孙孙兵法"的5句话中有哪些思想与现代企业管理思想相符合？

"孙孙兵法"是孙正义以《孙子兵法》为基础结合自己的智慧的产物。虽然《孙子兵法》是一本适合在战场上运用的书籍，但是商场如战场。"孙孙兵法"是改造后的《孙子兵法》，更加适合于商场，存在于其中的精髓也跟一些现代管理学领域的科学理论不谋而合。"孙孙兵法"与现代管理思想的对照如图2所示。

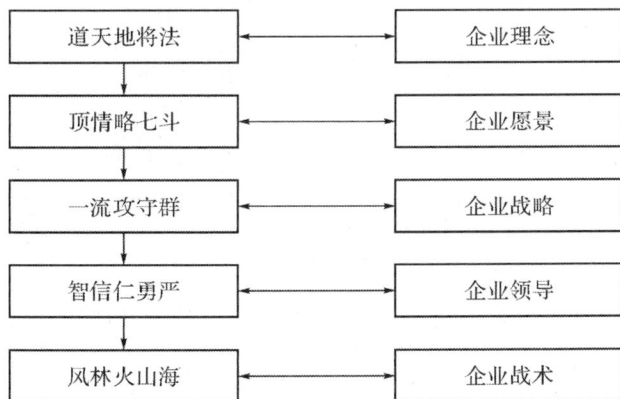

图2 "孙孙兵法"与现代管理思想的对照

从图2可以看到，"孙孙兵法"的顺序是按照事情的重要程度进行排序的，分别对应了现代管理思想中的企业理念、企业愿景、企业战略、企业领导、企业战术。

(1)"道天地将法"中的"道"代表的是日本软银集团的企业理念，那就是"推进数字化信息革命,提供基础设施,使得人们生活得更加幸福"。为了这个理念,孙正义带领员工在多次困境中不屈不挠。"天地将"分别表示天时、地利以及人和,对应现代管理思想的就是指企业要时刻关注企业的内外部环境以及注重人力资源的管理,而"法"代表的就是企业的规章制度。

(2)"顶情略七斗"是孙正义独创的经营兵法。其中"顶"代表了企业愿景,即要站在行业之巅。而要实现这个愿景就必须要掌握全面的"情",即信息。通过信息的彻底分析来确定长远的战略,也就是"略"。当战略制定之后,要选择适当的时机,也就是"七成胜算"的时候。

(3)"一流攻守群"讲述的是企业战略。企业要想达到愿景就必须全力追逐第一。因此要非常注重对"流"的把握,不能逆时代的潮流而动,而是必须随时代潮流的变化而及时变化,即强调了一个企业对环境变化、行业发展趋势的敏感度。而"群"则表示企业要想可持续发展,并不能只依赖于一种产品,而应该是业务多元化发展来分散风险,并且要注重团队的培养与管理。

(4)"智信仁勇严"是孙正义评判优秀企业管理者是否具备素质的五大标准,对应了现代管理学领域的领导特质理论等。

(5)"风林火山海"讲的是面对竞争者应该采取的战术,对应了现代管理学领域的竞争理论等。

5.结合本案例试分析在企业运用"孙孙兵法",领导人孙正义起主导作用的利弊。

领导人起主导作用的有利之处有以下几点:

(1)领导人既是组织价值观的最重要创造者又是价值观的传播者、捍卫者和改革者。当领导人认同某一种价值观时,他会积极地向下属传播并且以身作则,这样就会形成以领导人为核心向其他员工辐射影响的圆圈,这样"孙孙兵法"就会得到员工的迅速认同。

(2)领导人作为企业的最高层,企业的一切重要事情都需得到其决策,所以领导人的思想就会反映在这些决策当中,从而影响到企业的经营。这样"孙孙兵法"才真正地在企业的运营当中起到了作用。

领导人起主导作用的弊端有以下几点:

(1)如果企业领导人"将德"不足则会影响到企业的命运。优秀的领导人会选择适合企业发展的思想来管理企业,从而使企业不断壮大发展,在竞争中处于有利的地位。但是如果领导人选择了不适合企业发展的思想来管理企业并且一意孤行,这样会给企业带来重大损失并且降低企业的竞争力,而且在精神和信心上对下属都会是一个沉重的打击。

(2)领导人推行"孙孙兵法"的方法不当则难以达到效果。领导人如果强制性要求员工接受"孙孙兵法"则会遭到员工的强烈抵触。

(3)"孙孙兵法"为孙正义所创立,并且在公司的运营过程当中起到了重要作用。企业要可持续发展则必须将"孙孙兵法"传承下去，所以要注重接班人的挖掘和培养，否则企业难以持续成长。

6.结合本案例，试分析其他企业应该如何利用《孙子兵法》管理企业。

虽然《孙子兵法》思想博大精深，无处不包涵了管理的理论和思想，无处不闪烁着企业管理的智慧光芒，但是企业在选择《孙子兵法》管理企业时还需慎重考虑。在此结合本案例，分析其他企业应该如何利用《孙子兵法》管理企业，主要步骤如图3所示。

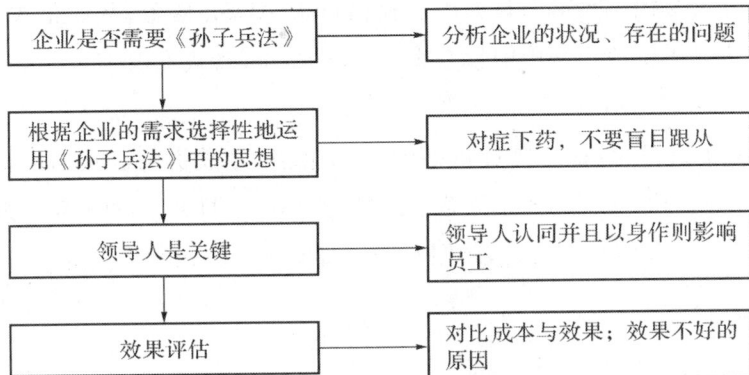

图3　企业运用《孙子兵法》的步骤

五、背景信息

1.孙正义个人信息介绍

孙正义1957年出生于日本佐贺县，毕业于美国加利福尼亚大学伯克利分校，软件银行集团董事长兼总裁。在美国求学期间，孙正义创造了3周完成高中教育，不到两年念完圣名学院课程的纪录，1977年孙正义顺利进入了加利福尼亚大学伯克利分校读经济。

18岁在校园内贩卖从日本引进的一种电子游戏获利100万美元。19岁靠将袖珍发声翻译器卖给夏普公司获得100万美元。22岁就读加利福尼亚大学伯克利分校时所设立的Unison World，多年来经营相当顺利，大学毕业时，员工已有25人，以200万美元将公司出售给合伙人，回到日本。

24岁成立软件银行（批发商），半年之内，与日本42家专卖店和94家软件从业者交易来往，并说服东芝和富士通投资，扩大规模。

软件银行在1994年上柜，他的资产在一夕之间暴增为2000亿日元。

1998年，上柜短短3年半后，软件银行正式在东京证券交易所第一类股挂牌上市，这是日本证券交易史上，第一家上柜公司直接跳上第一类股的特例。

42岁，孙正义成为亚洲首富，资产超过3兆日元。

2.软件银行信息介绍

软银股份有限公司(日语:ソフトバンク株式会社,中文翻译为软件银行,简称软银)是日本一家电信与媒体领导公司,其业务包括宽带网络、固网电话、电子商务、互联网服务、网络电话、科技服务、控股、金融、媒体与市场销售等。

1981年9月3日,韩裔日本籍男子孙正义于日本东京创立软银。

在1994年,软银公司上市,筹集到一亿四千万美元。从此,软银集团开始腾飞。2001年,软银开通Yahoo! BB业务,向日本用户提供宽带ADSL服务,从而正式进军传统的电信业务领域,成为日本电信市场中的领军企业。2012年,软银在财富世界500强排行榜中排名第253位。

软银主要致力于IT产业的投资包括网络和电信,已投资的公司有Yahoo!、Etrade、Verisign、ZDnet等。软银在2003年的总收入超过4000亿日元。2006年2月28日其股价总额约为328亿美元。2004年5月,软银收购了日本第三大固网运营商日本电信。

六、关键要点

1.关键点

本案例围绕孙正义运用"孙孙兵法"打天下的过程进行分析,在分析的过程中主要注意了以下三点:

(1)企业的文化建设跟企业的领导人有着很大关系,所以在分析时要紧扣领导人的思想以及所为。

(2)孙正义在经营企业时,并不是说采用中国传统文化思想就不能运用西方现代管理学领域的理论。从此案例可以看出,两者在一定程度上是有重合的,是可以"中西合璧"使用的。

(3)由个别推广到一般,如果其他企业要运用《孙子兵法》,应该按照什么步骤来实施。

2.关键知识点

《孙子兵法》、"孙孙兵法"。

3.能力点

分析与综合能力、批判性思维能力和解决实际问题的能力。

七、建议课堂计划

本案例可以作为专门的案例讨论课来进行,通过采取小组讨论的方式分析本案例,以完成本案例的教学目标。以下是按照教学课程时间、课堂讲授思路以及板书建议提供的课堂计划建议,仅供参考。

1.教学课程时间

整个案例讨论课的课程时间控制在两个课时(每个课时45分钟)。

2.课堂讲授思路

(1)课前教学准备

根据课程教学班级学生的专业结构和知识背景,对课程教学班级进行分组,每组人数控制在5～8人,要求各小组成员做好分工与合作,教师可考虑提出案例思考题,请参与者在课前完成阅读和初步思考。

(2)课中讨论阶段

首先,简要的课堂前言,明确课堂教学主题(3～5分钟),主要介绍案例大致背景、案例大致内容、案例涉及问题等内容。

其次,开展分组讨论(60分钟),根据课堂教学的学生容量进行合理分组。先各小组展开组内讨论,即给予各小组一定的自由讨论时间(20分钟),让小组成员对案例存在现象和问题进行分析讨论,并针对问题提出解决思路和方法,整合小组总体看法。然后,小组间讨论(20分钟),各小组选取一名代表,代表本小组简明扼要地阐述本小组对案例的分析和对问题的解决思路,还可以将案例中一些较难的问题或者值得深入研究的内容提出来,以供全体学生作进一步探讨、交流和完善。

最后,进行归纳总结(10～15分钟),在学生案例讨论或思路分享结束后进行,教师应该针对各小组分析问题的思路和解决问题的方案进行总结。结束总结语:首先,应该是对各小组的结果进行点评,提出结果存在的优缺点;其次,要提出自身对案例的看法,并提出对案例难题的思路分析和解决方案,进一步引导学生的思路,以供借鉴;最后,提出一些课堂上未能解决的问题,供学生课后继续思考,留待进一步探讨。

3.板书建议

在课堂教学过程中,建议采用图画式板书与提纲式板书相结合的授课方式。图画式板书直观、生动、形象,事物的内在关联显现得淋漓尽致,能有效地激发参与者的学习兴趣,促进抽象思维能力的发展;提纲式板书字句简洁,条理清楚,重点突出,教学思路清晰。

八、参考文献

[1] 泷田诚一郎.孙正义——挑战世界首富的网络巨子[M].长春:吉林人民出版社,2000.

[2] 招毅慧.孙正义——梦想与激情[M].北京:中国经济出版社,2009.

[3] 井上笃夫.远见——孙正义眼中的新未来[M].南京:凤凰出版社,2011.

九、附 录

《孙子兵法》诞生于我国春秋晚期,是著名军事学家孙武的经典之作,其历史价值不可估量。自其诞生以来，一直被兵学家、指挥家、军事家们奉为军事宝典，为无数战争所引用。直至今日，《孙子兵法》仍是世界上流传最广泛、影响最大的兵法"圣经"，受到兵法家的推崇。

以下是《孙子兵法》全部内容的主要归纳：

第一篇是《始计篇》，《始计篇》是本书的战略论和总纲要。孙子主要的战争观、谋略观及战术思想等在本篇中都有一个提纲挈领的总论和十分精彩的阐述。"诡道十二法"和"攻其无备，出其不意"等经典战略思想都出自此篇。

第二篇《作战篇》主要从战争对人力、物力、财力等物质条件的依赖关系出发，着重论述了战争与经济的关系，指出旷日持久的战争会给国家带来巨大的危害。因此，在此基础上孙子提出了"兵贵胜，不贵久"的速战速决作战思想和"因粮于敌"的战时后勤保障原则。

第三篇《谋攻篇》是中国古代军事谋略的奠基之作，它高屋建瓴、大气磅礴、要言不烦，主旨鲜明地揭示了用兵的理想臻境和达到这一境界的必由之路。其中心思想是论述如何运用谋略以夺取军事斗争胜利的"全胜"战略问题。"不战而屈人之兵"和"知己知彼，百战不殆"等经典战略思想均在本篇提出。

第四篇《军形篇》集中论述了如何依据敌我双方军事实力的强弱，灵活运用攻守两种不同的形式，以达到在战争中保全自己、消灭敌人的目的。孙子在本篇中提出了决战者要根据军事实力对比决定攻守、"先为不可胜"、"先胜而后求战"等作战指导原则。

第五篇《兵势篇》论述了"势"的形成和利用以及"势"和作战的关系等问题，着重分析了如何发挥将帅的指挥才能，正确任人、择势、争取战场主动权，造成军事态势上的优势，以达到以奇制胜的目的。因此，要注意掌握好"分数""形名""奇正""虚实"等几个环节，处理好"势"和"节"、"择人"和"任势"等关系。

第六篇《虚实篇》主要论述了"致人而不致于人""避实而就虚""因敌而制胜"等作战指导思想，阐发了"先发制人，以逸待劳"的观点，强调避实击虚，最后指出"兵无常势，水无常形"的用兵规律。这就告诉我们，一个善于指挥作战的将领在战场上必须根据敌我双方的具体情况来确定作战的战略战术，这样才能成为战场上"百战不殆"的战神。

第七篇《军争篇》通过讨论如何争取先机之利以掌握战场主动权的问题，提出了"以迂为直，以患为利""避其锐气，击其惰归""夺气""夺心"等作战指导原则和方法。

第八篇《九变篇》以"九变"命题，指的是在军事行动中要灵活机动，应变自如。它集中体现了《孙子兵法》在作战行动过程中，战争指导者如何根据特殊的情况，灵活地变换战术，以赢得作战的胜利的战略思想。

第九篇《行军篇》主要论述了关于行军作战、处置军队、判断敌情等方面的问题。孙子在本篇中提出了"处军相敌"的作战方法和"另之以文，齐之以武"的治军思想，旨在揭示在军队上下一心的情况下，通过合理的行军布阵和相敌之法，最终达到制胜的兵法精髓。

第十篇《地形篇》集中论述了地形对战争胜负的重要影响。孙子通过对六种地形作战规律的详细论述,分析了六种战争败象,从中提出"地形者,兵之助也"这一兵法原则,强调将帅要重视对地形的研究和利用。此外,本篇还提出"知彼知己,胜乃不殆,知天知地,胜乃不穷"等军事思想,对后世影响很大。

第十一篇《九地篇》主要论述了在九种不同作战地区的基本用兵原则,特别强调要根据官兵在不同作战地区所产生的不同心理状态,来制定切合实际的战略战术,确保战争的胜利。

第十二篇《火攻篇》主要论述火攻的基本类型、实施火攻的条件和方法、火攻与水攻的区别等,并提出"以火佐攻"的作战策略。在本篇的最后,孙子还提出了为君为将者要慎重对待战争,要做到"合于利而动",不因一时之怒轻易发动战争。

第十三篇《用间篇》主要论述了在战争中使用间谍的重要性以及间谍的种类和使用方式。孙子在文中提出间谍有四种:即乡间、内间、死间、生间。同时提出用间是"知彼"的最重要、最可靠的途径和手段,是保证战争信息来源的重要方式。

(资料来源:郭瑞增.读透《孙子兵法》[M].北京:中国纺织出版社,2013.)

菲尼克斯电气（中国公司）：家道文化的传承者*

▶ 案例推荐辞

  20 多年前的一次机缘，李慕松结识了菲尼克斯——这只来自德国的凤凰。从此，他引领着菲尼克斯电气这只凤凰翱翔在中国这片火热的天空中，创造着一个又一个的奇迹，彻底改变了中国电气接口技术长期落后的局面。更重要的是，凭借 100％本土员工、100％本土管理创建的这个管理先进、文化健康、理念鲜明、团队优秀、品牌卓越和运营规模化的现代化企业，创新形成了与中国优秀传统文化相结合的现代企业先进的管理理念，通过全企业上下不断学习《弟子规》，创新性地融入"家道文化"，为我国树立了一个新的外资企业发展典范。

  菲尼克斯这样一家近 100％德资的公司，却由 100％的中国团队经营管理，公司通过多年以来的摸索走出了一条外资企业的中国路。通过全企业上下不断学习《弟子规》，创新性地将"家道文化"融入企业，把"家是付出、是承担"的思想内化为每一位员工的价值观，坚持以"仁"爱"家"，把员工当作自己的亲人，把员工的父母当作自己的父母一样对待。这不仅仅影响了员工，而且影响了他们的家属。以"孝"置"家"，"孝"乃做人之根本，对父母孝顺才能对企业忠诚；以"信"守"家"，对员工的充分信任，使每位员工都能有归宿感，都能找到施展自己才华，实现自身价值的空间和舞台，才能为公司发展贡献才智和力量；以"爱"兴"家"，李慕松经常倡导的是"凡是人，皆须爱，天同覆，地同载"，除了"引进世界一流的产品、一流的技术，支援国家重点工程"外，还在力所能及的范围之内，"雪中送炭、回报社会"。

  基于这样的理念和全体员工的努力，菲尼克斯电气（中国公司）书写了一个外资企业在中国土地上的传奇。通过《弟子规》的学习，李慕松做到了饮水思源，感恩社会，员工们在不

---

  * 本案例由江西财经大学工商管理学院胡海波博士与宋婷根据公开信息资料撰写而成。未经允许，本案例的所有部分都不能以任何方式与手段擅自复制或传播。由于企业保密的要求，在本案例中对有关名称、数据等做了必要的掩饰性处理。本案例只供课堂讨论之用，并无意暗示或说明某种管理行为是否有效。

断学习中,充分感激了父母的养育之恩、国家社会的培育之恩;感谢了领导、老师的教育之情;感悟了社会、公司的温暖和真情;明白了助人、爱人是做人的本分;学会了如何在工作中与人相处,与人交流;学会了听取不同的意见。在家孝顺老人,在外感恩社会,做人谦虚,做工奉献、守信、和谐已成为了菲尼克斯每个职工的座右铭和为人处事的准则。学习传统文化,从传统文化中汲取营养的学习氛围已在菲尼克斯电气蔚然成风。相信在不久的将来,会有越来越多的企业将中国传统文化运用于企业管理,走出一条具有中国特色的管理之道。

▓ 案例正文

摘要:20 多年前的一次机缘,李慕松结识了菲尼克斯这只来自德国的凤凰。从此,他引领着菲尼克斯电气这只凤凰翱翔在中国这片火热的天空中,创造着一个又一个的奇迹,彻底改变了中国电气接口技术长期落后的局面。更重要的是,凭借 100% 本土员工、100%本土管理创建的这个管理先进、文化健康、理念鲜明、团队优秀、品牌卓越和运营规模化的现代化企业,创新形成了与中国优秀传统文化相结合的现代企业先进的管理理念,不断汲取中国传统文化《弟子规》中的精华,构建企业独有的"家道文化",为我国树立了一个新的外资企业发展典范。

关键词:菲尼克斯;弟子规;家道文化

0 引言

在南京市江宁开发区菲尼克斯路 36 号,一个花园一样的厂区内,随处可见这样的标语:"正人先正己,做事先做人""行有不得,反求诸己"……在这里,中国传统文化和西方现代文化已经融合在一起,而此时的菲尼克斯电气(中国公司)二代掌门人顾建党总裁正做出了一个艰难而重大的决定,这个决定关乎企业未来十几年甚至几十年的发展,菲尼克斯(Phoenix Contact)将要进行基于外部经济环境和公司 2020 战略的二次创业,现在正处在艰难的转型过程之中。[①]

公司突如其来的决定多少令人有些诧异,但是回顾 20 多年来的发展历程,菲尼克斯(中国公司)又何尝不是一直以自己独特的方式在中国这片土地上留下了光辉的足迹:一家

---

① 张西振. 涅槃中的凤凰——访菲尼克斯(中国)投资有限公司总裁顾建党[J]. 企业管理,2013(10):92—95.

近100%德资的公司,却由100%的中国团队经营管理。从一个投资不足60万美元的小合资企业,发展成总资产超10亿元的企业集团。从年销售为菲尼克斯全球子公司中的倒数第一到2004年名列第二,5年后又一举超过其他公司长期雄踞第一,3倍于美国子公司,完成夺魁撑竿跳。2010年公司继续保持30%的增长,销售额突破17亿元,连续12年人均年上缴国家税收超10万元……①

在惊讶于这些数字的同时我们不禁思索:为什么一家外资企业会体现出如此鲜明的中国特色?为什么一家优秀德国公司的中国分公司会取得如此优异的成绩?也许带着这些问题走进菲尼克斯,你能更好地了解这只涅槃中的凤凰。

1 李慕松白手起"家"

说到菲尼克斯电气中国公司的成功,不得不提的就是该公司的创始人——李慕松。大学毕业后,李慕松先后在北京电力设计院、南京国电南自和国电南瑞等单位从事工程技术工作。20多年前,他是中国继电保护标准化委员会电力部的代表,中国电机工程协会继电保护专委会委员,大电网协会中国国家委员会派驻巴黎的继电保护专委会唯一的中国代表。当德国菲尼克斯电气集团找到李慕松时,他拒绝了只单一地谈销售。他认为:"一流的技术不只是产品,如果企业真正想为中国服务,就要服务于中国的行业,首先要进行市场投资,二是组建自己的团队,要在这两个前提下才能进行。"②

与李慕松会晤后不久,德国菲尼克斯电气集团公司与中国电力部南京自动化研究所于1992年年底进行合作,以控股85%的方式,成立了南京菲尼克斯电气有限公司,也就是菲尼克斯电气中国公司的前身。6个人起家,在江宁县方山乡一个偏僻的村子,靠着几间简陋的厂房,开始了艰苦的创业历程。7年后,菲尼克斯电气搬入江宁开发区的新基地,2005年6月,公司二期工程竣工投产。③

当时世界500强德国在华投资企业都有一个显著的特点:总经理等主要高管一定是德国人。但李慕松始终认为,做事业,人是第一位的,优秀的企业、优秀的业绩是优秀的团队创造的,外商投资企业能不能发挥中国人、中国员工的能力是企业能否取胜的关键。"长期以来,在我们中国的外资企业中,本土员工如果只是二等公民的话,这个企业是永远不会成功的",因此,李慕松下决心一定要把基础的事情做好,而菲尼克斯电气的20多年发展历程也见证了,中国人是有能力把事情做好的。④

从1994年开始,菲尼克斯电气以每年50%以上的速度增长,市场占有率从1996年起

---

① 张万英.风雨兼程15载——访菲尼克斯电气中国公司总裁李慕松教授[J].电气时代,2009(1):42—45.
② 张万英.风雨兼程15载——访菲尼克斯电气中国公司总裁李慕松教授[J].电气时代,2009(1):42—45.
③ 李风宇,姚加朋.李慕松与菲尼克斯中国团队[M].南京:江苏文艺出版社,2012:1.
④ 高昌礼,任登第,胡小林,等.圣贤教育 创企育人[M].北京:世界知识出版社,2011:12.

居国内该行业首位，2004年起位居菲尼克斯电气集团全球第二位。产品从1994年的几个品种增加到如今的1000多种，员工从初期6人筹备组发展到1000多人，投资增长了60多倍，总资产增加了300多倍，产出增长了500多倍，累计纳税超过4.5亿元。现在公司在中国4000万美元的注册资本中80%是中国人在中国的土地上创造的。2007年在中国大陆的销售额达到9.6亿元，出口超过10亿元，和1994年相比增加了500多亿元。①

公司在创建之初，即以"振奋民族精神，服务社会大众"为己任。首先，实现了同类产品的进口替代，同时着力提高国内工业生产自动化装备的水平，以推动中国自动化技术的全面国产化。在进一步巩固电气接口行业领先地位的同时，菲尼克斯电气把越来越多具有世界先进水平的工业自动化产品以及世界一流的制造技术引进中国，并成立了菲尼克斯电气集团全球第一个独立注册的研发中心，有力地促进了国内电气接口及工业自动化技术的发展。②

菲尼克斯电气（中国公司）实现了100%的本土员工、100%的本土管理，也得到了董事会100%的支持和信任。李慕松谦逊地说："取得这样的成绩是因为背靠着中国的改革开放，背靠着国家和民族的需要。"德国菲尼克斯董事长接受中央电视台采访时曾说："我们的中国同事，我们的李慕松，他们了解中国客户，了解中国市场，了解中国历史文化，同时也了解德国的技术、产品和理念，这就是菲尼克斯电气得到飞快发展的原因。中国公司在菲尼克斯全球子公司里是最好的，当然得到了我们100%的支持和信任。"③

2 迷途知返，中华文化放异彩

李慕松对企业文化建设的认知，还得从他与德国菲尼克斯电气集团董事长的一次对话中说起。李慕松向董事长询问："我们（菲尼克斯电气）是不是世界第一?"董事长答道："不是，我们是第二。"李慕松问："差多少?"董事长说："原来他们比我们大得多，但是现在他们比我们大不到两倍，但超过1.5倍。"到了2003年，菲尼克斯电气集团在全球的规模超过了那家企业的两倍，在短短十年的时间发生了百分之三百的超越。这两家都是优秀的德国企业。李慕松亲眼见证了菲尼克斯电气怎样从第二名变成全球第一名，原来的全球第一名怎样下降到第二名。这两家企业的变化，是几十亿、上百亿平台的变化，原因在什么地方? 李慕松觉得这绝对不是一般的方式、方法、技能、技巧问题，而真正是理念、伦理道德、企业文化对企业的影响。逆水行舟，不进则退，在大浪淘沙的市场发展过程当中，企业文化、精神内涵、价值理念不断推动着市场领袖的更新，企业文化对企业如此，对于企业家和个人也是

① 卢祁.上善若水　厚德载物——走进菲尼克斯电气中国公司[J].中国仪器仪表,2009(2):31-32.
② 李风宇,姚加朋.李慕松与菲尼克斯中国团队[M].南京:江苏文艺出版社,2012:1.
③ 张万英.风雨兼程15载——访菲尼克斯电气中国公司总裁李慕松教授[J].电气时代,2009(1):42-45.

如此。①

事实上,菲尼克斯的文化构建之路并不如想象中一帆风顺。李慕松始终认为企业文化的根本是通过塑造人来塑造企业,但他自认为自己在这方面走过弯路。李慕松是北京电力学院毕业的,是二三流的大学,没有进名牌大学,没有进顶级学府,但当时的李慕松也是清华大学全国工商管理总裁班第二期的学员。"其实那时候我们才是个小公司,200多人,"李慕松说,"我们那个时候销售刚刚突破1亿元。"从20世纪90年代开始,李慕松从清华大学回来的第二天,就开始给同事们上课。据他回忆:"当时学的是西方管理理论,我们非常激动,找不到老师,就自己上课。10年时间,大量的时间、大量的精力、大量的金钱,花在企业管理的培训上,我们请进来,走出去。请进来的不但有国内的教授,也有国外的管理专家;把我们的同事派到北京,派到上海,派到深圳,派到广州,派到德国。像2000年的时候,我们公司才200多人,那一年我派了63个人出国。当时我觉得企业正在发展,感受到自己能力不足,因为之前是做科研的,做企业毫无经验,而现在企业是在电子行业,和我以前学的完全是两个不同的概念,所以当时自己拼命学,也拼命推动同事学。10年时间花出去了,直到有一次我们公司出了事情,才让我逐渐清醒过来。"②

李慕松说:"我们过去培训的是什么?大家可以想象到,是方式、方法、技能、技巧。恰恰在做人这件事情上,没有放到正确位置。2007年上半年,先后有三位自己培养的优秀员工犯了错误,其中包括一个部门的副经理,他们怎么会犯错误?"李慕松非常苦恼,这三个人都是他自己培养的,而且是长期工作的同事。为什么会发生比如吃里爬外等这些错误?就是在这种情况之下,李慕松才开始接触到中华传统文化。③ 2007年上半年,有两篇文章引起了李慕松的注意。一篇是中共中央党校刘玉丽教授的《中国传统文化的崛起引起全球关注》,系统地介绍了中华优秀传统文化在当代的传承和发展。另一篇是中共中央党校王杰教授写的,他说:"100多年反传统反历史的结果,造成了西化的一代,现在越来越多的人认识到我国优秀的传统文化不该放弃。"④

作为外资企业,菲尼克斯电气也是年轻人多,高学历多,西化教育的多,海归多。李慕松带着问题来到三国名将周瑜的故里——安徽省庐江县汤池镇庐江学习《弟子规》,在受到心灵震撼的同时,李慕松想到中国优秀传统文化能够而且必须和企业文化和企业管理相结合。人生在世既要做事又要做人,做人比做事更重要。

菲尼克斯电气公司成立以来给员工创造了非常良好的生活条件和工作条件,每位职员都能找到施展自己才华的空间,不断挑战自我、超越自我。而"振奋民族精神、服务社会大

---

① 高昌礼,任登第,胡小林,等.圣贤教育 创企育人[M].北京:世界知识出版社,2011:12.
② 李风宇,姚加朋.李慕松与菲尼克斯中国团队[M].南京:江苏文艺出版社,2012:1.
③ 高昌礼,任登第,胡小林,等.圣贤教育 创企育人[M].北京:世界知识出版社,2011:12.
④ 张万英.风雨兼程15载——访菲尼克斯电气中国公司总裁李慕松教授[J].电气时代,2009(1):42—45.

众、建设和谐社会"的信念增强了公司的凝聚力、向心力和战斗力。公司厂房内的墙上随处挂着"建国君民,教学为先""凡是人,皆须爱,天同覆,地同载""格物、致知、诚意、正心,修身、齐家、治国、平天下"等书法作品,公司大厅的液晶屏幕里显示的是《弟子规》。

3 构建"家道文化"

3.1 以"仁"爱"家"

作为企业老总,李慕松本人以身作则,不断从《弟子规》中汲取营养。《弟子规》中说:"待婢仆,身贵端;虽贵端,慈而宽。势服人,心不然;理服人,方无言。"意思是说,对待家中的婢女与仆人,要注重自己的品行端正并以身作则,虽然品行端正很重要,但是仁慈宽大更可贵,如果仗势强逼别人服从,对方难免有所不服。唯有以理服人,别人才会心悦诚服没有怨言。李慕松悟到,从字面上看,这论述的是封建君主专制社会里的主仆关系,但实际上它更广义的是指领导者与被领导者之间的一种人文关系。领导者处于一种领导的地位,就要求他必须有仁慈之心,不能因为自己是领导者,就可以对属下呼来唤去,甚至不把属下当人看,这样做就错了。①

2008年,在全球金融危机的困难情况下,许多外企撤资、撤单、停工、转移生产、裁员、减薪。扎根南京,扎根中国的菲尼克斯的选择却是坚定地与国家、民族、伙伴、员工站在一起,化解危机、共渡难关。2008年第四季度,公司正式推出"寒冬战略",面对国际金融危机,顾建党代表公司明确宣布了菲尼克斯电气(中国公司)的"四不"承诺和三项决定。其中,"四不"承诺:不做经济性裁员,不搞经济性减薪,不改变在中国的战略性投资,不改变对中国市场和客户的承诺。

菲尼克斯电气(中国公司)不但是菲尼克斯电气全球唯一的不裁员、不减薪公司,而且也是江苏南京地区为数不多的这样做的外商投资企业之一。经济危机使很多企业不胜其寒,有的收缩,有的甚至倒闭,但菲尼克斯电气(中国公司)却打破了经济危机下效益必然下滑的铁律。②

对员工有"仁爱"之心,留住了人心。这不仅仅影响了员工,而且影响了他们的家属。公司一个部门的经理,十年前是从一个超大型的国企过来的,在公司十年期间,他不断受到猎头公司的邀请,而且价码一次比一次高,职位一次比一次高。有一次他动心了,打算跳槽,回去跟太太商量。太太跟他说:"我就到过你们公司一次,我听过你们的李总介绍过你们公司的发展,汇报过你们的贡献,我当时的感觉是家的感觉,信任、宽和,是你能够发展的

① 浩富.经常学习《弟子规》和谐发展长智慧——菲尼克斯电气中国公司弘扬中华传统文化小记[J].华人时刊,2010(8):10—12.
② 卢祁.上善若水 厚德载物——走进菲尼克斯电气中国公司[J].中国仪器仪表,2009(2):31—32.

地方。你们公司在南京,别人想去还去不了,你怎么还想走。"在家人的劝说下,这位经理取消了跳槽念头。公司发展的时候,也有员工因为家庭和各方面原因离职,到了比公司大得多的欧美的企业,但是这些员工去了以后一直和公司保持联系,一位曾是人力资源部的员工发给李慕松的电子邮件说:"感谢您和公司给我学习做人的机会,尽管我离开了菲尼克斯电气,中华文化和菲尼克斯核心文化的价值观将陪伴我的一生。"①

3.2 以"孝"置"家"

《弟子规》曰:"父母呼,应勿缓;父母命,行勿懒;父母教,须敬听;父母责,须顺承。"原意解读:这八句话说的都是对父母的基本态度,父母叫唤我们时,应该一听到就立刻回答;父母有事要我们去做,要赶快行动;父母教导我们时,必须恭敬地听进去;我们犯错了,父母责备我们,应当顺从并且承担过失。

孝悌是中国文化的基础。中国的传统伦理讲的是"百善孝为先",所以《弟子规》里也同样以"入则孝"作为第一篇。一个孝顺的人,就有一颗善良仁慈的心,有了这份仁心,就可以使许许多多的人得到利益。推而广之,孝可以理解为忠诚,即对父母、对单位、对事业的忠诚。忠诚是做人的标准之一,没有了忠诚,也就失去了立足之本。忠诚是一种理念,是真诚和善良的集合,是人性的基础,是一个永恒的主题。古人云"忠臣出于孝子",一个人在家孝顺父母,工作中才会忠于职守、尊重领导并与人为善,忠诚于企业是每位员工应尽的义务,员工的忠诚也是企业发展的需要,忠诚是相互的。②

李慕松曾经在分享时深情地对大家说:"如果需要捐献器官或骨髓,我想90%的父母是愿意捐给自己的儿女的,但可能只有10%的子女愿意捐献给自己的父母。我的母亲不在了,但我可以孝敬同事的母亲。我们每一个人都要在内心不断地拷问自己:'身为子女有没有尽孝心和敬心?身为父母有没有爱心和真心?'中华文化是孝的文化,百善孝为先。孝是中国文化精神的源头和出发点。有孝,才有孝悌忠信、礼义廉耻。"③

从李慕松的管理团队到基层班组,他们都注重从关心员工的思想动态入手,对员工少一点批评,多一点表扬,少一点抱怨,多一点鼓励,少一点责备,多一点肯定,把员工当成自己的孩子,把员工的父母当成自己的父母一样来对待,使每位员工都能找到家的感觉,感受到工作的乐趣,激发出工作的积极性和创造性。公司积极为员工提供良好的工作及培训环境,营造宽松、和谐、民主的工作氛围,使每位员工都能有归宿感,都能找到施展自己才华、实现自身价值的空间和舞台,为公司发展贡献才智和力量。在菲尼克斯电气中国公司的初

---

① 浩富.经常学习《弟子规》和谐发展长智慧——菲尼克斯电气中国公司弘扬中华传统文化小记[J].华人时刊,2010(8):10-12.

② 谈《弟子规》对企业管理的几点启示[EB/OL].弟子规在企业.http://www.dzgzqy.com/Corporate/1011101711GJ08B8J4IF536C5I6.html.

③ 李风宇,姚加朋.李慕松与菲尼克斯中国团队[M].南京:江苏文艺出版社,2012:1.

创时期,李慕松与员工一起同舟共济,共渡难关。当时生产部在方山,注塑、金工和组装,公司购买了一辆依维柯中巴车,这辆车成为接送员工上下班的班车、运送货的货车。看到司机汤师傅早出晚归很辛苦,李慕松就和他商量着对班车行进路线图进行重新规划,地点相对集中。汤师傅觉得总经理李慕松做事细心,体谅员工。公共服务部的吴志萍记得,1996年刚进公司生产部食堂工作的时候,当时的部门领导问她:"你觉得我们公司与你之前的工作单位有什么不同?"小吴说:"这里的领导和我以前待过的社办企业的领导不一样。在这里上班,就像一个流浪的孩子找到了家,找到了父母,那么温暖,那么快乐。"①

2003年6月27日,吴志萍在上班途中发生了意外,原本就有些残疾的腿又摔成了骨折,在家里足足躺了四个多月。在家休养期间,工会主席带着领导的关心和问候来看望她。伤病痊愈之后吴志萍回到公司上班,李慕松见到了还会关心地问她:"你的腿走路时间长了会不会疼?遇阴雨天有没有不舒服的感觉?要注意休息,不要走得太快。"逢年过节,李慕松把公司几位身有残疾的同事召集在一起,慰问并鼓励他们,不要有什么思想包袱,安心在菲尼克斯这个大家庭里工作。吴志萍说:"这样的关心和爱护是我在以前的工作单位中从来没有能感受到的。"2005年4月,随着扩建厂房的落成使用,公司成立了公共服务部,吴志萍他们在做好日常保洁工作的同时,还能为公司的一些会议做好专业服务工作。②

在2001年的《凤凰报》上有一封不同寻常的感谢信。信的作者是一对老夫妻,他们的儿子小韦曾经在菲尼克斯工作过,后来供职于另外一家单位,小韦两年前因公遭遇车祸而不幸去世。2001年6月,小韦父母从浙江赶到儿子生前的单位办理抚恤金事宜时,空等四天无果。在人地生疏、走投无路的情况下,两位老人来到菲尼克斯诉说苦衷。本着人道主义精神,公司对两位老人给予了热情接待和关怀,尽力帮助其解决相关事宜。不仅向二老发去了深表同情的慰问信和相关证明,还汇去1461.60元钱。两位老人为公司的义举及领导的关心感动不已,他们在感谢信中说:"儿子在贵公司工作时间不长,可因其去世之故,作为特例,贵公司连本应由他本人给付的款项也代为承担,给予销账,我们赴宁的差旅费也分外给予解决。这两项钱虽不多,但可谓情深义重!能在贵公司这样好的单位、这样好的人际关系中工作的人,是很幸福的!贵公司的处世待人,均有条不紊,善始善终,令人敬佩。"在公司成立十五周年庆典活动期间,某媒体记者约好下午3点钟采访李慕松,可是一向非常守时的他却迟到了。一见记者面,李慕松就连声道歉,说是本公司有一位员工刚从北京下飞机,他去安排了下住处,耽误了,很对不起。是什么员工能牵动总裁亲自出面?原来,这是北京大学的一位叫郭晖的高位截瘫女博士,网上曾登过她和生命抗争,顽强拼搏,博士毕业了却面临就业困难的帖子。李慕松决定帮助郭晖,邀请她进公司当了翻译,并且根据

① 李风宇,姚加朋.李慕松与菲尼克斯中国团队[M].南京:江苏文艺出版社,2012:1.
② 李风宇,姚加朋.李慕松与菲尼克斯中国团队[M].南京:江苏文艺出版社,2012:1.

她的身体情况在家中上班。一直到现在,这位残疾女博士与公司一直保持着良好的联系,父亲节的时候,李慕松收到了郭晖博士发给他的节日祝福短信。①

对于远行的骆驼,最可怕的不是眼里尽是沙漠,而是心中没有绿洲。生产部的女员工孙美玲清楚地记得总裁李慕松在工作之余,走近基层员工了解生产工作甚至是生活情况,在百忙之中与公司的员工及其家属共聚一堂欢度新年的情景。在欢庆菲尼克斯公司周年庆典活动上,李慕松与员工一起喊着"加油,加油",令每一名员工心中涌动着暖流。②

细察一个人的成长过程,就是放大了的感恩心路。这其中有父母的养育、师长的教育、公司的培养包容,还有社会大众的关怀支持、国家的护佑栽培。通过对《弟子规》等传统文化的学习,菲尼克斯电气(中国公司)的员工领悟到了做人的"根本"。传统文化不是一种作秀,而是塑造人心。③ 尽心诚意地善待"根基",蓬勃生发的菲尼克斯电气"中国之树"常绿常新。

3.3 以"信"守"家"

《弟子规》曰:"凡出言,信为先""未见真,勿轻言""事非宜,勿轻诺",其中蕴含着深刻的做人的道理,做企业又何尝不是这个理呢?④

正是由于学习了《弟子规》,李慕松更加深入认识到了"信"的重要,对于自己的员工更是要充分地信任。1994年,李慕松到德国开会,当时健在的德国总公司董事长直接兼任中国公司董事长。那时候菲尼克斯还是家族管理的企业,而现在是职业经理人管理总公司也有很大变化。一次,公司董事长一面签字一面对李慕松说:"李教授,你记住,以后你的人和我的人是一样的,对有的人可以闭着眼睛签字,对有的人是不行的。"李慕松回来后,和同事们说起,有一个同事就听进去了。这个同事说:"清清白白做人,干干净净做事,做一个可以让总经理闭着眼睛签字的人;常怀感恩之心,回报这份来之不易的信任。"这个同事被放在采购部经理的位置上,掌握一年上亿元的采购权,但他有这份存心,就不会受到物质引诱而犯错误。⑤

菲尼克斯公司不仅仅高管、中层干部,甚至普通工程师、技师,都受到了猎头公司的邀请。很多比菲尼克斯大得多的企业,通过猎头公司指名要菲尼克斯的人。来自营销部门的同事当时就说过,他个人身价的飙升,是打上了菲尼克斯的 logo 的。什么意思?猎头公司每次找他的时候,给的价码一次比一次高。他心里很清楚,他在公司服务的十几年,公司给

① 李凤宇,姚加朋.李慕松与菲尼克斯中国团队[M].南京:江苏文艺出版社,2012:1.
② 张万英.风雨兼程 15 载——访菲尼克斯电气中国公司总裁李慕松教授[J].电气时代,2009(1):42—45.
③ 李凤宇,姚加朋.李慕松与菲尼克斯中国团队[M].南京:江苏文艺出版社,2012:1.
④ 谈《弟子规》对企业管理的几点启示[EB/OL].弟子规在企业.http://www.dzgzqy.com/Corporate/1011101711GJ08B8J4IF536C5I6.html.
⑤ 根据李慕松 2010 年 12 月 25 日在吉林论坛的演讲《中华文化成就和谐菲尼克斯》整理。

了他个人成长的空间,也给了他增长见识、学习做人、提升道德境界的机会。他没有忘记这一点。所以,一个人不忘本的时候,他就不会出格。这个同事在第二年的总经理培训班上讲了一句话:"成功者之所以成功,在于做人的成功;失败者之所以失败,在于做人的失败。"这句话已经成为公司所有高管同事的共识。所以在菲尼克斯电气(中国公司),"从我做起,从我家做起,从我部门做起",不是空话,是员工主动在做。①

正是由于企业对员工的充分信任,使每位员工都能有归宿感,都能找到施展自己才华、实现自身价值的空间和舞台,为公司发展贡献才智和力量。

3.4 以"爱"兴"家"

在坚持诚信经营,促进企业和谐发展的同时,李慕松倡导肩负起对社会的责任,积极参与众多领域的回报社会活动。菲尼克斯亚太电气(南京)有限公司于 2006 年 12 月独立加入联合国全球契约,承担起自己对国家、民族和全球的责任。公司在力所能及的范围内筹集了大量资金用于回报社会工作:向红十字会、儿童福利院、希望小学捐助;出资数百万元在东南大学、南京大学、同济大学、重庆大学、华中科技大学、上海电力学院和四川大学等国内 10 所高校设立助学金和奖学金,资助了 400 多名品学兼优的贫困学子以及优秀教师;出资数百万元在大学和科研单位捐建了多所自动化实验室。实验室的设立缩短了国内高校、科研设计单位与国际先进水平之间的差距,同时提供了出人才、出成绩的高端技术平台。公司还为灾区和其他出现紧急情况的地区提供及时的援助。② 面对 2008 年年初造成重大经济损失的冰灾,5 月夺去数万人生命的汶川大地震,菲尼克斯电气在第一时间积极响应,慷慨解囊,向灾区提供一笔笔救灾资金及物资。在灾难面前,菲尼克斯全体员工也积极行动起来,纷纷捐款捐物,尽绵薄之力,希冀众志成城,共渡难关。李慕松作为回报社会的倡导者,积极推动公司回报社会工作,关注希望工程。他对于希望工程的提案被南京市政府、市人大、市政协评为 1994 年优秀提案。2002 年以来,李慕松带头为希望工程及贫困地区希望小学捐款,其个人捐款已超百万元人民币,受他资助的学生覆盖了中国贫困地区。凭借卓越的个人成就及勇担社会责任、积极参与公益活动的奉献精神,2008 年 12 月,李慕松荣获"苏商骄傲"——江苏最受尊敬企业家称号。③

在学习《弟子规》以前,人们想的大多都是从企业得到多少,而很少想到额外地回报企业。可是自从公司组织学习《弟子规》,将中国传统文化引入企业日常管理后,员工有了对公司感恩的心,对社会的一种责任感,员工的工作变得更加有积极性和主动性,思想也在潜移默化中转变。员工还利用班余时间主动做一些关心集体、帮助别人、回报社会的事情。

① 根据李慕松 2010 年 12 月 25 日在吉林论坛的演讲《中华文化成就和谐菲尼克斯》整理。
② 李风宇,姚加朋.李慕松与菲尼克斯中国团队[M].南京:江苏文艺出版社,2012:1.
③ 卢祁.上善若水 厚德载物——走进菲尼克斯电气中国公司[J].中国仪器仪表,2009(2):31-32.

在菲尼克斯电气中国公司厂区的绿地上,一套自动喷灌系统取代了原先的人工喷灌。不过,这套自动喷灌系统并非由该公司投资建设,而是由公司的几名员工主动设计和义务安装的。他们连夜画图设计,自己进行施工,用了一个星期不到的时间,就完成了这样一个比较大的工程。不仅当年就可以收回成本,而且也给公司节省了四万到五万块钱的水费。①

4 结束语

2008 年,菲尼克斯电气(中国公司)再次实现快速发展,销售收入同比增长 25%,突破 12 亿元人民币;2009 年打破了经济危机下效益必然下滑的铁律,以两位数的优势一举超过 20 多年来全球排名第一的菲尼克斯(美国),正式跃居德国菲尼克斯电气集团全球 56 个子公司的排行榜首;2010 年销售收入突破 17 亿元人民币。这些数字无不书写了一个外资企业在中国土地上的传奇。② 而如今在家孝顺老人,在外感恩社会;做人谦虚,做工奉献;守信,和谐,已成为菲尼克斯每位职工为人处事的准则。明天的菲尼克斯(中国),必定其羽更丰,其音更清,其神更髓。

资料 1

菲尼克斯电气(中国公司)发展简介

1923 年,Hugo Knümann 建立了公司,公司最初命名为 Phönix Elektrizitätsgesellschaft。

1928 年,Phoenix Electricity 公司发明了导轨安装式连接端子,电气连接的历史由此改变。

1953 年,位于德国 Luedenscheid 的工厂的建成,为公司大规模生产金属压线体和塑料产品,摆脱成为附属产业打下了基础。

1966 年,公司在勃郎贝克(Blomberg)完成公司总部建设。

1993 年,南京中德凤凰电气有限公司注册成立,并于次年二月份第一批生产设备到货安装。

1994 年,在中国注册中文"菲尼克斯"商标。

1995 年,在全国重点城市成立首批办事处。

1996 年,南京中德凤凰电气有限公司更名为"南京菲尼克斯电气有限公司"。

1997 年,菲尼克斯电气集团主要英文商标"Phoenix Contact""P"延伸到中国。

1999 年,年销售额突破亿元人民币。

---

① 浩富.经常学习《弟子规》和谐发展长智慧——菲尼克斯电气中国公司弘扬中华传统文化小记[J].华人时刊,2010(8):10—12.

② 张平,祖子雄.菲尼克斯:坚持中国特色的外资企业[J].企业管理,2012(1):74—77.

2001年，集团公司增资千万美元成立两个独资公司，同年，位于南京江宁开发区的生产及研发基地落成启用。面向中国及亚太地区的企业集团——菲尼克斯电气中国公司的建设全面启动。

2002年，首台由中国公司自行设计、制造及调试的自动装配机正式投产。

2004年，公司一体化管理体系（IMS）正式运行。

2005年，成立了菲尼克斯集团在海外的第一个模具车间。获得国家版权机构颁发的版权登记，目前菲尼克斯电气中国公司申请获得发明专利57项。

2006年，建立防雷专业实验室。

2007年，在中国独立注册设立"菲尼克斯电气（南京）研发工程中心"。

（资料来源：菲尼克斯电气中国公司官方网站[EB/OL]. http://www.phoenixcontact.com.cn/. ）

资料2

李慕松个人简介

李慕松，1964年毕业于北京电力学院，1992年获国务院特殊津贴，现任德国菲尼克斯电气集团中国公司总裁、教授级高级工程师。在电业界，他还是中国电机工程学会高级会员、中国电工技术学会高级会员、国际大电网会议（CIGRE）中国国家委员会指派参加继电保护专委会（SC34）的中国代表（1990—2000）。从1992年起先后兼任南京市政协常务委员、国家电力公司电力自动化研究院学术委员会委员、高级技术职称评审委员会委员、南京国家级高新技术产业开发区职称评审委员会委员、中国电工技术学会全国理事、中企联常务理事、上海同济大学客座教授、南京技术创新研究会第三届常务理事等社会职务。

李慕松于1994年起任南京菲尼克斯电气有限公司总经理。公司从6人筹备组起家，已经成为拥有员工1000多人、总资产10亿元的省、市名牌产品的高新技术企业的集团——菲尼克斯电气中国公司。据统计，集团公司的产品，由1994年几个产品起步，到2006年增加到900多种。产品市场占有率从1996年起排名国内该行业首位，2004年位居菲尼克斯电气集团全球第二位。这些数据显示，集团公司兼顾速度和效益，实现了可持续的快速发展。

在快速发展的同时，李慕松不忘竭尽个人和公司之力传播中华传统文化，展示出高度的社会责任感与创建美好未来的信心。

2008年6月，李慕松参加了在武汉华中科技大学举行的2008年度"菲尼克斯电气奖教学金"的颁奖仪式，并应邀做了《传统文化与企业发展》的演讲。在演讲中，李慕松以自己的成长经历和公司十多年来的快速发展历程为例，以中国传统典籍《弟子规》《三字经》《论语》中的精髓谆谆教导同学们。在场的师生都被李慕松个人和团队的奋斗经历感动，被中华传统文化深深吸引，每一个人的心灵都受到了一次教育和洗礼。

2008 年 8 月,李慕松亲自驾车陪同青海、山东、江苏三地小学的校长和德育老师到庐江参加第二期菲尼克斯电气希望小学中华传统文化学习,并参加了公司组织的分享交流会。会上,校长和老师们述说感想与体会,心灵受到震撼的他们纷纷表示回去以后,要将德行教育置于学校教学工作的首位,埋头读书,抬头做人。"身正为师,品正为范",持之以恒,教育学生和老师以《弟子规》来规范自己的行为。

2009 年 7 月 29 日,李慕松在第六届中华文明秦皇岛论坛上做了题为《弘扬中华文化、做有道德的人》的发言,回顾自己的人生经历,发自内心地解读"德不孤,必有邻",将学习中华传统文化的心得和感悟传递给来自各地的朋友,以及全国各地文明办的领导。

2010 年 3 月 26 日,李慕松应邀出席了在郑州举行的中华传统文化公益论坛河南省首届传统文化论坛,在会上做了《中华文化促进企业和谐发展》的专题报告,受到与会听众的热烈回应。同年 5 月 19 日,应南京三江学院高职院和中德职业教育学院的邀请,李慕松为学院师生做了一场德育教育报告会。他回忆自己的成长经历,要求同学们努力学习,刻苦磨炼。他回顾了公司十多年的发展历程,作为外企员工在特殊历史发展阶段所承担着的国家和民族的责任和使命,让同学们对当代企业文化有了新的认识,并从企业用人的角度诠释了大学生应该如何成长为企业所需要的人才,报告会受到师生的热烈欢迎。

2010 年 8 月 6 日至 8 月 14 日,公司先后派出十二位高管参加在北京和云南两地举办的传统文化交流研讨会和弘扬中华传统美德讲坛。

2010 年 11 月 22 日,在李慕松亲自关心及相关部门的支持下,菲尼克斯电气(中国公司)德育学习室落成并正式对全体员工开放,学习室里收录有十余种中华优秀德育书籍及十余种德育视频光碟。

李慕松及其领导的公司的先进事迹赢得了社会的好评,在群众中享有较高的声誉。他个人亦获得许多殊荣,先后获得唯一的"中国自动化终身贡献奖""第六届全国优秀创业企业家""2005 年中国(中小)优秀创业企业家""2005—2006 年全国企业文化建设特别贡献个人""2006 全国信用体系建设突出贡献个人""2006 全国信息化建设成果优秀领导人""苏商骄傲——改革开放 30 年江苏省最受尊敬企业家""江苏省非公企业优秀经营者""2007 年优秀苏商创新大奖""南京市外商投资企业优秀总经理""第十一届南京市优秀企业家"和"南京市劳动模范"等光荣称号。

（资料来源:李风宇,姚加朋.李慕松与菲尼克斯中国团队[M].南京:江苏文艺出版社,2012:1.）

▶ **案例使用说明**————————————————————————

一、教学目的与用途

1.适用课程:管理学原理、中国管理学原理、中国管理思想史等工商管理类课程。

2.适用对象:本案例主要适用于 MBA 或全日制工商管理类研究生教学。

3.教学目的:本案例描述李慕松是如何运用《弟子规》实现菲尼克斯电气(中国公司)这个近 100％德资公司的本土化管理,形成了该企业特有的"家道文化",创造了与中国优秀传统文化相结合的现代企业先进的管理理念,彻底改变了中国电气接口技术长期落后的局面,展现菲尼克斯(中国公司)独特的家道管理,揭示了中国管理原理在菲尼克斯管理过程中的作用,培养学生运用中国管理思想分析企业管理之道的思维,提高运用中国管理原理开展实践管理的能力:

(1)了解以儒家思想《弟子规》为基础的企业文化是战略管理的工具;

(2)掌握构建"家道文化"的过程;

(3)思考如何将儒家《弟子规》运用到中国的大多数企业中,以提高企业效率和凝聚力。

二、启发思考题

1.菲尼克斯企业文化的形成经历了哪几个阶段? 儒家的《弟子规》是在哪个阶段被引入作为文化建设的根本?

2.企业管理的重点在于"管人",如何将《弟子规》内化为员工的价值观念、行为准则?

3.管理者是如何认识"家道文化"的"孝、仁、信、爱"的? 又是如何执行的?

4.企业快速扩张的时候往往需要进行变革,菲尼克斯的"家道文化"在转型时遇到了什么困难? 又是如何转型的?

5.菲尼克斯(中国公司)在做大做强过程中,"家道文化"还有哪些局限性? 菲尼克斯(中国公司)又该如何做?

6.简要分析菲尼克斯的企业文化对于我国企业文化建设的启示。

三、分析思路

本案例首先从介绍菲尼克斯企业文化所经历的阶段和儒家《弟子规》思想作为企业文化建设根本的阶段入手,使学生理解以儒家《弟子规》思想为基础的企业文化是战略管理的工具;其次通过对菲尼克斯确定儒家《弟子规》思想为其"家道文化"的根本以及儒家《弟子规》思想建立以来对员工的影响等方面深入分析,充分理解和掌握构建菲尼克斯"家道文化"的过程;然后,探讨在管理过程中"家道文化"转型可能遇到的阻力以及解决办法;最后,浅析了菲尼克斯的企业文化对当代企业的启示,寻找破解企业效率低下的措施。案例分析思路如图1所示。

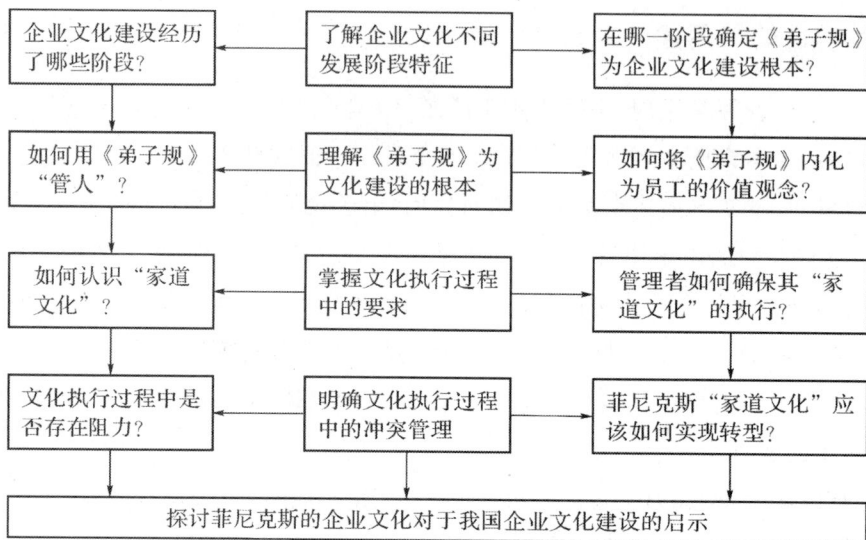

图1　案例分析思路

四、理论依据与案例分析

根据上述案例分析思路,结合启发思考题中有关问题,在此总结本案例的理论依据并分析案例主要内容,仅供参考。

(一)理论依据

1.企业文化

企业文化是指企业在发展中逐步形成的一种为全体员工所认同并遵守的、带有本组织特点的使命、愿景、宗旨、精神、价值观和经营理念,以及这些理念在生产经营实践、管理制度、员工行为方式与企业对外形象体现的总和。

在组织不同的发展阶段,组织文化应有不同的内容和风格,应当根据形势的发展和需要,使组织文化在不断更新中再塑和优化。

2.《弟子规》

在儒家文化的经典著作当中,《弟子规》是儒学教育的基础。《弟子规》以《论语·学而》中"弟子入则孝,出则悌,谨而信,泛爱众,而亲仁。行有余力,则以学文"为中心编写而成。全文300多句,分为总叙、入则孝、出则悌、谨信、爱众、亲仁、余力、学文几个部分。《弟子规》虽然只有千余字，却是从儒家文化中提炼出来的做人规范，是儒家文化在现实生活中的具体体现，是儒家文化的精华。《弟子规》具体列述弟子在家、出外、待人、接物与学习上应该恪守的守则规范，是启蒙养正，教育子弟敦伦尽份、防邪存诚，养成忠厚家风的最佳读物，是集中国传统家训、家规、家教之大成。

（1）以孝为先

儒家认为，德行最根本的就是孝道，所有的道德都是建立在孝道之上的，一切善心都是从孝心开始的，整部《弟子规》讲的就是"孝"。

"孝"是做人的根本。《弟子规》开篇的"首孝悌"就强调了孝的地位和重要性。古人云："水有源，木有本，父母者，人子之本源也。"人之所以能立于天地之间，是因为底下有根，根就是自己的父母，能不忘报答父母的养育之恩，才能对他人以及社会怀有感恩之心。

"国以人为本，人以德为本，德以孝为本。"《弟子规》从个人修为做起，具有很强的实践性和可操作性。它强调做人要从人性的原点——"孝"出发，首先修养身心，当德行充盈，在家就可以让家庭和谐，全家长幼有序，共享天伦；治理国家就能起到身先士卒、以身作则的表率作用，从而带领并影响自己的团体、国家，共同建设幸福家园，共谋和平安宁。

（2）以信为本

"信"在儒家文化中为"五常"之一，即所谓"仁、义、礼、智、信"之信，也就是守信、诚实的意思。在《论语》中，"信"就是不欺诈。食言失约、谋事不忠、欠人财物、知过不改等都是"不信"的行为。在中国蒙学教育中，"信"始终是重要的教学内容。《千字文》中说："信使可覆。"意思是说和人约信，务必怀抱诚意，诺言一定要兑现。《左传》中说："不忘恭敬，民之主也。贼民之主，不忠。弃君之命，不信。有一于此，不如死也。"所有这些都反映了儒家文化对于"信"的高度重视和"信"在中华民族传统文化中的重要地位。

诚实守信是中华民族的传统美德，是做人之本，交友之道，立国之基，《弟子规》更是把诚信作为评价一个人德行的重要指标。"凡出言，信为先；诈与妄，奚可焉""事非宜，勿轻诺；苟轻诺，进退错"。

（3）以爱为要

儒家倡导的"爱"，通常表述为"仁"。《论语·颜渊》中说："樊迟问仁，子曰：'爱人'。"那么爱哪些人呢？《国语·晋语》中说："爱亲之谓仁。"孔子说："君子笃于亲，则民兴于仁。"孟子说："亲亲，仁也。"也就是说，"仁"是从爱自己的亲人出发，爱亲人是"仁"的基础。到了《弟子规》中，爱成为"老吾老以及人之老，幼吾幼以及人之幼"的一种大爱。也就是说，儒家的爱是有层次的，先用"见人善，即思齐""非圣书，屏勿视"的方式提高个人修养，然后从爱亲人开始，进而爱国家、爱整个天下。当爱推己及人，当朴素的爱亲人的情感发展为爱他人、爱国家、爱世界的情感时，爱的境界就得到了提升，人的精神境界也得到了升华。

儒家文化认为，要达到人与人之间的和谐、人与社会的和谐、人与自然的和谐，最根本的方法就是心中有大爱。《弟子规》中有这样的表述:"凡是人,皆须爱;天同覆,地同载。"爱心是可以相互传递和影响的,给予不但让他人得到快乐,还能让我们自己在和他人分享快乐的过程中得到爱的回馈。

(二)案例分析

1.菲尼克斯企业文化的形成经历了哪几个阶段? 儒家的《弟子规》是在哪个阶段被引入作为文化建设的根本?

在菲尼克斯的发展理念中,企业文化有着非常重要的地位。菲尼克斯的"家道"企业文化是在探索中逐步建立起来的,并把它化为有形制度和无形教化。如图2所示,菲尼克斯企业文化的形成是一个渐进的过程,主要经历了以下三个发展阶段:

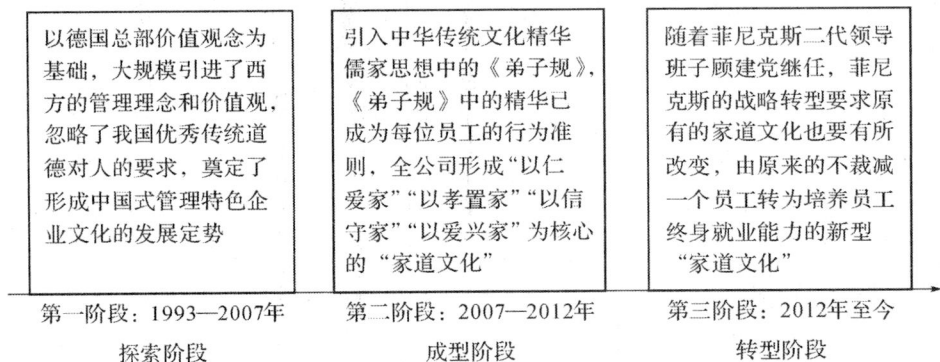

以德国总部价值观念为基础,大规模引进了西方的管理理念和价值观,忽略了我国优秀传统道德对人的要求,奠定了形成中国式管理特色企业文化的发展定势	引入中华传统文化精华儒家思想中的《弟子规》,《弟子规》中的精华已成为每位员工的行为准则,全公司形成"以仁爱家""以孝置家""以信守家""以爱兴家"为核心的"家道文化"	随着菲尼克斯二代领导班子顾建党继任,菲尼克斯的战略转型要求原有的家道文化也要有所改变,由原来的不裁减一个员工转为培养员工终身就业能力的新型"家道文化"
第一阶段:1993—2007年 探索阶段	第二阶段:2007—2012年 成型阶段	第三阶段:2012年至今 转型阶段

图2 菲尼克斯企业文化的发展历程

由图2可以看出,儒家《弟子规》思想是在菲尼克斯企业文化发展的第二阶段(成型阶段)得以正式确立的,具体表现为《弟子规》思想规范和内化为员工的思想及行为准则,提升员工道德修养、行为举止、言行品德、价值观念等,同时,形成"以仁爱家""以孝置家""以信守家""以爱兴家"为核心的"家道文化"的企业文化。因此,以儒家《弟子规》思想为基础的企业文化是战略管理的重要工具。

2.企业管理的重点在于"管人",如何将《弟子规》内化为员工的价值观念、行为准则?

从儒家思想中的《弟子规》思想来看,德行最根本的就是"孝道",所有的道德都是建立在孝道之上的,一切善心都是从孝心开始的,作为君子首先要有良好的行为品德,言行端正。其次是"信",诚实守信是中华民族的传统美德,是做人之本、交友之道、立国之基,《弟子规》更是把诚信作为评价一个人德行的重要指标。"凡出言,信为先;诈与妄,奚可焉""事非宜,勿轻诺;苟轻诺,进退错"。《弟子规》特别强调的是"仁",儒家文化认为,要达到人与人之间的和谐、人与社会的和谐、人与自然的和谐,最根本的方法就是心中有大爱。《弟子规》中有这样的表述:"凡是人,皆须爱;天同覆,地同载。"因此,菲尼克斯(中国公司)从员工的基本行为习惯、言谈举止和人际交往着手改造他们,在家孝顺老人,在外感恩社会,做人谦虚,做工奉献;守信,和谐,塑造企业的信任文化,使他们将同事与顾客像家人一样对待,讲诚信,守礼节,常存感恩之心,不断成长的同时懂得回馈社会。同时利用公司有效的培训和教育、严格的制度执行和弟子规的企业文化来培养员工的诚信意识,提升员工的品德修养,使员工树立正确的价值观。

3.管理者是如何认识"家道文化"的"孝、仁、信、爱"的? 又是如何执行的?

对于企业文化,李慕松有一段精辟的概括:"当外界形势转变之际,我们尚且能提供大众所需产品及服务,使得企业经营能够持续不断,因而增强企业活力,不仅靠定量分析、科学决策、严密控制等管理技术手段,更重要的是重视管理灵魂的塑造及管理行为所依靠的文化力量,培育和建立企业文化,运用文化作为管理手段来进行企业管理,对于菲尼克斯来说,家道文化的核心是所有家庭成员为整个家庭的幸福一起努力,共同成长。"管理者在具体执行《弟子规》思想"以仁爱家""以孝置家""以信守家""以爱兴家"为核心的"家道文化"时也无例外地会秉承这种传统价值观,这种传统价值观对员工工作态度和行为产生了影响,如表1所示。

表1 管理者推广儒家《弟子规》思想过程中执行企业文化的过程

"孝、仁、爱、信"的取向:	菲尼克斯管理者对企业文化的执行过程:
"仁"的核心内涵是"仁治""仁爱",即尊重人、爱护人、以人为本。 "孝"是《弟子规》的核心,是做人的根本。《弟子规》开篇的"首孝悌"就强调了孝的地位和重要性。"水有源,木有本,父母者,人子之本源也。" "信",诚信、信任。《弟子规》曰:"凡出言,信为先""未见真,勿轻言""事非宜,勿轻诺"。 "爱"亲人是"仁"的基础。《弟子规》曰:"凡是人,皆须爱;天同覆,地同载。"	菲尼克斯的管理层把每一位员工都当作家人一样对待,身体力行,为员工排忧解难,切实履行以人为本的理念。例如,2008年金融危机的时候,菲尼克斯仍然做出"四不"承诺:不做经济性裁员,不搞经济性减薪,不改变在中国的战略性投资,不改变对中国市场和客户的承诺。 从李慕松的管理团队到基层班组,他们都注重从关心员工的思想动态入手,对员工少一点批评,多一点表扬,把员工当成自己的孩子,把员工的父母当成自己的父母一样来对待,使每位员工都能找到家的感觉,感受到工作的乐趣,激发出工作的积极性和创造性。 管理者强调"信任=责任"的理念,各级团队和个人勇担责任,推动企业转型和可持续发展,正如传统文化中"家是付出、是承担"的思想。 菲尼克斯除了引进世界一流的产品、一流的技术,支援国家重点工程外,还在力所能及的范围之内,雪中送炭、回报社会。

4.企业快速扩张的时候往往需要进行变革,菲尼克斯的"家道文化"在转型时遇到了什么困难? 又是如何转型的?

根据变革理论,菲尼克斯(中国公司)的变革阻力主要来自于员工个人及组织阻力,主要包括:员工对习惯、安全、经济因素、未知的恐惧,已有资源的分配等。在本案例看来,家道文化的核心是:所有家庭成员为整个家庭的幸福一起努力,共同成长。在公司高速成长阶段,不裁减一个员工也许可以做得到,但是,当企业发展到一定阶段,不能吐故纳新,企业的活力就会成问题。菲尼克斯不能是一个封闭的公司,必须引进人才、留住人才。其实,企业发展与员工成长本身也是一场竞赛,当一方跟不上另一方时,都将面临淘汰。这本身也体现公平与公正,只有在明确的规则之下,人才能够尽情施展自己的才能,庸才不能滥竽充数。只有基于规则的平等的信任文化,才能建立起中西合璧、有利于企业长久发展的企业文化。也许,这不应成为对"家道文化"的否定,但至少是对"家道文化"的完善。

5.菲尼克斯(中国公司)在做大做强过程中,"家道文化"还有哪些局限性? 菲尼克斯(中国公司)又该如何做?

局限之一:如何将创新融入现有文化?

大的企业每3~5年组织都要进行变革,因为环境在不断变化。顾建党认为企业有自身的发展力量,靠人治不可能长久。企业大了以后,了解整个体系越来越难。有两点很重要:如何基于整个组织的"Know-how"去做出决策;要形成 1+1>2 的效率提升机制。

局限之二:如何从少数人具有创业精神到多数人充满创业理想?

好的组织要不断被理想所激发,太成熟的公司理想很难持续。要变成永远理想化的公司,要永远年轻。要有追求,有理想,和员工的发展有一定的契合,对未来充满期待。要让员工感受到希望,人们更关心明天、持续的过程。重组就是为了明天,上层建筑和生产关系要不断调整。要变成一个有自我激励、自我驱动,让人充满理想和希望的公司。也就是"家道文化"要由原来的不裁减一个员工转为培养员工终身就业的能力。

局限之三:如何从管理服从到文化认同?

中国企业联合会考察后认为,公司创业文化在先进性、有效性方面做得不错,认为公司把文化的落脚点放在"以人为本"上,强调人的素养,注重细节、习惯、氛围等,提升了组织素养,企业文化的实施没有过多地用文字、文本来表达,而是通过自然的行动渗透融合,提高了团队对企业文化的认同、认知和共享。

菲尼克斯电气(中国公司)也正在实践巴特利特和高歇尔所谓的《个性化的公司》理念,就是改变传统经营模式中的员工被动执行角色,要让全体员工成为创新的实践者,而高层管理者通过创新远景的塑造,通过日常经营理念的渗透,让员工共同为未来的机会而竞争,如图 3 所示。

6.简要分析菲尼克斯的企业文化对于我国企业文化建设的启示。

菲尼克斯这样一家近 100% 德资的公司,却由 100% 的中国团队经营管理,通过多年以来的摸索,走出了一条外资企业的中国路,通过全企业上下不断学习《弟子规》,创新性地将"家道文化"融入企业,将"家是付出、是承担"的思想内化为每一位员工的价值观,坚持以"仁"爱"家",以"孝"置"家",以"信"守"家",以"爱"兴"家"。正是基于这样的理念,菲尼克斯(中国公司)书写了一个外资企业在中国土地上的传奇。浅析菲尼克斯的企业文化建设,我们试图发现《弟子规》对于中国企业文化建设的一般规律。

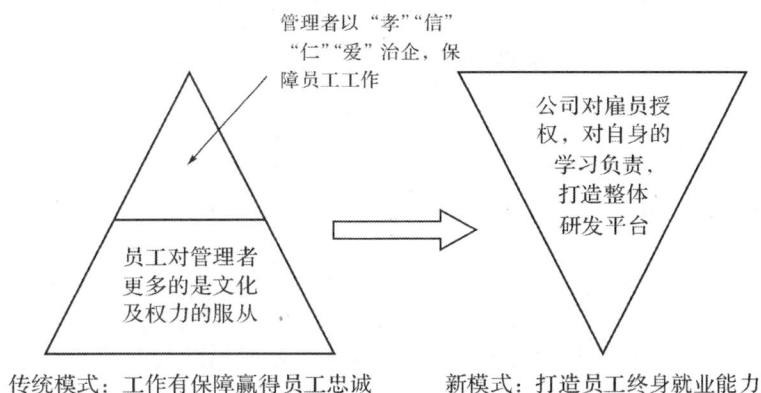

图3 "家道文化"的创新模式

（1）孝悌与忠诚

孝悌是中国文化的基础。中国的传统伦理讲的是"百善孝为先"，所以《弟子规》里也同样以"入则孝"作为第一篇。一个孝顺的人，就有一颗善良仁慈的心，有了这份仁心，就可以使许许多多的人受益。推而广之，孝可以理解为忠诚，即对父母、对单位、对事业的忠诚。忠诚是做人的标准之一，没有了忠诚，也就失去了立足之本。

"忠诚"是一种理念，是真诚和善良的集合，是人性的基础，是一个永恒的主题。古人云："忠臣出于孝子。"一个人在家孝顺父母，工作中才会忠于职守、尊重领导并与人为善。忠诚于企业是每位员工应尽的义务，员工的忠诚也是企业发展的需要。忠诚是相互的。菲尼克斯公司就像一个大家庭，领导对员工要仁爱和关心，员工对领导要尊重和服从。企业忠诚于员工，为员工提供公平、公正的工作平台，保障每位员工的合法权益。员工对企业的忠诚必须要落实到行动上，对公司的安排应"应勿缓""行勿懒"，应体现在生活和工作中的每件小事上，对工作失误要"须顺承"；要树立主人翁意识，爱企如家，将企业的事业当作自己的事业，与企业共荣辱，同命运。

当然，要求员工对企业忠诚并不是一味地"愚忠"，并不排斥提意见（对公司提合理意见也是忠诚的一种表现），这是一个问题的两个方面。

（2）衣冠与制度

《弟子规》曰："冠必正，纽必结；袜与履，俱紧切。置冠服，有定位；勿乱顿，致污秽。"

原意解读：《入则孝》和《出则悌》后的第三篇是《谨》，都是讲日常行为举止的。这一段就是说：出门帽子要戴端正，穿衣服要把纽扣扣好；袜子和鞋子都要穿得贴切，鞋带要系紧，这样全身仪容才整齐。脱下来的帽子和衣服应当放置在固定的位置，不要随手乱丢乱放以免弄皱弄脏。

"正冠、扣扣、系带"从表面上看是有关衣着的小事，但却蕴含着做人修身的深意。很难想象一个不注重规范和秩序的人会将工作安排周全，会将工作推进得有条不紊。那么，规范员工的行为靠什么？就要一靠制度来规范，二靠道德来约束。

做人需要道德规范，做企业需要企业制度。制度面前人人平等。企业要用企业制度考察和规范员工的行为，企业制度是员工的行为准则，任何员工都必须忠于企业制度，因而忠于企业制度是员工应有的最基本的价值理念。任何人都不能因自己的特殊地位而损害企业制度，企业制度约束着企业中的所有人。

（3）言语与诚信

"信"，即诚信、信任。《弟子规》曰："凡出言，信为先""未见真，勿轻言""事非宜，勿轻诺"，蕴含着深刻的做人的道理，做企业又何尝不是这个理呢？美国的安达信公司依靠诚信起家，也因失信而败家。南京冠生园因"陈馅事件"一朝失信，曾经名满天下的企业因此遭受重创。在市场经济中，诚信应是企业的行为准则，是实现持续发展的根基，而失信行为则是缺乏社会责任感的突出表现，因而"在菲尼克斯（中国公司），利润永远是第二位的"有着深刻的内涵。所以，必须树立这样的观念，"诚信就是竞争力，就是生产力，就是成就百年基业的助推力"。

五、背景信息

1993 年，德国的菲尼克斯电气集团与中国电网公司国家电力自动化研究院合资创建了南京菲尼克斯电气有限公司。经过 20 余年的发展，目前，该公司在中国为用户提供世界最先进的组合式接线端子、印刷电路板连接器、工业接插件、模块化电接口产品、防雷及电涌保护器、世界一流综合以太网和现场总线控制的自动化系统等。2009 年，菲尼克斯（中国）投资有限公司（简称菲尼克斯）成立，总部位于南京，占地面积 9.4 万平方米，是德国菲尼克斯电气集团在中国的集团总公司，下属公司包括南京菲尼克斯电气有限公司、菲尼克斯亚太电气（南京）有限公司、菲尼克斯电气（上海）有限公司、菲尼克斯电气（南京）研发工程中心有限公司和亚太物流枢纽公司，并在国内拥有 30 个办事处、2 个服务中心和 100 多家分销合作伙伴，现已成为德国菲尼克斯电气集团亚洲及太平洋地区的业务总部和研发、物流、制造、市场及信息技术中心。注册资金 7500 万美元，现有员工 1600 多人，年销售额超过 17 亿元人民币。

20 多年历程，菲尼克斯（中国公司）留下了辉煌的足迹：从一个投资不足 60 万美元的小合资企业，发展成总资产超 10 亿元的企业集团；年销售额从菲尼克斯全球子公司中的倒数第一到 2004 年名列第二，5 年后又一举超过其他公司长期雄踞第一，3 倍于美国子公司，完成夺魁撑竿跳；2010 年继续保持 30% 的增长，销售额突破 17 亿元；连续 12 年人均年上交国家税收超 10 万元……

作为外资企业的菲尼克斯（中国公司）有这样的特点：德方控股 99.7%，100% 的中国管理团队，100% 的中国技术人员，100% 的中国员工。在公司内部，弥漫着浓郁的中华传统文化气息。在企业管理上，菲尼克斯把中国传统文化发挥得淋漓尽致。位于南京市江宁开发区的菲尼克斯厂区，随处可见这样的标语："正人先正己，做事先做人""行有不得，反求诸己"……在这里，中国传统文化和西方现代文化已经融合在一起，形成了独特的企业文化。

六、关键要点

（一）分析内容的关键要点

1. 企业管理的重点在于"管人"，如何将儒家思想、《弟子规》内化为员工的价值观念、行为准则，从而规范企业的方方面面，使员工成为德才兼备的人，是关键所在，只有以人为本才能使公司长久有效地发展。

2. 在二次转型的过程中，如何在培育新员工的同时，带动老员工不断进步，而不是对变革产生反感；如何在吐故纳新的同时保证公平公正；如何将从前菲尼克斯（中国公司）的不裁减一个员工制度转变为培养员工终身就业的能力是分析的要点，要紧扣如何转变原有的"家道文化"，形成新的团队文化。

3. 探讨儒家《弟子规》思想中的"信任"思想和"仁爱"思想如何在企业管理实践中实现转化也是关键点。

（二）分析方法的关键要点

1. 对儒家《弟子规》思想的把握要注重从多方面理解，特别是"信任、诚信、仁爱、孝悌"几种思想如何融会贯通于企业管理之中。

2. 中国管理原理或思想大都只是笼统地体现在中国的传统文化中，如儒家、道家、法家等，缺乏理论体系，因此在运用中国管理思想指导企业管理实践时，要善于汲取中国传统文化的精髓，并将其整合为系统的管理理念，以便指导实践。

七、建议课堂计划

本案例可以作为专门的案例讨论课来进行，通过采取小组讨论的方式分析本案例，以完成本案例的教学目标。以下是按照教学课程时间、课堂讲授思路以及板书建议提供的课堂计划建议，仅供参考。

1. 教学课程时间

整个案例讨论课的课程时间控制在两个课时（每个课时 45 分钟）。

2. 课堂讲授思路

（1）课前教学准备

根据课程教学班级学生的专业结构和知识背景，对课程教学班级进行分组，每组人数控制在 5～8 人，要求各小组成员做好分工与合作，教师可考虑提出案例思考题，请参与者在课前完成阅读和初步思考。

（2）课中讨论阶段

首先，简要的课堂前言，明确课堂教学主题（3～5分钟），主要介绍案例大致背景（企业的本土化，社会诚信意识的缺失，企业如何培养员工及案例涉及的人物、事件等）、案例大致内容（菲尼克斯如何实现三个本土化，如何建立起"家道文化"及信任文化，又是什么原因要进行二次创业，儒家思想中的《弟子规》在企业中的具体运用）、案例涉及问题（即阅读本案例需要思考的问题，使学生带着问题去阅读案例）等内容。

其次，开展分组讨论（60分钟），根据课堂教学的学生容量进行合理分组。先各小组展开组内讨论，即给予各小组一定的自由讨论时间（20分钟），让小组成员对案例存在现象和问题进行分析讨论，并针对问题提出解决思路和方法，整合小组总体看法。然后，小组间讨论（20分钟），各小组选取一名代表，代表本小组简明扼要地阐述本小组对案例的分析和对问题的解决思路，还可以将案例中一些较难的问题或者值得深入研究的内容提出来，以供全体学生作进一步探讨、交流和完善。

最后，进行归纳总结（10～15分钟），在学生案例讨论或思路分享结束后进行，教师应该就各小组分析问题的思路和解决问题的方案进行总结。结束总结语：首先，应该是对各小组的结果进行点评，提出结果存在的优缺点；其次，要提出自身对案例的看法，并提出对案例难题的思路分析和解决方案，进一步引导学生的思路，以供借鉴；最后，提出一些课堂上未能解决的问题，供学生课后继续思考，留待进一步探讨。

3.板书建议

在课堂教学过程中，建议采用图画式板书与提纲式板书相结合的授课方式。图画式板书直观、生动、形象，事物的内在关联显现得淋漓尽致，能有效地激发参与者的学习兴趣，促进抽象思维能力的发展；提纲式板书字句简洁，条理清楚，重点突出，教学思路清晰。

八、参考文献

[1]张万英.风雨兼程15载——访菲尼克斯电气中国公司总裁李慕松教授[J].电气时代,2009(1)：42—45.

[2]高昌礼,任登第,胡小林,等.圣贤教育　创企育人[M].北京:世界知识出版社,2011:12.

[3]卢祁.上善若水　厚德载物——走进菲尼克斯电气中国公司[J].中国仪器仪表,2009(2):31—32.

[4]李风宇,姚加朋.李慕松与菲尼克斯中国团队[M].南京:江苏文艺出版社,2012:1.

[5]吴照云.管理学[M].北京:中国社会科学出版社,2006:3.

海航集团：以德育人，
以义制利*

▶ 案例推荐辞

改革开放以来，中国大多数企业运用的管理理念大多是西方的管理原理或思想，从泰勒的科学管理到德鲁克的目标管理，从质量管理到企业再造，毋庸置疑的是，西方的管理理论在中国企业的管理实践过程中取得了成功，促进了中国企业的成长和中国市场经济的快速发展。而随着我国经济地位的提升和企业的发展壮大，我国企业界和管理学界也逐渐意识到有必要构建起适应我国经济和企业发展的中国管理理论，这也促进了近年来我国企业界对国学管理思想和中国商道精神的学习热潮，推动了我国管理学界对中国管理思想的研究。事实上，在过去20多年中，一些中国企业也在积极运用中国传统文化中的管理思想进行企业的管理实践，并取得了成功，起步于海南省航空公司的海航集团有限公司便是其中的佼佼者。在董事长陈峰的领导下，海航集团汲取中国传统文化中的管理思想进行企业经营管理，通过德育培养员工，以商道精神兴利天下，形成了海航集团独具特色的管理文化，促进了海航20余年来的快速发展。海航集团的传统文化管理之道不仅使海航成长为一家以航空旅游业、现代物流业、金融服务业为主导的大型企业集团，也塑造了一个运用中国管理思想进行管理实践的范本。

本案例选取海航集团运用中华传统优秀文化进行企业经营管理作为研究对象，从海航教父的管理言行、传统文化的管理之道和中国商道的经营理念三个方面全方位、多角度地描述了海航集团在企业管理过程中如何以德育人、以义制利，展现了海航集团独具中国传统文化特色的经营管理之道，揭示了儒家德育、诚信思想以及传统义利观在海航集团管理中的运用。在海航教父部分，可以了解到海航创业者——陈峰的管理言行及其对传统文化

---

* 本案例由江西财经大学工商管理学院胡海波博士与研究生曾强强根据公开信息资料撰写而成。未经允许，本案例的所有部分都不能以任何方式与手段擅自复制或传播。由于企业保密的要求，在本案例中对有关名称、数据等做了必要的掩饰性处理。本案例只供课堂讨论之用，并无意暗示或说明某种管理行为是否有效。

的推崇与理解;在传统文化的管理之道部分,通过学习"海航精神"价值体系,可以熟悉海航集团如何运用传统文化实施企业管理、以德育培养员工以及以诚信塑造企业形象;在中国商道的经营理念部分,可以了解到海航集团积德行善的服务理念、义利合一的竞合理念和兴利天下的企业社会责任担当,了解海航集团的商道精神。通过案例学习和思考能够使我们对中国管理原理和思想有一定认识,特别是对儒家德育思想和诚信思想、传统文化中的义利理念的深入理解,能够培养我们运用中国管理原理和思想分析企业管理之道的思维,提高运用中国管理原理开展管理实践的能力。

海航集团运用中国传统文化进行企业管理,给我们带来的不仅是对儒家德育思想和传统文化中义利理念的思考和运用,也为我们提出了思考中国管理思想和原理的普适性问题,为我们进一步思考中国管理原理和思想如何走向世界,成为世界管理思想的潮流提供了一定的思考路径。

▷ 案例正文

摘要:案例选取海航集团有限公司运用中华传统优秀文化进行企业经营管理作为研究对象,从海航教父的管理言行、传统文化的管理之道和中国商道的经营理念三个方面全方位、多角度地描述了海航在企业管理过程中如何以德育人、以义制利。在海航教父部分,主要介绍了海航创业者陈峰的管理言行及其对传统文化的推崇与理解;在传统文化的管理之道部分,主要描述了"海航精神"价值体系,海航如何运用传统文化实施管理、以"德育"培养员工以及以诚信塑造企业形象;在中国商道的经营理念部分,主要展现了海航积德行善的服务理念、义利合一的竞合理念和兴利天下的企业社会责任承担,反映了海航秉持的中国商道精神。

关键词:海航集团;传统文化;中国商道;案例分析

0 引言

时光荏苒,光阴似箭,在改革浪潮风涌云起的20世纪90年代初期,陈峰放弃在北京的世界银行贷款办公室副主任职位,与同事王健、陈文理和李箐一起,南下奔赴海南创业。受海南省政府委托和1000万元的起家资本支持,在陈峰等人的筹办下,海南省航空公司(海航集团的前身,以下简称"海航")于1992年成立了。面对创业资本的严重不足,在海南省政府的支持下,海航通过定向募集的方式,在短短三个月内便筹集了2.5亿元资金,并完成了公司的股份制改造，进而以一种全新的体制在市场上打拼。通过租赁飞机的方式，海航于 1993 年 5 月 2 日完成了海口至北京的首航。[1]

为解决资金问题，陈峰和王健在美国华尔街呆了三个多月，通过"讲故事"的方式，最终说服索罗斯，让量子基金控股的美国航空有限公司出资 2500 万美元购买了海南航空 25% 的股份。[2] 外资的注入使海航获得了发展急需的资金，同时借助索罗斯的大名，提高了自己在美国资本市场的知名度。

20 余年来，海航凭借"内修中华传统文化精粹、外融西方先进科学技术"的管理经营思想，秉持"天地之间，皆为用心之处"的管理理念，以德培养员工；秉持"计利当计天下之大利"的经营理念，以利福泽天下，从一家单一的航空运输企业转变为以航空旅游业、现代物流业、金融服务业三大行业为主导的大型企业集团，实现了创立中华民族世界级航空品牌和世界级企业的战略目标，也创造了以中华传统优秀文化为底蕴的崭新商业文明以及中国商业发展史的奇迹。[3]

1 海航教父的管理言行

1992 年，陈峰受海南省政府委托，以 1000 万元人民币起步，组建了海南省航空公司。在 20 多年的发展过程中，陈峰先后担任海南省航空公司董事长、大新华航空公司董事长、海航集团有限公司董事长等职，现任海航集团董事局主席。[4]

陈峰不仅是海航事业的主要创立者，更是海航企业文化和经营管理模式的创立者，是海航的教父式人物。在员工的印象中，陈峰是位儒雅之士，他喜欢钻研中国传统的文学、历史、宗教等，人们可以从海航的标志中看到太极、阴阳、鲲鹏和如意，而熟悉陈峰的人都会提到，他在办公室里是穿着道服工作的，读书、打坐、记录心得是他每晚的必修课。[5] 身为国学大师南怀瑾的弟子，陈峰对中国传统文化极为推崇，喜欢钻研中国传统的文学，他认为传统文化的核心就是"人道做人"的学问，他崇尚管人就是管心的理念，提倡"与经典为伴，与圣人同行"。为了能找到人心与世事契合的管理文化，陈峰多次登门向国学大师南怀瑾请教，因此，南怀瑾的传统文化学术理念对海航的企业文化颇有影响。陈峰还大量阅读佛家经典，运用佛家思想对员工进行教育，他的"精进人生，造福众生"宗旨便是从佛典中演绎而

————————

① 缪舢.陈峰:海航密码[N].经济观察报,2013-04-29(51).

② 石玉. 海航集团董事长陈峰:中国没有人能看懂海航[J/OL].新浪财经. http://finance. sina. com. cn/ leadership/crz/20050919/16541979546. shtml.

③ 门洪华.海航竞争力研究[M].北京:北京大学出版社,2013:5.

④ 海航集团官方网站[EB/OL]. http://www. hnagroup. com/zh/corporation/board-of-directors/the-board/ index. html.

⑤ 石玉. 海航集团董事长陈峰:中国没有人能看懂海航[J/OL].新浪财经. http://finance. sina. com. cn/ leadership/crz/20050919/16541979546. shtml.

来的。①

源于对中国的传统文化的推崇和热爱,作为海航最高领导者的陈峰,即使在工作繁忙之时也坚持"温故知新",不仅钻研中国传统文化,从中汲取思想精粹以丰富海航的管理文化,还亲自监督海航企业文化的执行,致力于企业文化相关的培训。② 陈峰曾在两岸企业家高层论坛上发表演讲时说:"在做一个企业当中,我们能够善用儒家思想的'修身、治国、平天下'的治国方针,能够成就我们的天下,就是一个大智慧。"③就中国传统文化的内涵,陈峰说道:"中国文化的实质内涵就是儒道释三家一体的精粹,其实就是人,人道和做人的学问,核心又是德,任何事都要人来做,任何人又都有做人的标准。中国文化本身就是一种对做人的教育,其中的精粹,我们认为对于做好企业是大有裨益的。"④

2 传统文化的管理之道

海航非常重视中国优秀传统文化的精神价值,在 20 多年的发展历程中,海航不断通过汲取中华传统文化的精髓以完善公司的企业文化和管理理念。海航通过整合优秀传统文化资源,建立完备的"海航精神"价值体系,积极运用传统文化进行企业管理实践,强化德育、诚信在人才培养中的作用。

2.1 以海航精神蕴理念

海航强调中华优秀传统文化在企业管理文化中的主体性,并致力于挖掘其普世价值,推动中华文明和西方文明的有机结合。创业伊始,海航决策者就高度重视企业传统文化建设,提出了"内修中国传统文化精粹、外融西方先进科学技术"的经营管理思想。其核心内容包括:以"至诚、至善、至精、至美"为企业宗旨;以"为社会做点事,为他人做点事,人生不留遗憾"为企业理念;以"创造一个公司、造就一批人才、创造一种制度、创造一种文化"为企业目标;以"大众认同、大众参与、大众成就、大众分享"为企业精神。⑤

2011 年年初,海航颁布了《"海航精神"价值体系》这一重要历史性文件,提出了以"共同理想、共同信仰、共同追求、共同理念"为核心的"海航精神"。该价值体系以中国传统文化为根基,以多元包容为趋向,以人类幸福与世界和平为追求,是海航企业管理的重要思想基础。⑥

---

① 苏勇.东方管理案例精选(一)[M].上海:复旦大学出版社,2008:6.
② 苏勇.东方管理案例精选(一)[M].上海:复旦大学出版社,2008:6.
③ 陈峰.中国人应该继承并发扬中国的文化[J/OL].新浪财经.http://finance.sina.com.cn/roll/20050902/15021938458.shtml.
④ 白万钢.海航和陈峰的绝对挑战,建立总裁哲学[J/OL].华彩咨询.http://wr.cccv.cn/china-co/art2006927124637625.shtm.
⑤ 门洪华.海航竞争力研究[M].北京:北京大学出版社,2013:68.
⑥ 门洪华.海航竞争力研究[M].北京:北京大学出版社,2013:69.

海航的共同理想是"造福于人类的幸福与世界的和平"。

海航家园兼容并蓄，让人类文明在这座艺术殿堂中共融共生。海航人致力于符合道德规范和负责任的、促进全球资源高效配置与利用的企业行为。在每一个海航人的血液中都流淌着社会责任感的因子，他们都有着一个共同理想——"造福于人类的幸福与世界的和平"，这也是激励海航人不断超越自我的动力。①

海航的共同信仰是"天佑善人、天自我立、自我主宰"，是"真、善、美"，是"无疆大爱"。②

海航尊重不同的信仰、生活方式和选择权利，每一个海航人，都可以自由选择信仰基督教、伊斯兰教或佛教等，也可以选择没有任何宗教信仰。海航人的信仰是包容的信仰，是超越的信仰，是普世的信仰，超越了宗教和世俗的樊篱。"真"是海航人格的灵魂，是海航人的秉性。继承海航诚信文化是对每一个海航人最基本的要求，也是最高追求。真诚的人铸就真诚的企业，真诚的企业让员工、客户以及共融共生的人们收获幸福。"善"是海航大爱的源泉，是海航人的良心。愿意付出和给予，所以能够结缘众生、成就自我，心存善念、愿为善行是认同海航信仰的前提和基础。"美"是对艺术海航的追求。艺术海航是一种境界，是一种永无止境的追求，是天地之间，皆为用心之处的理念在海航人奉献的全过程中的体现，作为企业，海航愿意让世人把海航和 HNA 视作美的化身。③

海航人坚信，世间存在"无疆大爱"。因为这种爱，人、社会、自然之间方能和谐共处，人类的生活才能更加美好，海航人追求、寻找和传播这种大爱。

海航的共同追求是"大众认同、大众参与、大众成就、大众分享"。

"大众认同"是指海航立志创造社会效益，促进社会进步，以获得社会大众的认同；"大众参与"是指将海航的事业推向社会，让社会大众广泛参与、支持、关心海航的发展，推进海航事业；"大众成就"意味着海航事业是一个永无止境的追求过程，需要一代代海航人创造成果的积累；"大众分享"是指海航员工和社会都能共享海航发展的成果。④

海航的共同理念是"诚信、业绩、创新"。

海航以诚信待天下人，以业绩论英雄，以创新为动力。"诚信"是保持高品质的前提，海航人对外提供精美产品，信守承诺，树立良好企业形象，对内以诚待人，对公司忠诚，以诚信为基础的品质是海航对员工、对社会、对世界的承诺；"业绩"是可持续发展的动力，海航人在探索世界的过程中，不断学习新的知识、创造新的价值，追求更大的发展业绩；"创新"是

①　海航集团官方网站［EB/OL］. http://www. hnagroup. com/zh/corporation/board-of-directors/the-board/index. html.

②　海航集团官方网站［EB/OL］. http://www. hnagroup. com/zh/corporation/board-of-directors/the-board/index. html.

③　海航集团官方网站［EB/OL］. http://www. hnagroup. com/zh/corporation/board-of-directors/the-board/index. html.

④　门洪华. 海航竞争力研究［M］. 北京：北京大学出版社，2013：69.

海航永葆生机的法宝,唯有不断创新,海航才能寻求变化中蕴藏的机遇,实现超越式发展。①

海航的企业宗旨是"为社会做点事,为他人做点事,人生不留遗憾"。海航人致力于实现从谋生向人生的精神升华,由个人小我向社会大我的转化,秉持从人生精进到为社会创造财富、为他人作出贡献的精神价值,追求社会和自我价值的实现。② "为社会、为他人做点事,人生不留下遗憾"的企业宗旨构成了海航新的精神风貌,在海航内部形成一种宝贵的人文正气,形成了共同的价值规范和人与人的关系。

海航的企业训条是"团体以和睦为兴盛,精进以持恒为准则;健康以慎食为良药,净议以宽恕为旨要;长幼以慈爱为进德,学问以勤习为入门;待人以至诚为基石,处众以谦恭为有礼;凡事以预立而不劳,接物以谨慎为根本"。这是海航在企业文化建设中,通过不断的实践,将企业员工行为的两个内涵"做人与做事"具体标准化为十个训条,在国学大师南怀瑾主持下议定出的"海航同仁共勉十条",以此作为指导员工行为的基本准则,集中体现了海航人做人做事的具体标准和人道精神。③

"海航精神"价值体系是中国商业文明在海航的集中体现,是海航企业文化的重要支撑,是海航人独有的标签,也是海航不断超越自我的内在动力。

2.2 以传统文化施管理

在海航看来,中国传统文化中蕴含着做人、做事的学问,海航通过汲取其中的精粹,构筑海航的企业文化以及实施有效的企业管理,提高员工的素质。

在海航20多年的发展过程中,出版了大批专著让员工阅读和学习,以弘扬中华传统优秀文化,创新海航管理理念。海航从国学大师南怀瑾所撰《论语别裁》(70万字)中精选出13万字,编辑出版了《中国传统文化导读》,该书所选文章以"利"与"义"为出发点,从历史文化精神、修养、为人、处事、人生等几个方面加以阐述,作为员工企业文化教育的必读教材。2001年,海航开展企业文化工程建设,汇编完成了《海航故事》《海航创业发展历程》《企业文化教程》等书籍,制定了《海航集团员工守则》《海航集团管理干部守则》,编写了《海航管理干部必修读本》《红日当空》《精进人生》《显心谭》等文化读物④。其中《海航集团员工守则》是海航企业文化精华的思想宝库,在该守则中,从员工训条到企业理念,处处渗透了"情与理""义与利"的儒家思想,告诉员工做人做事的道理,海航员工人手一本,以启发员

---

① 海航集团官方网站〔EB/OL〕. http://www.hnagroup.com/zh/corporation/board-of-directors/the-board/index.html.

② 门洪华.海航竞争力研究[M].北京:北京大学出版社,2013:69.

③ 海航集团官方网站〔EB/OL〕. http://www.hnagroup.com/zh/corporation/board-of-directors/the-board/index.html.

④ 门洪华.海航竞争力研究[M].北京:北京大学出版社,2013:73.

工的思想。① 这些学习读物的不断完备，一方面丰富和完善了海航企业文化的内涵，另一方面也使海航各级管理干部成为企业文化的先行者和布道者。

海航建立了专门的培训制度和组织来弘扬传统文化以及推广海航企业文化，并由董事长陈峰亲自领衔实施。海航的新员工加入公司的第一件事，就是接受企业文化培训，陈峰会亲自为他们上第一课——"人道，做人的学问"，他会系统地向员工介绍海航的企业文化，并向员工讲述在参加海航工作之前，先学会做人修身的学问。之后，由首席培训官指导每位员工修读《中国传统文化导读》，建立员工对海航企业文化的认同，《中国传统文化导读》和《海航员工守则》是每个员工在初入海航时必读的书籍。海航的新员工在培训期间，每天做早操的时候都需要列队背诵依南怀瑾的"修行十二条"而改编制定的"海航同仁共勉十条"，通过让员工熟记"海航同仁共勉十条"，理解做人准则、人生哲学内涵，让谋生与人生相统一。②

除了企业文化培训之外，海航还将员工对企业文化的熟悉程度纳入考核中。新入职员工除了会接受海航企业文化培训之外，在经历3个月试用期，正式成为海航的一员之前，所有新员工都必须参加公司的转正考试。考试内容既不是考验各种综合知识，也不是运用各种国内外盛行的管理测评技术和方式进行测验，而是对传统文化的考察。③ 考试的题目来自海航的文化考试题库，在考试题库中，都是些诸如"大利是指什么？""'人不知而不愠，不亦君子乎？'中'愠'字的意思是什么？""曾子曰：'吾日三省吾身……'这三省是什么？"的题目，考察的是对中国传统文化的掌握和理解。考试不合格的员工将不予转正。

在平常工作时，海航的普通员工很可能在不经意的时候会忽然接到一个电话，没有任何铺垫，被直截了当地问道"海航同仁共勉十条"中第几条是什么。如果员工回答不出来，其当月的绩效工资可能被有理有节地扣去一小部分。④

2.3　以德平天下人心

受中国传统文化重伦理、倡道德内涵的启发，为培养优秀的人才队伍，海航在创业之初就非常注重员工"德"的修养，坚持实行"德育"培养员工，倡导管理者和员工要"以德养身、以诚养心"，提高自我素质。海航强调，管理干部是公司企业文化、道德操守的先行者，要求管理干部自重、自省、自警、自励，时刻保持一颗责任心、廉洁之心，常思贪欲之害，常怀律己之心，常慕清廉之美，做道德操守楷模，树商界君子典范。⑤ 为督促管理干部讲操守、重品行、做表率，海航制定了《海航集团管理干部道德操守准则》作为管理干部的行为规范和准则。

---

① 苏勇.东方管理案例精选(一)[M].上海：复旦大学出版社,2008：8.
② 苏勇.东方管理案例精选(一)[M].上海：复旦大学出版社,2008：6—7.
③ 苏勇.东方管理案例精选(一)[M].上海：复旦大学出版社,2008：7.
④ 柴莹辉.海南航空：传统文化力量[N].中国经营报,2005-06-29(04).
⑤ 门洪华.海航竞争力研究[M].北京：北京大学出版社,2013：196.

海航要求管理干部具备用中国传统文化的精粹塑造自身、提高修为的能力。管理干部不仅要修读《海航管理干部必修读本》，还要研习《周公诫子书》、苏洵的《心术》、清代孙嘉淦的《三习一弊疏》以及《大学微言》。《周公诫子书》讲的是"谦德"的作用，所谓"周公吐哺，天下归心"；《心术》讲管理就是管人，管人就是管心，为将之道，首先治心，泰山崩于前而不改色，要有定力，不受诱惑才能当一个合格的管理者；《三习一弊疏》指出人的三个习性容易形成三种弊端，海航以此来警戒管理干部时刻要注意谦虚，避免自满。①

海航的管理干部都要学习《精进人生》这本由陈峰亲自编写的小册子，在书中陈峰谈到，"德"是一个领导者、一个合格的管理者的基本素质和风范，其基本内容应是"诚善"两字，领导者要做到"诚、善、勤、俭"，即诚心待人，善念处事，勤勉工作，节约福报。此外，管理干部还要接受"三为一德"的教育，由陈峰亲自主讲，以培养优秀管理者应该具备的道德修养。"三为一德"第一条是要做到"为人之君"，要有君子般的气度、风格和责任，像君王一样善待部下；第二条是要"为人之亲"，要求管理者要像对待亲人一样对待每位员工，善待大家，对自己的员工有亲情般的感情；第三条是要"为人之师"，要做到为人师表、为人垂范、以德育人，要求别人做到的自己需先做到。这三句话构成一个"德"字，海航管理者要做到"以德平天下人心"。② 陈峰一再强调："领导者首先要思考的并且应该做到的就是一个'德'字，领导者要把'以德平天下人心'作为如红日当空般检查自己一切思想和行为的准则。"③

谈到企业领导者的修为，陈峰认为："在企业发展当中，企业的领导者必须要有定力。要得到定力，就要修身，修身才能齐家，齐家才能治国，治国才能平天下。中国文化太渊博了，我们要好好研究。"④陈峰要求每个管理干部都必须有计划阅读儒家经典，每个季度要手写一篇学习心得，由陈峰亲自检查，一个季度检查一次，三次不及格，降级处理。管理人员平时定期撰写学习中国传统文化的体会或论文，相互交流，以提高对海航企业文化的理解。⑤

2.4 以诚信树企业形象

在海航20余年的发展过程中，海航管理层极为重视"诚信"建设，强调"诚信"是公司的立身之本、生存和发展之道。海航以"诚信"为基，对外提供精美产品，信守承诺，树立良好企业形象；对内明确企业对员工负责任、员工对企业负责任，以诚待人，对公司忠诚。海航要求干部员工以"诚信"作为思想和行为准则，恪守商业道德，珍惜公司信誉，维护社会公德。⑥

① 白万纲. 海航和陈峰的绝对挑战,建立总裁哲学[J/OL]. 华彩咨询. http://wr. cccv. cn/china-co/art2006927124637625. shtm.
② 苏勇. 东方管理案例精选(一)[M]. 上海:复旦大学出版社,2008:7.
③ 王超逸. 国学与企业文化管理[M]. 北京:中国经济出版社,2009:62.
④ 海南航空董事长陈峰:企业领导者要有定力[N/OL]. 新浪财经纵横. http://finance. sina. com. cn/s/101540. html.
⑤ 王超逸. 国学与企业文化管理[M]. 北京:中国经济出版社,2009:64.
⑥ 陈珊珊. 海航集团董事长陈峰:予人玫瑰,手留余香[N]. 第一财经日报,2011-11-09(T06).

海航集团一直坚守"诚信"为本的经营理念。对于合作伙伴，海航本着公开、公平、公正和信息对称的原则，始终坚持及时、完整、准确地向各主要债权人通报有关信息，使债权人在充分知情的前提下对海航集团经营和财务状况进行监管，最大限度地防范信贷风险。对于客户，海航采取严格措施保护客户隐私和个人信息，要求员工安全、尽职地保守和保存从客户处收集到的信息和商业秘密，不向缺乏信息保护意识和措施的第三方（如服务商或供应商）传递客户信息或商业秘密。对于员工，海航集团坚持"大众成就、大众分享"的思想理念，在分配管理方面，海航除了按照国家有关股份制企业的管理规定和公司章程提取盈余公积金、公益金、分配股息红利外，还确立了"向生产一线、技术工种、经营部门、专业人员倾斜"的原则。[1]

2004 年 3 月 15 日，海航迈出了诚信企业建设的第一步，当天海航集团举行了"诚信承诺书"签字仪式，承诺为中国创造一个诚信的企业集团。在签字仪式上，海航集团 M5 以上的高层领导干部在现场签署了《海航集团诚信承诺书》，这是海航诚信企业建设的标志性事件。在签字仪式上陈峰表示："诚信是海航企业文化核心价值理念之一，真正的承诺是心的承诺，我们的目标是在不太长的时间里，为中国创造一个诚信的企业集团。"《海航集团诚信承诺书》由基本诚信行为准则、内部业务诚信行为准则、外部业务诚信行为准则、社交诚信行为准则、诚信承诺行为附则组成。海航要求干部和员工遵循"以诚信待天下人、以诚信做天下事、以诚信标准塑造商业道德"的宗旨。为此，海航以"诚信"理念为基准，将诚信与员工干部的选拔、任免、晋级、薪酬、奖惩、员工档案管理等企业制度紧密结合，使"诚信"成为海航干部员工最基本的行为准则和企业文化的核心理念。[2]

3　中国商道的经营理念

对于海航的发展，陈峰指出："海航要创建世界级卓越企业，要造福于人类的幸福与和平，同时要规避公司带来的问题（公司把人的自私、贪婪放大，给人类带来巨大的伤害），海航要以中华民族传统文化的商道精神来推崇一种文化，弘扬一种文明。"在 20 年来的发展过程中，海航致力于传播中国传统商道精神，秉持"积德行善"的服务理念，将福报留给他人；秉承"计利当计天下之大利""以德养身，以诚养心，以义制利"的商道精神，追求货通天下、汇通天下、福泽天下；秉持"扶危济贫"的慈悲胸怀，积极承担企业社会责任，力争在创造经济效益的同时创造更大的社会效益。[3]

①　陈珊珊. 海航集团董事长陈峰：予人玫瑰，手留余香[N]. 第一财经日报，2011-11-09(T06).
②　吴怡婷. 员工签署承诺书 海航迈出建立"诚信企业"第一步[N/OL]. 新华网海南频道. http://www. hq. xinhuanet. com/hainan/2004-03/16/content_1791026. htm.
③　门洪华. 海航竞争力研究[M]. 北京：北京大学出版社，2013：135.

3.1 予利顾客,积德行善

在海航服务文化中,一个很重要的理念是,"为他人服务是一种积德行善,是一种福报"。海航特别重视顾客的利益,奉行"以客为尊"的理念,将服务视为海航的生命之源,是海航建设世界级品牌和企业的重要途径,强调"天地之间皆为用心之处",倡导"至诚、至善、至精、至美"的服务理念,打造"全系列产品,个性化服务"的全新理念。同时,海航还将东方文化与国际服务标准相融合,创造东方文化服务理念和方式,实现对国际标准的超越,致力于为人们提供国际一流服务,打造中华民族的世界级品牌。[①]

自创业之日起,海航致力于以"安全、服务、正点"为切入点打造优质航空品牌。1995年,海航明确提出"至诚、至善、至精、至美"的服务宗旨,倡导通过为客户提供精美、舒心、适宜的服务来开拓市场。1996年,海航抓住关怀、微笑和卫生这三个关键服务点,提出"一路关怀,全程服务;一路春风,微笑服务;一路清洁,优质服务"的服务理念,进行服务细节提升。1997—1999年,海航提出"细心、耐心、诚心"三心服务理念,确立了一套完整的空中服务体系。1999年,海航顺利通过 ISO 9002 标准认证,以此为起点,海航全面推动客舱文化建设,以"优而不烦、主随客便""以客为尊""执行标准、灌输热忱""外秀内慧""高贵典雅、清新自然"为服务理念,陆续推出"爱心天使"服务、特色餐饮服务、机票竞拍等空中服务项目,为乘客提供精美服务,让利于顾客。2011年,海航提出"U-SMILE"服务理念,集中展现了海航的服务理念和中国理念追求。其基本内涵是:安全正点(Safety & Punctuality),以安全运输、正点运行为基本原则,以保证航空安全为天职;东方优雅(Manners& Elegance),以东方待客之道广结四方友人,包容各国文化、展示中国形象;创新激情(Innovation & Passion),以创新精神对待服务工作,用饱满激情成就梦想;团队协作(Leadership & Teamwork),以团队力量共铸"五星航空"品质,用协作精神呈现完美旅行;平等仁爱(Equality & Love),以平等之心对待每位旅客、同仁,用仁爱之情关怀特殊群体。[②]

海航还提出了东方文化与国际一流服务标准相融合的理念,致力于在其服务文化中注入中华传统文化元素,传递东方文化情怀、展示东方待客之道。2011年1月,海航荣获SKYTRAX"五星级航空公司"的称号,成为全球七家五星级航空公司之一,海航的"东方待客之道"也得到国际权威服务评定机构的肯定。SKYTRAX 主席爱德华·普拉斯塔德(Edward Plaisted)在颁奖仪式上指出:"海航在为旅客提供国际顶级标准服务的同时,绽放出东方文化的独特魅力。当我们从西方来到东方,便能体会到一种温婉典雅的东方气质,而这种气质的精髓就是,我们可以真切地感受到这个服务和服务人员与客人之间更好的沟

---

① 门洪华.海航竞争力研究[M].北京:北京大学出版社,2013:201.
② 门洪华.海航集团 2012 年度社会责任白皮书[R].2013:68.

通和交流。"①

海航服务以国际标准为基础，以传播中华优秀传统文化为使命，传播中国理念，展现东方之美，集中体现了海航服务的艺术境界，它呈现给旅客的是国际化的东方之美，是一种温婉典雅的东方气质，这种气质包含着中国文化的韵味。

3.2 义利合一，竞合双赢

墨子曰："兼相爱、交相利。"海航秉持中华传统优秀文化，相信"万物并育而不相害，道并行而不相悖"（《礼记·中庸》），强调大争之世术变、道不变、求术新；体用结合、内外兼顾、和合创新。海航致力于传播中国式商道精神，秉持"计利当计天下之大利""义利合一"的经营理念，坚持"以义制利"，在发展过程中不仅考虑自身利润，更致力于通过自身的投入，促进地方经济和社会的发展。

21 世纪初，尽管中央政府实施了"西部大开发"战略，但是，一家原本运营陕西当地支线的航空公司出于经济考虑，将机队调整至大中城市，这种情况严重影响到了当地招商引资和西部的经济发展建设。当时，陕西省政府发函求助于海航，请求海航支援。对于海南航空来说，把运力调到大西北，运营成本、航材保障等各方面条件都不具备，从企业的经济效益上来看，这笔生意是亏损的，但从可以改善大西北的空中交通，提升投资环境的社会效益来看，这笔生意是值得的。于是海航将 32 架支线飞机全部调到大西北，开通了延安等多条航线，因为海航的介入，整个大西北的中小城市都连接起来了。因为此次的权衡选择，海南航空一直占据着陕西咸阳国际机场吞吐量的 5 成以上。如今，海航每进入一个地区的航空市场，都会主动对该地区产业选择、发展战略等做详细的研究，还经常请国务院发展研究中心、国务院信息中心等机构，一道做当地产业发展的战略规划，然后提出海航合作的意向。海航的主动嵌入，不仅促进了地方经济社会的发展，也实现了企业的获利，这也正是海航所提倡的"以义制利"经营理念所带来的双赢效果。②

作为现代服务业的综合运营商，海航显在伙伴、潜在伙伴遍天下，海航重视、善待合作伙伴，致力于实现与合作伙伴的共享成长，与竞争伙伴共同致力于行业发展和市场繁荣。在处理合作伙伴关系时，海航以"诚实守信、交易公平"为基本道德规范，通过合同谈判、日常会议、文件函电来往等制度加强与伙伴的信息沟通、信息披露和信息对等共享，追求交易公平，致力于形成公平合宜的市场环境。海航通过建立集团惩防体系、合规体系，致力于反不正当竞争、反垄断、反受贿、反腐败，实现公平竞争，促进依法合规经营，积极提升行业文明水平，促进市场走向全面繁荣。同时，海航秉持"竞合"理念，致力于长远布局，追求竞合

---

① 门洪华.海航集团 2012 年度社会责任白皮书[R].2013:69.

② 史轩川. 海航:计天下之大利［J/OL］.21 世纪经济报道. http://www. 21cbh. com/HTML/2009-12-14/157601. html.

发展。落实在行动上,就是其战略联盟策略的娴熟运用,通过与国内外知名企业、银行金融机构、地方政府等签署战略合作协议,推进实质性合作,实现互利共赢。①

3.3 薪火予人,兴利天下

在海航决策者看来,社会责任是中国传统价值精神在市场经济条件下的体现和升华,社会责任体系建设不仅是一种道德和良知的呼吁,而且是企业必须面对的社会实践。② 海航在取得自身迅速发展的同时,大力弘扬"计利当计天下之大利""福泽天下""薪火予人"的传统文化精神,秉持"扶危济贫"的慈悲胸怀,积极承担社会责任,大力支持公益事业,并推动公益事业向亚非拉发展中国家延伸。

20 余年来,海航秉烛火之明,常尽责任之力,采取实际行动解危扶贫、捐资助学、倾力支持社会公益事业,初步形成了海航社会公益工作的体系,主要工作内容有:支持教育、帮孤助残、扶贫赈灾、环境与文物保护、精神文明建设等五大类。③

海航非常关注中国教育事业的发展,关心祖国下一代的成长,致力于资助贫困儿童,修建学校,设立高校奖学金、贫困大学生助学金和海航宝岛奖助学金等工作,为推动教育事业发展不遗余力。④

在帮助孤残方面,海航通过常年开展慰问孤残人员,成立海南特困儿童援助协会,举办"海航光明行"(从 2004 年 7 月开始,海航启动"海航—青藏高原 10 年光明行动",与全国防盲指导组、北京同仁医院一起,先后在青海、西藏、新疆、甘肃、内蒙古、海南以及非洲津巴布韦、马拉维、莫桑比克等地为近 4500 名贫困的白内障患者进行了复明治疗,使他们重见光明)⑤、"母亲健康快车""梦想照进现实"公益义卖等活动来支持社会帮扶孤残事业的发展。

海航还积极开展扶贫赈灾的工作,履行企业的社会责任。2003 年,海航创建 10 周年时,为了回报海南人民,海航制订了"至善井"计划,计划投资 2000 万元,用 10 年时间为海南缺水地区打 100 口水井,配合海南人民政府解决"饮水"的难题,帮助当地群众早日奔小康。⑥ 而每次重大自然灾害发生时,海航集团总是走在赈灾的前列。2008 年,四川汶川大地震发生之后,海航集团捐款 100 万元,投入救灾运力成本 18376 万元。

2010 年 7 月,海航集团首度发布"海航集团社会责任白皮书",通过创立独特的社会责任报告形式,有计划、有目的地推进企业社会责任目标。2010 年 10 月,海航集团发起设立

---

① 门洪华.海航集团 2012 年度社会责任白皮书[R].2013:81-83.
② 王超逸.国学与企业文化管理[M].北京:中国经济出版社,2009:67.
③ 门洪华.海航集团 2012 年度社会责任白皮书[R].2013:82.
④ 海航集团官方网站[EB/OL]. http://www. hnagroup. com/zh/corporation/board-of-directors/the-board/index. html.
⑤ 海航集团官方网站[EB/OL]. http://www. hnagroup. com/zh/corporation/board-of-directors/the-board/index. html.
⑥ 海航集团官方网站[EB/OL]. http://www. hnagroup. com/zh/corporation/board-of-directors/the-board/index. html.

海南省慈航公益基金会，该基金会于 2011 年 12 月 16 日正式挂牌成立。慈航公益基金会致力于成为弘扬中国文化的实践者和重要载体，以"扶困济贫、勇担道义、慈航普度"的济世精神为核心理念，通过赈灾救助、扶贫济困、慈善救助、公益援助等形式，倾力支持社会公益事业。陈峰指出："慈航公益基金会的创建是海航追求的集中体现，海航将发展慈善公益事业作为集团持之以恒的追求。"①

在致力于社会公益事业的过程中，海航不仅确立了以支持教育、解危扶贫等为核心的社会公益工作体系，致力于解决失学儿童、贫困大学生、农村教育、自然灾害救济等社会问题，还探索带动了社会参与的慈善工作新模式，鼓励其他企业和个人共同参与，成为社会风气的引领者，另外，积极促进社会公益工作与员工教育工作的结合，通过社会公益工作来净化员工心灵、提高员工思想境界。②

兴利天下，薪火予人。截至 2012 年 12 月 31 日，海航先后向自然灾害地区、贫困地区、残疾人联合会、慈善总会、红十字会、青少年发展基金会、妇女发展基金会、中华见义勇为基金会、环境保护协会，海南省等地区、单位或个人捐款捐物，以及向亚非拉等发展中国家提供公益援助，总价值超过 8 亿元，为社会公益事业作出了突出贡献。③

4 结束语

海航从一家地方性航空公司，快速成长为一家以航空旅游、现代物流和现代金融服务为支柱产业的大型跨国企业集团。除了海航决策者的高瞻远瞩和公司良好的资本运作、管理机制之外，也离不开海航以中华优秀传统文化为基石而构建的管理经营体系，离不开海航的"德育"管理和"义利"经营。正是海航内修中华传统文化精粹的管理思想和中国商道精神的运用，铸就了海航 20 多年来的辉煌之路。

资料 1

海航集团有限公司简介

海航集团有限公司于 2000 年 1 月经国家工商行政管理局批准组建，其前身是成立于 1992 年的海南省航空公司，海航集团法定代表人为陈峰（海航集团有限公司董事局主席）。从 1992 年创业至今，海航抓住世界转型和中国崛起并行不悖的战略机遇期，积极探索竞合发展之路，通过产业内和产业间的资源优化配置，构筑起以航空旅游、现代物流和现代金融服务为三大支柱的新型产业格局，业务涵盖航空运输、旅游服务、物流、酒店管理、金融服

---

① 门洪华. 海航竞争力研究［M］. 北京：北京大学出版社，2013：191.
② 门洪华. 海航集团 2012 年度社会责任白皮书［R］. 2013：97.
③ 海航集团官方网站［EB/OL］. http://www. hnagroup. com/zh/corporation/board-of-directors/the-board/index. html.

务、商贸零售、机场管理、地产置业、装备制造等产业领域，截至 2013 年 12 月 31 日，海航集团总资产近 5000 亿元，总收入近 1400 亿元，初步实现了创立中华民族世界级航空品牌和世界级企业的战略目标。面向未来，海航以"吃、住、行、游、购、娱"为核心服务要素，致力于在客流、物流、资金方面实现"人畅其行、物畅其流"的人与自然、人与社会的和谐发展，成长为中华民族的世界级卓越企业，推动国民消费观念从储蓄型向信贷型转变，促进中华传统优秀文化复兴和中国理念的传播，贡献于中华民族的伟大复兴，贡献于人类幸福与世界和平。

一、海航成长历程

1992 年 10 月 15 日，海南省航空公司创立大会在海口泰华宾馆召开，经营机制灵活、管理体制全新的中国民航第一家经过规范化改造的股份制企业海南省航空公司宣告成立。1993 年 1 月，海南省航空公司顺利完成股份制改造，定向募集 2.5 亿元，成为中国第一家规范化的股份制航空运输企业。1993 年 5 月 2 日，海南航空公司正式开航运营，首航北京，标志着海航的正式运营。

1994 年，海航抓住中央政府加大改革开放力度，允许外商有条件投资民航运输业的机遇，提出"募集外资股，利用国际资本发展海南航空运输业"的战略思维。经上级批准同意，陈峰、王健十进华尔街，募集外资，1995 年 9 月 27 日与美国航空公司签署了外资股销售协议，发行 1.0004 亿元外资股，募集资金 2500 万美元，从华尔街接上了国际资本的"输血管道"，海航重新登记为中国第一家中外合资航空公司。为解决公司长期发展的直接融资渠道，1995 年，海航就开始了 A 股、B 股上市的准备工作。1997 年，海航 B 股在上海证券交易所正式上市，募集资金 3337 万美元，成为首家境内上市外资股的民航运输公司；同年，海航 A 股成功发行，募集资金 9.43 亿元。2002 年 11 月 18 日，海航集团旗下美兰机场股份有限公司在香港成功上市。由此，海航也成为同时拥有 A 股、B 股、H 股的上市公司。

2000 年元旦，在海南省航空公司的基础上，通过内部战略性重组，组建了海航集团有限责任公司。随后，海航集团抓住中国崛起大势和中国民航发展的契机，结合自身发展态势，提出了"3 年内成为国内知名品牌企业、7 年内成为亚洲知名品牌企业、9 年内成为世界知名品牌企业"的战略目标。海航集团的组建和总体战略目标的确定，为海航实施"出岛战略"，推进战略拓展奠定了内在基础。2002 年，海航顺利跻身中国企业 500 强之列。

2003 年，历经 10 年奋斗，海航集团发展成为以航空运输业为主体，融机场管理、酒店旅游等相关产业为一体的大型企业集团，集团航空运输主业全国性运营格局初步构成，形成了以海南航空股份有限公司为龙头企业，以新华航空、长安航空、山西航空、金鹿公务机、扬子江快运为下属航空公司所组成的航空运输板块，构建了由海口美兰机场和托管运营的三亚凤凰国际机场为主体的机场板块，形成了由海南兴隆康乐园酒店等十几家酒店和旅行社组成的酒店旅游板块，并不断开拓新的产业领域，集团的资产总规模近 300 亿，主营业务收入保持较快的增长速度。

2008年金融危机爆发给全球经济带来重大影响，而海航提前预见到全球金融危机的危害，采取果断措施积极应对危机。海航准确把握外部机遇与挑战，深刻认识到自身的优势与劣势，抓紧用好战略机遇，有效应对各种挑战，推动实现跨越式发展。2010年，海南航空被评为SKYTRAX"五星航空公司"，海航圆满实现了"三七九"战略目标，实现了创建中华民族世界级航空品牌和世界级企业的战略目标。2011年海航集团工作会议明确提出了海航未来五年的发展计划（即"超级X"计划），并将资产规模进入世界500强前列、管理模式和文化堪称现代企业典范、成长为造福人类幸福与和平的社会企业公民作为标准。

2012年2月13日，海航集团与中非基金、加纳SAS金融集团、加纳社保局签署了加纳非洲世界航空公司项目合资协议。9月21日，非洲世界航空公司在加纳首都成功首航，标志着海航集团在非洲投资的首家航空公司正式投入运营，这是中国在非洲投资的第一个航空项目。10月23日，海航航空收购了法国第二大航空公司——蓝鹰航空48％的股权，开创了内地航空公司入资欧洲航空企业的先河。

截至2012年12月31日，海航实体运行企业321家，总收入达1277亿，总资产近3600亿；集团用工总数达10万余人，集团航空产业总机队规模427架，年旅客吞吐量4540万人次；集团境外实体运营企业28家，境外资产逾750亿元，占集团总资产的21％，境外收入136亿元，占集团总收入的11％。

二、海航产业

海航集团目前的五大主要产业为：海航航空、海航实业、海航资本、海航旅业、海航物流。

1. 海航航空

海航航空是海航集团旗下核心支柱产业集团，对旗下航空运输企业和航空相关企业实施产业管理。海航航空以航空运输企业群为主体拓展全球布局，以航空维修技术（MRO）、通用航空（航校）、商旅服务（销售）、地面支援、航空物流等配套产业为支持打通全产业链，通过金融投资和新兴业务带动，目标打造成为立足中国、面向全球、服务品质与企业规模均进入全球行业前列的大型国际航空集团。1993年至今，海南航空在以海口为主基地的基础上，先后建立了北京、西安、太原、乌鲁木齐、广州、大连、深圳七个航空营运基地。航线网络遍布中国，覆盖亚洲，辐射欧洲、美洲、大洋洲、非洲。公司目前总资产近1600亿元，旗下公司机队规模350余架，开通国内外航线570余条，通航城市190多个，年旅客运输量近5000万人次。为促进海航航空业务的全面发展和全球布局，海航于2010年12月27日正式成立海航航空控股有限公司，对旗下航空运输企业和航空相关企业实施专业化管理。海航航空下辖客运企业包括大新华航空、海南航空合并四家、大津航空、香港航空、香港快运、祥鹏航空、西部航空、加纳非洲世界航空（AWA）、法国蓝鹰航空；货运企业包括扬子江快运、土耳其myCARGO；航空相关企业包括海航技术公司、海航货运、海航销售、海航航校、土耳其 myTECHNIC、航食类企业等。

2. 海航实业

海航实业是海航集团旗下五大产业集团之一,下辖地产、商业、机场、金融投资四大核心业态。海航地产致力于成为国内领先的城乡综合运营商,截至2013年9月,经营范围遍及全国20多个城市,拥有开发项目30余个,在建面积500万平方米,在售面积260万平方米,可售物业总估值逾300亿元。海航商业是中国连锁百强企业前十名,致力于打造国内跨业态、跨区域、最大的零售连锁网络,截至2013年9月,拥有超市232家,百货店13家,营业总面积100万平方米,年销售收入过百亿元。海航机场是国内第三大机场管理集团,致力于发展成为全球最佳机场网络综合服务商,截至2013年9月,管理着16家机场,年旅客吞吐量3000万人次,其中海口美兰国际机场、三亚凤凰国际机场年旅客吞吐量均超千万人次;在武汉、海口、三亚等地拥有多个在建临空经济产业园。海航金融投资以不动产运营为基础,致力于打造国际一流的物业投资与管理运营商。截至2013年9月,在北京、上海、广州、纽约、悉尼等国内外中心城市持有写字楼、商业、酒店、公寓等物业项目40余个,总资产约400亿元;同时还运营境外不动产基金、海航绿色成长基金等10余支基金,管理基金规模逾50亿元。

截至2013年9月,海航实业总资产规模逾1600亿元,年收入规模约270亿元,管理4家上市公司(海岛建设600515、美兰机场HK00357、西安民生000564、易食股份000796)、16家机场、40余栋持有型物业、240余家商业零售门店,为社会提供就业岗位36000余个。

3. 海航资本

海航资本控股有限公司是海航集团核心产业集团之一。海航资本立足通过优势产业领域的投资银行服务以及多元金融工具的组合与创新,为广大客户提供多方位现代金融服务解决方案,立志创建世界级卓越金融企业,打造世界级卓越金融品牌。海航资本拥有投资银行、租赁、保险、信托、证券、期货、基金、保理等传统及创新金融业务,致力于发展虚拟金融与实体金融,突出核心主业,抓住中国金融变革机遇,优化配置现有资源,对旗下各金融业务实施差异化管理。截至2012年12月底,海航资本资产规模超过2400亿元,拥有各类成员公司近30家,拥有国内营业网点逾1200家,业务遍及北京、天津、上海、深圳、香港、新加坡、悉尼、伦敦、都柏林、奥斯陆、纽约等30个大中城市。

4. 海航旅业

海航旅业控股(集团)有限公司于2007年3月在北京成立。海航旅业凭借海航集团强大的发展动力,实现集团旅游产业链资源整合和业务拓展,成为海航集团航空旅游业的核心产业集团。海航旅业致力于以日臻完善的服务满足世人的旅行梦想,应对大众不断增长的旅行需求,海航旅业逐渐成长为涵盖航空、酒店、旅游金融及传统旅游、IT互联网等多重业务领域的现代大型旅游集团,目前运营102架飞机、48家旅行社、473家旅游门店、38家货币兑换门店及 16974 间可出租酒店客房。目前,海航旅业的服务网络布局亚洲、欧洲、美洲多个国家和地区,每年与全球 160 万游客共享旅行的喜悦和价值。海航旅业将全面整合"智慧旅游"产业链,围绕"一卡一网一中心"核心发展战略,倾力打造集航空旅游、旅游金融服务、旅游电子商务为一体的中国旅游新经济体,构建世界级的旅游综合服务运营商。仅仅四年,海航旅业便跨入了中国旅游集团 20 强并位居第 6,成为国内大型旅游企业快速发展的典范。

5. 海航物流

海航物流依托海航集团强有力的战略支持,坚持实体物流与虚拟物流联动的发展模式,为客户提供速运、装备制造、海运三大类服务,积极推动"实体＋金融＋贸易＋服务"四位一体的发展循环模式,业务涵盖第三方支付、大型交易中心、物流咨询、物流 IT、集装箱运输、散杂货运输、油轮运输、造修船、船舶配套等,致力于成为世界一流的现代物流综合运营商和装备制造商,成为促进全社会物位移需求、引领物位移模式变革的综合解决方案提供商,实现"货通天下"。

此外,海航集团其他产业还包括海航文化、海航财务公司、三亚航空旅游职业学院、长沙南方职业学院、海南海航航空进出口有限公司、海航集团香港有限公司等。

(资料来源:海航集团官方网站[EB/OL]. http://www. hnagroup. com/zh/corporation/board-of-directors/the-board/index. html.)

资料 2

海航标志性奖项一览(1994—2013 年)

年度	奖项及颁奖机构
2013 年	世界十大最安全航空公司(德国喷气客机事故评估中心) 第八届中华慈善奖之最具爱心捐赠企业奖(中华人民共和国民政部) 2013 中国信用企业(央视网) 中国企业社会责任榜杰出企业奖(第一财经)
2012 年	五星航空公司、中国最佳航空公司(SKYSTAX) 第七届中华慈善奖之最具爱心捐赠企业奖(中华人民共和国民政部) 南南奖——企业社会责任奖(联合国南南新闻组织) 全国就业先进企业(中华人民共和国国务院) 中国企业社会责任榜杰出企业奖(第一财经)
2011 年	五星航空公司(SKYTRAX) 全球最安全航空公司第五名(《国际航空》杂志) 2011 年度中国最佳雇主(怡安翰威特公司) 2011 年度社会责任优秀企业奖(中华慈善总会等) 第六届中华慈善奖之爱心捐赠企业奖(中华人民共和国民政部) 中国企业社会责任榜之杰出企业奖(第一财经) 全国质量工作先进单位(国家质量监督检验检疫总局)

续表

年度	奖项及颁奖机构
2010 年	国家西部大开发突出贡献集体(中华人民共和国人力资源和社会保障部等) 中国企业社会责任榜杰出企业奖(第一财经) 海南省抗洪抢险救灾先进集体(中共海南省委、海南省政府) 海南省最具社会责任感企业(海南省国资委等) 庆祝海南解放 60 周年海南省优秀企业(海南省企业联合会等)
2009 年	第四届全国精神文明建设工作先进单位(中央精神文明办公室) 中华慈善事业突出贡献单位(企业)奖(中华慈善总会) 2009 中国最佳企业公民大奖(第六届中国最佳企业公民评选委员会) 第五届中国优秀企业公民(中国社工协会企业公民委员会)
2008 年	抗震救灾先进集体(中华全国工商业联合会) 中华慈善奖"特别贡献奖"(中华人民共和国民政部)
2007 年	海南十大爱心公益企业(中国知名品牌/企业评价协会) 中华慈善事业突出贡献奖(中华慈善总会) 中国公益事业十大先锋企业(中国公益事业联合会等)
2006 年	中国信息化百强企业(CNETNET WORKS) 中国最具社会责任感企业 20 强(中国企业社会责任调查组委会) 联手扶贫工作优秀单位(海南省人民政府)
2005 年	中国企业信息化 500 强(国家信息化测评中心) 海南省捐助印度洋海啸灾民奉献奖(海南省红十字会) 2002—2004 年度全省农村饮水解困工作先进单位(海南省人民政府) 全国创建和谐劳动关系模范企业(中华人民共和国劳动和社会保障部等) 中国职业经理人最佳生态环境十佳企业(第六届中华管理英才论坛组委会) 先进基层党组织(海南省国资产委党委)
2004 年	中国企业信息化 500 强(国家信息化测评中心) 联手扶贫工作优秀单位(海南省人民政府) 全国青年安全生产示范岗(共青团中央、国家安全生产监督管理局)
2003 年	2003 年度中国企业文化优秀奖(中国企业联合会、中国企业家协会) 第十届国家级企业管理现代化创新成果一等奖(全国企业管理创新成果审定委员会)
2002 年	新世纪爱心明星单位(中共中央宣传部等) "旅客话民航"用户评价第一名(中国民航协会等)
2001 年	"旅客话民航"用户评价第一名(中国民航协会等) 金鹰杯航空安全奖(中国民航总局) 全国杰出青年文明号(共青团中央、国家计划委员会) 全国用户满意服务奖(中国质量管理协会)
2000 年	全国用户满意服务奖(中国质量管理协会) 陈峰荣获"全国劳模"称号、获颁"全国五一劳动奖章"(中华全国总工会)
1999 年	1993—1999 年度"旅客话民航"活动先进集体(中国民航协会) "旅客话民航"用户评价第一名(中国民航协会等)

续表

年度	奖项及颁奖机构
1998 年	"旅客话民航"用户评价第一名（中国民航协会等）
1997 年	中国民航优质服务奖（1996年客舱服务）（中国民用航空总局） 陈峰荣获"国际优秀企业家贡献奖"（第16届美中友好全国大会）
1996 年	中国民航优质服务奖（中国民用航空总局） 陈峰荣获"全国优秀企业家"称号（中国企业管理协会等） 陈峰荣获"全国劳模"称号、获颁"全国五一劳动奖章"（中华全国总工会）
1994 年	全国民用航空运输企业经营管理优秀企业（中国民用航空总局）

（资料来源：海航集团官方网站［EB/OL］. http://www. hnagroup. com/zh/corporation/board-of-directors/the-board/index. html.）

资料 3

海航企业文化书籍

海航企业文化书籍分为"海航企业文化必修读本"和"海航企业文化参考读本"两个系列，其中必修读本为每一名公司管理干部和员工的必读书目，参考读本为日常学习、组织培训中使用。

一、海航企业文化必修读本

之一《海航集团同仁守则》

之二《中国传统文化导读》

之三《海航管理干部必修读本》

之四《海航科学发展之路》

二、海航企业文化参考读本

之一《精进人生》

之二《认识人生 改造人生》

之三《博学之，审问之，慎思之，明辨之，笃行之》

之四《千字文讲记》

（资料来源：海航集团官方网站［EB/OL］. http://www. hnagroup. com/zh/corporation/board-of-directors/the-board/index. html.）

▶▶ 案例使用说明

一、教学目的与用途

1.适用课程:管理学原理、中国管理学原理、中国管理思想史等。

2.适用对象:本案例主要适用于 MBA、EMBA 或全日制工商管理类研究生的教学,可以用来讨论中国管理学原理和思想等相关主题。

3.教学目的:本案例的教学目的在于通过介绍海航集团有限公司如何汲取中华传统文化中的以德育人、以义制利的思想来构建企业管理文化,实施企业经营管理。从海航集团的管理文化、人才培养、经营理念等三个方面展现中华传统文化中的"德利"思想如何在海航的企业管理过程中运用,使学生对中国管理学原理和思想有深入认识,培养学生运用中国管理原理和思想分析企业经营管理的思维,并提高学生运用中国管理思想开展管理的实践能力。具体教学目的有以下四层:

(1)了解企业家精神在企业管理文化建设中的作用;

(2)理解企业人才培养中的"德育"思想和企业经营中的"义利"理念的重要性;

(3)思考海航集团在管理过程中如何做到"以德育人、义利兴业",把握中国管理思想中的德、利思想;

(4)思考中国管理思想的普世性及其如何走向世界。

二、启发思考题

1.结合案例材料,思考海航董事局主席陈峰在海航企业管理文化建设中的作用。

2.结合案例内容,分析"海航精神"价值体系如何蕴涵"以德育人、以义制利"。

3.如何看待海航将员工考核、干部培养与强化传统文化学习相结合的管理方式?

4.结合案例材料,分析海航在人才培养中,如何使管理干部做到"以德平人心"。

5.结合案例内容,分析海航在企业经营管理中,如何做到"以义制利、以利兴业"。

6.思考海航在跨国经营和文化管理中,其传统文化管理思想是否具有普世价值性,以及中国管理思想如何走向世界,成为世界管理潮流。

三、分析思路

本案例具有多方面的启发性,基于自己的教学目的与用途,可以灵活使用本案例。基于本案例主要内容以及涉及的相关中国管理学原理和思想，在此提出案例分析思路，如图1所示。

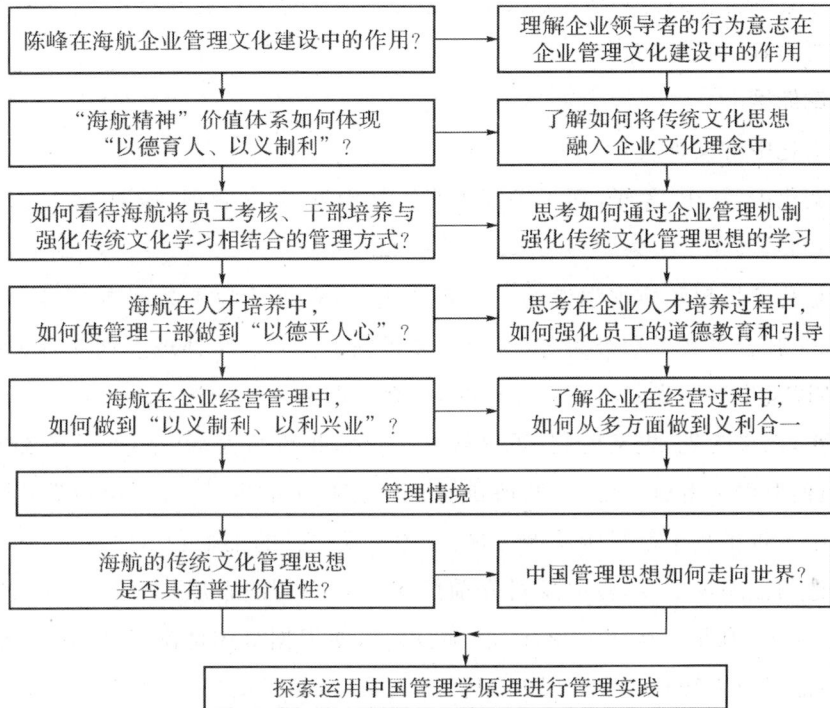

图1 案例分析思路

案例的具体分析思路内容如下：

1.海航的领导者影响着其管理文化的建设，是企业管理理念的树立者，要从领导者的思想意志、管理理念和行为做法等角度分析其在海航管理文化建设中的作用。

2.通过分析"海航精神"价值体系各部分的具体内容，理解其中的"德利"观念。

3.通过理解海航引入传统文化进行企业管理的目的，再结合海航的人才培养理念来分析其员工考核和干部培养方式。

4.分析海航管理过程中如何使管理干部做到"以德平人心"，可以从思想观念塑造和行为引领两方面进行分析。

5.要在熟悉传统文化中的义利观基础上，结合案例材料和事件来分析海航是如何"以义制利、以利兴业"的。具体可从利顾客、利合作者、利社会等方面进行分析。

6.在海航的海外发展过程中，必将面临跨文化管理的问题，通过探讨中华传统文化的特性及其与世界主流文化的异同，来分析海航管理思想是否具有普世性。探讨中国管理思想如何走向世界，要从理论体系建设和管理实践经验总结两方面进行思考。

四、理论依据与案例分析

根据上述案例分析思路,结合启发思考题中有关问题,在此总结本案例的理论依据并分析案例主要内容,仅供参考。

(一)理论依据

1.传统文化中的义利观

在儒家文化中,孔子、孟子、荀子等都主张以义为重、先义后利,强调"先义而后利者荣,先利而后义者辱"(《荀子·荣辱》)。

义利观是孔子思想和儒家学说的一个重要内容,孔子认为义为利本,义是人道德行为的最高标准,主张合乎义者积极为之,不合乎义者则不为之。在处理义利二者关系时,强调"以义制利""以义生利",当二者不可兼得时,要舍生取义。

孟子主张,以义为先,先义后利,重义轻利。"鱼,我所欲也;熊掌,亦我所欲也,二者不可得兼,舍鱼而取熊掌者也。生,亦我所欲也;义,亦我所欲也,二者不可得兼,舍生而取义者也。"(《孟子·告子上·鱼我所欲也》),这是孟子重"义"的集中表现。

荀子从他的性恶论出发,极力反对先前儒家"不言利"的思想,强调了"利"在社会生活中的重要性,认为"利足以生民",对于义利的取舍,要根据具体情况具体分析,既不能只重利轻义,也不能只重义轻利。在"义"和"利"的关系上,荀子提出了"义与利者,人之所两有也"(《荀子·大略》),认为人既有好利的本能,也有好义的本能;在荀子看来,对待利欲必须有所节制,"以礼养情""义利统一",要在"以义制利"的前提下实现义利的两得。

不同于孔子、孟子、朱子等"尚义轻利"的观点,墨家不但将义利融合,而且将国之"公利"与民之"私利"统一,指出整体的利益包含着个体的受惠,建构符合现代经济发展的义利观。墨家认为:"仁之事者,必务求兴天下之利"(《墨子·非乐上》),"天下之士君子……当兼相爱、交相利"(《墨子·兼爱中》)。墨家从"义"的现实价值(可以"利人")方面将其视为"天下之良宝",提倡"万事莫贵于义"(《墨子·贵义》),主张把国家、人民的公利放在第一位,强调对义利要有正确的取舍,以义为上,公利为重;对于"利"要有一种理性的制约,不苟取,不妄得。墨家鼓励人们超越功利境界,追求完善的道德人格。

2.儒家德育思想

儒家十分重视德育的作用,把德育放在人才培养的首要地位,突出道德对人的重要性。"君子怀德"(《论语·里仁》),孔子认为,只有具有高尚道德品质的人,才能成为圣贤君子。"弟子入则孝,出则悌,谨而信,泛爱众,而亲仁,行有余力,则以学文"(《论语·学而》),孔子认为德育与道德修养是最根本的问题。在谈到知识教育和道德教育的关系时,孔子认为德育应放在第一位,把知识教育放在第二位,认为智育的最终目的应该是德育。

此外,孔子主张"德治",以德治国。孔子认为:"为政以德,譬如北辰,居其所而众星共之""道之以政，齐之以刑，民免而无耻；道之以德，齐之以礼，有耻且格"（《论语·为政》）。思孟学派继承并发展了孔子这一思想，在《礼记·大学》中明确提出修身为齐家、治国、平天下的根本。孟子主张"仁政"，把加强德育视为行"仁政"、"得民心"的重要手段。他说："善政不如善教之得民也。善政，民畏之；善教，民爱之。善政得民财，善教得民心。"（《孟子·尽心上》）总之，儒家认为，道德是一个国家赖以存在和得以治理的根本，德育的作用就在于"修身、齐家、治国、平天下"，要"以德平天下人心"。

3.儒家诚信思想

诚信被视为中国传统伦理道德的基本行为规范，儒家始终重视"诚信"理念。孔子将"信"和"恭""宽""敏""惠"一起并列为"五德"，"信"是指为人要诚实、守信用、讲信义，做到以诚为贵，以诚立德，以诚为善。"人而无信，不知其可"（《论语·为政》），"主忠信，徙义，崇德也"（《论语·颜渊》），在儒家看来，诚信是为人处事之本，是处理各种关系的基本道德要求。而从治国理政方面是否能得到人民的拥护这个方面，儒家也强调"民无信不立"。孔子认为"道千乘之国，敬事而信"（《论语·学而》），在孔子看来，要治理好国家，就必须树立政治信用，有没有政治信用直接关系到政事处理的效果。

孟子继承和发扬了孔子的诚信思想，使之更加系统化和理论化。孟子由论"信"过渡到论"信"与"诚"，并且把"信"提高到"五伦"的高度，使诚信思想更加丰富。孟子说："诚者，天之道也；思诚者，人之道也。"（《孟子·离娄上》）他将"诚"视为立身处世的基本道德原则。"万物皆备于我矣，反身而诚，乐莫大焉。"（《孟子·尽心上》）孟子将诚信视为做人的一种高尚的道德境界。

4.佛家的积德行善思想

佛法的第一精神是济世救民，为众生的利益而修行，佛法以"布施、精进、持戒、忍辱、般若、禅定"来处事为人，舍掉自己而为众生的菩萨境界是佛法的基本信念。同时，佛家思想也讲求"因果相应""功德福报"，倡导世人的修行要靠福报和智慧；福报靠积累功德，而智慧靠修炼。"德"是修炼的核心，功德的积攒，道德的培养，是人生过程的全部内涵。其中，功德的积攒要靠善念、善举，善待社会，善待他人，就会积攒功德，就会有无穷的福报。因此，佛家思想提倡世人积德行善，认为积善行德既是一种修为，功德无量；也是一种智慧，会带来福报。积德行善体现在日常的生活中，就是要存善念，行善举，通过积德行善，追求精进人生。

（二）案例分析

1.结合案例材料，思考海航董事局主席陈峰在海航企业管理文化建设中的作用。

陈峰是海航的主要创立者，他个人的管理思想和行为意志都会对海航的企业文化和经营管理理念产生重要影响。陈峰本人对中国的传统文化十分推崇和热爱，他通过钻研中国传统文化，将从中汲取的思想精粹运用于海航的企业管理，通过将传统优秀文化编辑出版，督促员工学习，以提高员工品德素质。陈峰还亲自参与企业文化的执行，致力于企业管理文化的培训。正是陈峰对中华传统文化的极度推崇与研究，成就了海航独特的传统文化经营管理模式，海航的企业文化中有着他深深的烙印，他的思想、性格、理念特征在海航的企业文化中已经得到充分的体现。因此，陈峰是海航企业管理文化建设的领导者和执行者，是海航的一面旗帜。

2. 结合案例内容，分析"海航精神"价值体系如何蕴涵"以德育人、以义制利"。

总体来看，"海航精神"价值体系是以中国传统文化为根基，以多元包容为趋向的。

海航的共同信仰——"真、善、美""无疆大爱"，通过教化员工积极成长为具备良好美德和爱心的人，蕴涵着海航"以德育人"的管理理念，海航强化诚信在其企业精神价值体系中的重要性更是突出海航管理中，注重对员工诚实品德的培养。而"海航同仁共勉十条"更是集中体现了海航对员工做人做事的具体标准，以德教导员工。

海航的共同理想——"造福于人类的幸福与世界的和平"，海航将致力于通过符合道德规范、负责任的、促进全球资源高效配置的企业经营行为促进世界经济发展和人类幸福的增长，蕴涵着"以义制利"的思想，通过符合道义的经营促进自身的发展和世界进步，此外海航的共同追求、企业宗旨也蕴涵着其"以义制利，以利兴业"的经营思想理念。

3. 如何看待海航将员工考核、干部培养与强化传统文化学习相结合的管理方式？

在海航的人才培养中特别重视德育，海航认为一个优秀的管理干部首先应该具备较高的品德修养，管理者要"以德平人心"，因此海航通过传播中华传统优秀文化，给海航员工进行企业文化培训，来提高员工的修养，同时也督促员工进行自我学习。海航将企业员工考核、干部培养与传统文化学习相结合，目的在于使员工能真正认真去学习传统优秀文化，将其内化为自身言行和修养，通过将对传统优秀文化的学习与考核、晋升挂钩，发挥制度的激励作用，鼓励员工去学习传统优秀文化。

4. 结合案例材料，分析海航在人才培养中，如何使管理干部做到"以德平人心"。

海航强调，管理干部是公司企业文化、道德操守的先行者。海航要求管理干部做道德操守楷模，树商界君子典范，倡导管理干部"以德养身、以诚养心"，提高自我素质。

为促使管理干部做到"以德平人心"，首先从思想上进行改造。海航要求管理干部认真学习中国传统文化精粹，特别是其中的品德自律思想，以强化管理干部的自我道德修养，成为具备高尚品德的管理人员。如海航的管理干部都要学习《精进人生》，在书中，"德"被看作一个领导者、一个合格的管理者的基本素质和风范；其次，海航的管理干部还要接受"三为一德"的教育，由陈峰亲自主讲，教育管理干部如何为人之君、为人之亲、为人之师，强化管理人员的道德教育，以提升管理干部的道德修养；此外，为督促管理干部讲操守、重品行、做表率，海航制定了《海航集团管理干部道德操守准则》，作为管理干部的行为规范和准则，从具体事务方面教导管理干部遵守道德准则，以德管理。

5.结合案例内容，分析海航在企业经营管理中，如何做到"以义制利、以利兴业"。

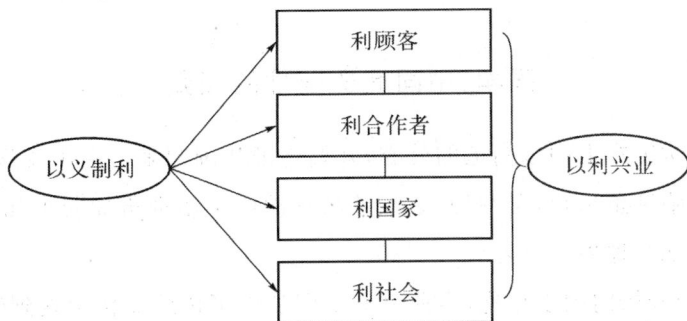

海航的"以义制利"和"以利兴业"

海航在发展过程中，特别注重提升自己的服务质量，以客户为尊，尊重顾客的利益，通过服务质量的提升让利于顾客，让客户感受到海航发展的成果。海航致力于传播中国式商道精神，秉持"计利当计天下之大利"的经营理念。在发展过程中，海航不仅考虑自身利益，更致力于通过自身的发展，促进地方经济和社会的发展，服务于国家发展战略。海航坚持"义利合一"的合作理念，通过与合作伙伴建立战略合作关系，促进合作双赢，致力于反不正当竞争、反腐败，以实现公平竞争，形成公平合宜的市场环境，促进依法合规经营，使市场走向全面繁荣。海航坚持"薪火予人"的发展理念，积极承担企业社会责任，致力于社会公益事业，力争在创造经济效益的同时创造更大的社会效益。海航通过积极承担企业社会责任，秉持企业道义，塑造了良好的企业形象，同时也促进了海航的快速发展，从而实现"以利兴业"的目标。

6.思考海航在跨国经营和文化管理中，其传统文化管理思想是否具有普世价值性，以及中国管理思想如何走向世界，成为世界管理思想潮流？

(1)在海航的海外发展过程中，面临跨文化管理的问题，而中华传统文化中展现的管理思想和理念与世界主流文化大都具有共通之处，诸如强调员工的品德修养、企业经营的诚信理念、义利合一的合作战略等，因而海航的管理文化具有普世价值性。同时中华传统文化具有较强的包容性，能汲取世界优秀文明和文化，实现共生共荣。

(2)在东方管理思想受到管理学界和企业界越来越多的重视下，要实现中国管理思想走向世界，一方面要加强中国管理思想理论体系的建设，只有通过完整的理论体系构建，才能将诸多蕴涵在传统文化中的管理思想抽象出来，形成具有实践指导意义的理论体系。另一方面，要积极将中国管理学思想运用于企业的管理实践中去，发挥理论体系的现实作用，要将实践中的管理经验予以总结归纳，进一步完善中国管理思想体系。只有通过构建理论体系与管理实践检验相结合的方式才能丰富中国管理思想的内容，获得世界管理学家的认可。

五、背景信息

国学:中国商道理性的回归

近几年来,国学因穿上中国商道的外衣,开始逐渐热闹起来。在声誉显著的北京大学、清华大学等名校,瞄准董事长、总经理、总裁及高管的国学培训班如同十几年前的 MBA 招生培训班,正如火如荼地展开。

今天中国商界开始向国学靠拢,企业家们试图从中国传统文化中找到管理思想与经营艺术,陈峰就是其中的一个。陈峰不仅是海航传统文化管理理念的创立者,还是金鼎俱乐部的组织者。一次访问欧洲期间,陈峰与随行中国企业家代表,相互之间颇觉投缘,归国后,大家即推举陈峰为组织者,成立了组织联谊的金鼎俱乐部。金鼎俱乐部充满了陈峰的儒、佛特色,他们活动时穿唐装,定期邀请国学大师讲座,俱乐部的会刊,也满是对大师和活动的介绍。国内商界中,"陈峰们"人数并不众多,但有迹象显示,这个"队伍"正在逐步壮大。国学是个巨大的市场,这已不必怀疑。不仅因其所承载的文化复兴乃至民族复兴的重任,由国学热孕育了国学市场。更由于一旦将国学的内容和企业运作联系起来,很自然地也诞生了一个针对"企业家"的国学市场。

张其成作为国学教授,在他看来,西方管理学骨子里还是"科学管理",科学的最大特征是逻辑推理、数理描述、实验验证,因而科学管理主要是讲究数据,重形式逻辑。在这方面,国学的管理与西方管理是截然不同的。西方管理学是理性思维,是左脑在起作用;而国学管理学强调开发人的右脑,提高人潜在的直觉判断力。"现在的状况就是管理者受西方管理学的影响太深,左脑非常发达,右腿很粗,但右脑很迟钝,左腿很细。"张其成特别指出,过度强调西方管理学的结果,就是在企业管理中常常出现"水土不服"的情况。但张其成并不排斥西方管理学。在他看来,国学管理与西方管理学可以形成互补。国学管理的核心正是决策管理模式,有助于企业家领悟人易精神,掌握变易、不易与简易的管理哲学。国学管理的理论体系尤其有助于企业的决策者、高层管理者。

一生创办了 500 多家企业,被尊为"日本企业之父"的涩泽荣曾说:"我的经营中虽饱含着辛苦和惨淡,但是由于常遵孔子之教,据《论语》之旨,故使经营获得了成功。"而日本"企业经营之神",在中国几乎家喻户晓的松下幸之助则说:"中国古代的哲学,是天下之最,我公司职员必须顶礼膜拜,认真总结、背诵,灵活运用,公司才能兴旺发达。"松下电器公司迄今还在其商业干部学校中,把儒家经典作为商业道德课的教材。

今天,国学与企业家不期而遇,国学与商道不期而遇。这既可以看作国学新的传承,也可以看成中国商道一次具有历史意义的回归。

(资料来源:钟彦茹.国学:中国商道理性的回归[J].经营者,2006(18):22.)

六、关键要点

(一)分析内容的关键要点

1.在企业的管理过程中,如何培养员工,提高员工品德修养,使其成长为符合公司文化价值理念的人才是管理的关键点,企业管理的重点在于"管人",而"管心"是"管人"的关键所在。

2.在企业成长的过程中,如何处理企业发展与企业社会责任的关系,是本案例讨论的关键点;通过对案例全面、系统的把握,分析海航集团如何秉持中国商道精神,积极承担企业社会责任也是案例的关键点。

3.探讨传统优秀文化如何在企业管理实践中实现转化,使传统优秀文化内化为员工的价值观和行为态度也是关键点。

(二)分析方法的关键要点

1.对中华传统文化要注重从多方面把握,要汲取其精华。传统文化中关于为人处事的学问博大精深,将其运用于企业管理的培训和教育中,能有效提高员工的素养。

2.中国的传统文化(特别是儒、道)中,蕴涵着丰富的管理思想和理念,涉及管人、管事,为官、为师、为人;但大都缺乏理论体系,因此在运用中国管理思想指导企业管理实践时,要善于汲取中国传统优秀文化的精粹,将其整合为系统的管理理念,通过有效的文化体系构建,运用于企业管理过程中。

七、建议课堂计划

本案例适合作为专门的案例讨论课来进行,可以采取小组讨论的方式分析本案例,以完成案例的教学目标。以下是按照教学课程时间、课堂讲授思路和板书建议提供的课堂计划建议,仅供参考。

1.教学课程时间

整个案例讨论课的课程时间控制在两个课时(每个课时45分钟)。

2.课堂讲授思路

(1)课前教学准备

根据课程教学班级学生的专业结构和知识背景,对课程教学班级进行分组,每组人数控制在5～7人,要求各小组成员做好分工与合作。教师可请参与者在课前完成案例材料阅读,并考虑提出案例思考题,让参与者进行初步思考。

(2)课中讨论阶段

首先,教师做下简要的课堂前言,明确本案例课堂教学的主题(3～5分钟)。主要介绍案例大致背景(国学管理的复兴,中国商道精神,企业如何提高员工道德素质及案例涉及的人物、事件等)、案例大致内容(本案例主要从三个方面介绍了海航集团在其企业人才培养和经营管理中如何运用中华传统优秀文化,可参照摘要部分进行适当扩展)、案例涉及问题(即阅读本案例需要思考的问题,使学生带着问题去阅读案例)等内容。

其次,开展分组讨论(60分钟),根据课堂教学的学生容量进行合理分组。先各小组分别进行组内讨论,给予各小组一定的自由讨论时间(20分钟),让小组成员对案例存在现象和问题进行分析讨论,并针对问题提出解决思路和方法,整合小组总体看法。然后,小组间讨论(25分钟)。各小组选取一名代表,代表本小组简明扼要地阐述本小组对案例的分析和对问题的解决思路,还可以将案例中一些较难的问题或者值得深入研究的内容提出来,以供全体学生作进一步探讨、交流和完善。

最后,进行归纳总结(10~15分钟)。在学生讨论完案例和思路分享结束后进行,教师应就各小组分析问题的思路和要点进行总结。结束总结语:首先,应该是对各小组的结果进行点评,提出结果存在的优缺点;其次,要提出自身对问题的看法,并提出对案例难点的思路分析,进一步引导学生的思路;最后,提出一些课堂上未能解决的问题,供学生课后继续思考。

3.板书建议

在课堂教学过程中,建议采用图画式板书与提纲式板书相结合的授课方式。图画式板书直观、生动、形象,事物的内在关联显现得淋漓尽致,能有效地激发参与者的学习兴趣,促进抽象思维能力的发展;提纲式板书字句简洁,条理清楚,重点突出,教学思路清晰。

八、参考文献

[1]苏东水,彭贺.中国管理学[M].上海:复旦大学出版社,2006.

[2]王超逸.国学与企业文化管理[M].北京:中国经济出版社,2009.

[3]吴照云.中国管理思想史[M].北京:高等教育出版社,2010.

[4]胡海波.中国管理学原理[M].北京:经济管理出版社,2013.

[5]钟彦茹.国学:中国商道理性的回归[J].经营者,2006(9):22.

九、附　录

古文注解

1.先义而后利者荣,先利而后义者辱。《荀子·荣辱》

注解:为人处世,先想到道义然后再考虑利益的人是光荣的;先考虑利益然后再想到道义的人是可耻的。

2.义与利者,人之所两有也。《荀子·大略》

注解:道义和利益二者是人们都能够拥有的。

3.仁之事者,必务求兴天下之利。《墨子·非乐上》

注解:作为仁爱道义的人,应当努力追求对天下有利的事情。

4.天下之士君子……当兼相爱、交相利。《墨子·兼爱中》

注解:天下的君子人士,应当相互关爱,在相互交往中促进各自的利益。

5.弟子入则孝,出则悌,谨而信,泛爱众,而亲仁,行有余力,则以学文。《论语·学而》

注解:子弟在家的时候应孝敬父母,出外的时候则顺从兄长,要谨慎而守信用,广泛地亲近关爱民众,亲近仁义之士,在道德修养之余,则应该提高知识修养。

6.为政以德,譬如北辰,居其所而众星共之。《论语·为政》

注解:以道德教化来治理政事,就会像北极星那样,自己居于一定的方位,而群星都会环绕在它的周围。

7.道之以政,齐之以刑,民免而无耻;道之以德,齐之以礼,有耻且格。《论语·为政》

注解:以政令来教导,以刑罚来管束,百姓会因求免于刑罚而服从,但不知羞耻;以德行来教化,以礼制来约束,百姓会知道羞耻并且可以走上善途。

8.善政不如善教之得民也。善政,民畏之;善教,民爱之。善政得民财,善教得民心。《孟子·尽心上》

注解:好的政令不如好的教育那样赢得民众。好的政令,百姓畏服;好的教育,百姓喜爱。好的政令得到百姓的财富,好的教育得到百姓的心。

9.人而无信,不知其可。《论语·为政》

注解:说出的话而没有诚信的人不可能成就大事业。

10.道千乘之国,敬事而信。《论语·学而》

注解:治理有千辆兵车的国家(即大国),应该谨慎地处理国家的事务并守信用。

11.诚者,天之道也;思诚者,人之道也。《孟子·离娄上》

注解:诚信是天下的自然规律,追求诚信是做人的规律。

12.万物皆备于我矣,反身而诚,乐莫大焉。强恕而行,求仁莫近焉。《孟子·尽心上》

注解:万物我都具备了,反躬自问诚信无欺,便是最大的快乐。尽力用推己及人的恕道去做事,便是最接近仁德的道路。